艺术与人文丛书

空间、手艺和仪式

农耕文化的整合记忆

胡绍宗 著

上海文艺出版社

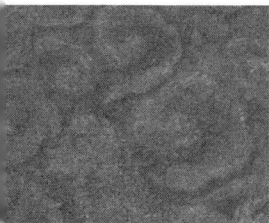

资助基金

教育部人文社科规划基金项目《鄂东民间手工艺人口述史研究》
（编号：16CAJ760009）

总　序

在中国地形图上，大别山就像一只从西北向东南爬行的巨大蝎子，它的尾巴经桐柏山断断续续与秦岭山脉相连，横亘在长江中下游平原与华北平原之间，成为淮河流域与长江流域的分水岭，也成为中国北方与南方之间重要的地理分界线。

大别山地势较高，南北两侧水系较为发达，分别注入长江和淮河，其西南山麓包含着整个鄂东地区。由大别山主脉发源向西、向南以及向东注入长江的主要河流有倒水、举水、巴河、蕲河、浠水等五大水系，每一个水系都接纳了很多支流。这里是鄂东农耕先民们世代繁衍生息的地方，自古就是一个重要的文化地理单元。它背列重山，襟带大江，据云梦洞庭之阔，扼长江东去之喉，具有承东启西、纵贯南北、通江达海的区位地理优势。在历史上，鄂东大别山的东、西部就是北方文化南迁的重要通道。鄂豫交界的南阳盆地是接纳隋唐以前关中及中原族群南来长江及以南地区的重要通道。从这里出发，经过襄阳，一条路线是顺着鄂中大洪山西边，沿汉水下游，过荆州，入洞庭；另一条路线是走大洪山以东，穿过"随枣走廊"，进入今天的鄂东大别山丘陵地带。

自古以来，鄂东就是中国政治文化的重要地区之一。南北通达的"光黄古道"与东西纵横的长江漕运在这里划上了一个呈东西南北通达结构的交汇点。元末明初之后，来自江西的移民从这里开始了长达几百年"江西填湖广""湖广填四川"的移民潮，随后朱明王朝不懈的军垦运动，进一步奠定了鄂东山地、河湖、洲畈地区早期人口分布的格局。明中后期开始至清康熙朝，鄂东蕲、黄两府的经济和人口一起快速增长。

复杂的人文地理历史背景书写了深厚的鄂东民间文化。这里孕育了一大批在中国历史文化各个领域有影响力的大家。如中国佛教禅宗四祖道信、五祖弘忍、六祖慧能，活字印刷术发明人毕昇，医圣李时珍，现代地质科学家李四光，文化学者与民主战士闻一多，国学大师黄侃，哲学家熊十力等。苏东坡谪居黄州四年，他寻诗访友的足迹又为这里的人文历史图景叠加了一层清晰的文化经纬。

呈现在读者面前的这套"艺术与人文丛书"，大部分的选题来自鄂东地区，分别涉及传统村落、民居建筑、民间手工艺、民俗信仰、生产生活等领域。这些选题既可包括在现行高校学科体系下的美术、设计等艺术专业的实践范畴之中，也可纳入人类学、社会学思考的理论视域之下。丛书中的大多数学者都出身美术的实践性术科，在课堂教学和学术田野之间往来行走，因此这些选题是他们教学的延伸，自然取经"由技而道"的学术之路。

虽然这些研究还有些青涩，但却饱含着一个个热心人对于田野的激情和对于学术的执着，保持着一种与乡村社会接触过程中鲜活的感受。

亲近田野就是一种学术优越。以宏阔的视野和高深的理论观照学术固然有高度，但与田野同在也有其亲近感。近些年来，黄冈师范学院美术学院积极回应区域社会对于高校的呼唤，投身于鄂东黄冈的地域经济与文化建设中，把学术的田野划在鄂东大地上，把研究者的身影摆进地方建设的队列中。这里的年轻学者，一直行走在鄂东的乡村田野中。在学校高层次人才引进工程中，他们受惠于热心学者的帮助，陆续找到了各自研究的方向，也积累了一些成果。截至2019年，黄冈师范学院美术学院教师团队已经成功获批国家社科基金、国家艺术基金、教育部人文社科、省社科研究项目20多项。目前这些项目都在陆续结题，成果也在陆续整理中。为了赓续鄂东悠久而深厚的地域文脉，发挥优秀传统文化的引领作用，学院决定甄选一批优秀研究成果，出版"艺术与人文丛书"，推动黄冈师范学院艺术与人文学科的建设，助力地方社会建设，实现高校的时代担当。

大别山从西向东奔来，在黄梅这个地方收住了脚步，驻足在长江边上，与对岸的锦绣庐山隔江相望。而江北的黄梅东山并不羡慕庐山的无限风光，却在自己的小山里涵养了禅宗四祖、五祖，并从这里送走了一代宗师六祖慧能，东山因此有灵。地方高校的优势在于地方特色的彰显，在于担负起地方社会文化经济的任务。身处鄂东的年轻学者自觉走进乡村魅力田野，参照艺术人类学和中国乡村的研究范式，坚持以人文为视角，强调以艺术为对象，扎根鄂东社会，注重田野调查，努力从学理上探讨鄂东艺术与人文的相关问题，也为艺术人类学和中国乡村研究提供鲜活的学术个案和理论探究，逐渐走出了更大的空间。"艺术与人文丛书"的出版只是一个起步，相信未来会有更多更好的成果涌现。

丛书主编　胡绍宗

目 录

CONTENTS

序　言
文化的村落与村落的文化

　　近十多年来，笔者经常有机会在许多地方的博物馆转悠，特别是一些地方性的小博物馆，包括各类纪念馆，收获很大。既满足了我对地方性历史文化的好奇心，还迎合了我固执而持久的怀乡与恋旧的心情。其实，在这份挥之不去的习惯中一直包含着一个很大的兴趣，那就是我会自觉不自觉地在各类展览陈列中搜寻各地的老照片，尤其是那些清末以来拍摄的关于中国自然环境、乡村与城市环境的老照片。这些年走下来，我得到了一个大致印象：如果让我们穿越历史时空，从40年前开始，一直回溯，逛一逛那个时候的中国大地，你会发现到处都是光秃秃的，[①]而到了20世纪五六十年代，这种印象尤为突出。其实这种印象你也会在19世纪下半叶至20世纪初来华的那些人的影像文献里得到印证。这些历史照片中记录的现象为我们了解中国传统乡村景观提供了一个直观的历史性情景。

一、村落空间的生命

　　明清以来，传统中国农村人口和土地之间的紧张关系一直存在。学者研究认为，从明初（1368）到1968年的600年中，中国的人口增加了约七到九倍之多，而

---

① 由于明清以来的人口压力，山林过度砍伐，土地过度开垦，植被受到严重破坏，水土流失严重。

耕地包括开发边疆、开垦山区总共才扩展了四倍。这种人和土地之间的矛盾取决于中国传统农业经济特点，主要依赖作物经济，而不是依靠消耗大量种植物的畜牧养殖业。然而，以作物为主的农业经济的特征却是极高的土地生产率和极低的劳动生产率。也就是说，因为耕地总量不足，人们只有通过大量劳动力的投入，以实现单位面积产量的提高从而实现增加产量，以应对日益增长的人口。单位面积的土地吸附了大量劳动生产力，从而形成明显的"内卷化"或者"过密化"农业生产模式。[①]

以土地为中心的小农经济生产模式决定着传统中国村落的空间格局和空间属性。一个绵延了几百上千年的村子，就在这种不变的节律中缓慢而安静地延续着。它既紧张又安定，唯恐打破乡村的平静而不能获得必要的生活物资，去满足依附在这个空间中的居民的基本需求。

中国传统乡村中这种"高危式"的平衡关系随着来自西方军事、文化与经济的冲击被彻底打破了。黄宗智在三卷本的《明清以来乡村社会变迁研究》中将乡村农业称为有机生产关系，将工业生产称为无机生产关系，并利用土地的产出率和人的劳动力之间的有机关系解释这种脆弱的平衡。他认为二者达到了一定极限之后，将会产生农业经济的边际效应，这种传统中国农业经济状况深刻制约着中国传统乡村的发展。[②]

美国公理会传教士明恩溥在中国传教22年，1899年发表了《中国乡村生活》一书。他采用以小见大、以村见国的方式考察中国，村庄就是他把握中国的基本空间单位。他在书中所描述的一些现象虽然带有一个外来者的文化偏见，但书里村落的那些景象确是晚清以来中国乡村的缩影。

农耕文化逻辑下的传统村落作为乡村基本空间的基点，其肌体在一次次社

[①] 黄宗智：《明清以来的乡村社会经济变迁》卷一，法律出版社，第2—3页。
[②] 黄宗智：《明清以来的乡村社会经济变迁》，法律出版社，见总序中的论述。

麻城大屋湾村口

会变革中被触动。从物质空间上来讲，对乡村的破坏就是对村落的破坏。梁漱溟说，中国近百年的社会历史也可以说是一部乡村破坏史。[①]破坏乡村的力量与原因，主要表现为西方列强的侵略与西方思想文化的影响；中国政府与革命力量所进行的政治、经济和文化制度变革；工业化和城市化；中国国内的战乱与匪患；

---

① 梁漱溟：《乡村建设理论》，商务印书馆，2015年，第9页。

频发的自然灾害等五个方面。①近代以来，最主要的影响因素还是社会制度与工业化的进程。

自鸦片战争以后，中国社会经历了巨大的变革。变法图强，发展工商业，成为社会的主流变革思想。近代中国自洋务运动以来，仁人志士都在致力于办工业、办商业、兴军务、兴教育。在救亡图存、再造社会、文化转型的现实命题的求索中，中国政界、商界与知识界精英前所未有地动员起来，探讨民族国家的出路。"商本"替代"农本"的历史趋势在洋务运动、戊戌变法的历史进程中被反复强化，成为朝野上下的共识。

清末民初，乡村建设思想萌发。1926年后，乡建运动步入勃发期而直至30年代后，随着农村经济的日益崩溃，以救济与复兴农村为口号的乡村建设运动由讨论化为各团体的行动，形成一种强烈的社会运动，很快蔚为社会思潮并建构了多种理论与实践的乡村建设模式。②

中国乡村建设，无论就其思想史还是运动史而言，都自有其独特的内涵与时代特征。1949年前后，国家建设的历史序幕事实上业已拉开。随着革命向建设历史进程的转折，中共在七届二中全会上确定建设新中国的主导思想是以城市为重心，以工业化为主导，而开始工业化的重点却落实于城市建设方面。农业不能作为重心，它必须在工业的领导下才能发展，必须把城市工业组织起来发挥领导作用，才能使农业现代化、机械化。③在这样一种社会观念下，中国乡村在中华人民共和国成立后表现出与历史时期不一样的风景。一方面，城市工商业不断快速发展，农村成为新中国工业化运动的人力、物力的输出基地，各种资源源源不断向城市、向工业输送；另一方面，农业作为对城市工商业有力的保障，农村社会高

---

① 王先民：《中国乡村建设思想的百年演进（论纲）》，《南开大学学报（哲学社会科学版）》2016年第1期。
② 王先民：《中国乡村建设思想的百年演进（论纲）》，《南开大学学报（哲学社会科学版）》2016年第1期。
③ 同上。

度组织化的集体生产也给这里带来了一些活力。

20世纪五十至七十年代的中国，乡村社会是一个十分热闹的地方，有超过百分之八十的中国人口生活在这里。集体劳作的生产方式使得农业生产活动变成一个有组织、有计划的群体性活动，集体形式的生活为农民带来了许多有别于家庭个体劳作的乐趣。农民个人从血缘家族中的等级身份个体转换为社队集体劳动协作关系中的合作主体，从而突破了家族的局限，获得了更多的社会交往，享受了区域社会中更多共享信息。

1949年之后的二十年时期内，乡村各种大型集体性活动频繁开展。兴修水利，农田基本建设，群体性乡村社会运动，都为农民个体带来了许多社会交往的机会。尽管学界对此一时期中国农村集体化运动和人民公社制度保持一种谨慎的态度，但不能否认的是以社队广播、群众会议、文化活动为纽带的集体文化生活在一定程度上为乡村生活注入了活力，中国的人口总数也在这三十年里实现了翻番，人口的急剧膨胀使古老的村落变得异常热闹和拥挤。

人类历史发展至今天，在任何社会里乡村都是居于不利的地位。[①]所以法国著名社会学家孟德拉斯以法国农村的现代化道路为背景，写出了《农民的终结》一书。他在书中分析了欧洲乡村社会在二次世界大战以后的变迁过程，认为传统意义上的自给自足的农民已经不存在了，"农民的终结"不是"农业的终结"，或是"乡村生活的终结"，而是"小农的终结"。[②]20世纪70年代末期，中国农村实行家庭联产承包责任制之后，大批劳动力从土地上解放出来，进城务工，成为新时期城市建设中的"农民工"，并逐步融入城市成为新一代市民。

随着城市化速度的加快，"空心村"、农田抛荒等现象出现，乡村又出现新的情况。进入21世纪以后，中国的学者一直在密切关注着我国农村的巨大变迁，李培林通过对广州几十个城中村的调查，呼应了孟德拉斯的思考，完成了《村落

① 梁漱溟：《乡村建设理论》，商务印书馆，2015年，第9—21页。
② 〔法〕孟德拉斯：《农民的终结》，李培林译，社会科学文献出版社，2005年1月。

破败的传统民居

的终结》，书中他记录和阐释了传统村落变迁的历史和社会背景。显然，中国城乡之间的差异在慢慢缩小，传统农耕文化正在被逐步解构，且被一种新的现代性所覆盖，在传统与现代的结合中产生出一种新的组合。

二、传统村落会再生吗

20世纪80年代以来，伴随着深刻的社会变迁，大量村落面临着消失或走向衰败的命运，而对传统村落的保护也表现出日益高涨的趋势。2002年，《中华人民共和国文物法》开始将历史文化村镇保护纳入法制轨道。2003年我国公布了首批中国历史文化名村，迄今已公布7批。2012年4月住房城乡建设部、文化部、国家文物局、财政部联合发布了《关于开展传统村落调查的通知》（建村[2012]58号），标志着传统村落保护正式提上了政府的工作日程。此后，又发

左图：麻城桐枧冲王氏祠破败
右图：破败祠堂中的木雕

布专门针对传统村落保护的文件，并逐步公布了中国传统村落名录。2014年，国家加大了对传统村落保护工作的力度，出台了《关于切实加强中国传统村落保护的指导意见》（建村[2014]61号）和《关于做好中国传统村落保护项目实施工作的意见》(建村[2014]135号)；部署了传统村落的补充调查工作；制定了传统村落保护档案的制作要求、保护与发展规划要求；开展全国性的传统村落保护发展工作培训；研究、布置了近几年传统村落保护发展要做好的基础性工作等。2016年的全国两会，传统村落的保护也成为政协委员们热议的话题。党的十八届三中全会指出，"城乡二元结构是制约城乡发展一体化的主要障碍"。城镇化和新农村建设是缩小城乡差距，促进城乡共同繁荣的两条举措，一方面着力传统乡村型社会向工业和服务业为主的现代社会转型，另一方面增强农村的内生动力，开辟农村广阔的发展空间。如何填平这两条举措之间的鸿沟，"留住乡愁"得到了社会各界共同的关注。

据2015年国家统计局公布的数据，自2011年城镇人口首次超过农村人口以来，现占总人口比重已达到54.77%。随着城市化的进一步推进，城镇人口的比重也会进一步加大，城市和乡村将会是人们生存的两种基本聚落。城市化的快速发展已不能让人们的身体久居乡土，人们的心中却为它留有广阔的空间，故园之思、自然之想与传统之恋共同构成了现代乡愁[1]。

国务院《大别山革命老区振兴发展规划》中划定大别山区域的范围包括：安徽省六安市、安庆市全境；河南省信阳市、驻马店市全境，南阳市的桐柏县、唐河县；湖北省黄冈市、随州市全境，孝感市的孝南区、安陆市、应城市、大悟县、孝昌县、云梦县，襄阳市的枣阳市，武汉市的黄陂区、新洲区。该区域位于武汉、郑州、合肥、南昌等省会城市之间，是武汉城市圈、中原经济区、皖江城市带、鄱阳湖生态经济区的连接地带，也是土地革命战争时期全国第二大革命根据地——鄂豫皖革命根据地的中心区域。

改革开放以来，大别山区域发展相对滞后，传统文化的生态得以较完整保留，在城市化进程中，逐渐成了中原地区高速发展中，精心打造的文化与自然生态的"盆景"，其传统村落的多样性和所具有的文化历史记忆，在很大程度上将成为乡愁的消解地，成为城市人的精神家园。因而，对该区域传统村落的保护与研究的意义与价值，更在于它是产生大别山民居建筑的沃土，是培育本土文化的温床；村落的形态，充分体现了传统哲学关于人与自然和谐的文化理念，给予城市化进程中城乡建设和环境设计以极大的启迪；大别山的传统村落还具有重要的艺术、科学、历史、文化等多种价值，成为发展旅游业和弘扬民族文化、红色文化精神的重要素材等等。

近代以来的中国乡村一直是一个不断被提及和不断被异化的对象。乡村

---

[1] 张勃:《传统村落:为什么保护,如何保护》,《北京史学论丛》,社会科学文献出版社,2015年。

上图：红安县八里镇吴氏祠
下图：罗田县新屋弯

红安县八里镇吴氏祠

不仅是一个居住的空间，也是一个被研究的领域，同时也是一个研究方法。在文化的村落和村落的文化思路下，笔者运用空间、手艺、仪式等几个村落文化思考的逻辑，系统总结和整理了这些年在乡村社会中考察和研究的一些心得，一共十八篇文章，彼此可独立成篇，既可以称作是乡村空间范畴中不同空间视角观察的结果，也是我对于村落空间文化与物质文化的理解，权且作为个关于农耕文化记忆思考和观察的一家之言。当然，在这里也可以大致看出，我所关注的问题是在一个逐步扩展的过程中展开的，思考也有个逐步深入的过程。这些文章中有些已经发表过，有些一直还在修改调整中。由于思考的时间跨度较长，读者们会发现个别地方的观点似有重复之嫌，为了真实地记录思考的过程，这点重复仍然予以保留。

三、对空间的关注

空间是文化的存在方式，很多时候是文化创造的本身和文化的载体，人的生活给自己存在的空间打上了深深的烙印。在考古学中，凡是发现有人类活动遗迹的考古地层都称为文化层，其实这个文化地层就是广义的文化空间。联合国教科文组织公布的非物质文化概念将人类活动中的很多空间视作一种重要的文化遗产范畴。本书第一部分，集中把空间作为一种文化对象看待，从空间的大到小，顺着相互包含与整合的关系，考察了鄂东地域社会历史空间、大别山地区传统的村落空间、民间宗祠的祭祀空间、堂屋作为日常生活的空间等等。在这一连串由大而小的空间逻辑中，农耕文化所表征出的属性与相互关联性把这些空间整合、统摄在一个属性明晰的地方社会记忆之中。本书着重关注了鄂东传统文化记忆中的移民文化，笔者观察到在本区域中，移民文化特色在民间建筑、民间艺术、文化生活、日常习俗等领域都有或明或暗的体现。

麻城小漆园村

盛世修志，修志寄情。村落志是全面记载村落历史与文化空间变迁的一个重要载体，也是传统村落研究的重要形式。作为中部传统农业耕作区的典型代表，鄂东大别山区域还保留有大量的传统村落，到目前为止，仅黄冈地区被列入中国传统村落名录的就有36个。这些传统村落为黄冈地区的城镇化建设、新农村建设以及调解城乡二元结构的矛盾做出了巨大贡献，成为"记住乡愁"的标志性遗产。村落史往往大量散存于相互割裂的地方志和族谱中，不利于村落文化的传承，也不利于村落的转型发展。本书关于村落志的书写以地方志、乡土志、族谱等文献为支撑。研究则以村民口述历史，结合大别山传统村落的人文地理、文物资料等，围绕村落史中典型标志性文化个案来展开。

一个村落的共同信仰习俗沉淀着村落共同体最基本的信息，而有关信仰仪式就是这些信息最好的载体。笔者通过近三年的观察，从村落舞龙灯会考察一个村落的变迁历史，完成黄州唐家渡村"五龙奉圣"灯会的考察写作。黄州唐家渡村"五龙奉圣"灯会是唐氏家族成员共同的信仰习俗，其中与唐氏家族史紧密相连的龙神信仰成为当地元宵灯节的核心主题，并为活动中的系列表演提供了象征资源。唐家渡舞龙仪式的设计将神圣的祭龙仪式和活泼的舞龙表演编织在一起，让村民在表达祈福禳灾、庆贺新春的心愿之时，也尽情地享受着舞龙所带来的欢愉和喜庆。在农事节律与农耕休闲的时间配置中，"五龙奉圣"灯会节俗成为了唐家渡人岁末年初的重要娱乐休闲方式，也为我们通过这些民俗活动考察唐家渡社会变迁过程提供了丰富而生动的现场。

口述史最引人注目的特征，或许就是在叙述者参与下的共同记录书写，是在记忆的选择中关于社区和家庭史的重构。因此没有叙述者的参与，人们就不可能真正记录普通村落、普通家庭及其关系。在与唐家渡村村干部、村民的交谈中，我陆续获取了一些唐家渡人在近百年村落发展中的心路历程。唐家渡人关于舞龙的口述史就是唐家渡村落志书的本身。

文字和图像一直是文化最直接的载体，也是文化系统结构里的核心部分。在几千年的传统中国社会中，无论是哪个层面上的社会成员对于文化的神秘感、神圣感都会自然转换为对文字、图像的依赖和景仰。这个文化象征系统一定能够成为乡村社会与文化变迁的见证。乡村图像与文字的变迁本身就是村落文化志书的写作过程。本书选取鄂东黄道山村村民堂屋中的民俗美术作为考察对象，从堂屋的图像变迁入手，以村民堂屋中的民俗美术为例，完成《乡村的民俗现场：民居堂屋中的图像与文字》讨论，审视乡村堂屋这个村落中最小的文化空间单位。

民居堂屋里的石供桌

村落家庭是当代乡村环境下最基本的社会单位，是村民作为独立个体与社会、时代相连接的基点，而在村民居室结构中，堂屋则成为村落家庭文化创造与传承的第一现场。黄道山村居家堂屋里的图文系统随时代变化而呈现出不同的样式，这一现象为我们提供解读村落家庭语境中的民俗美术演变的线索。我们发现，乡村堂屋中的图文系统的变迁和村落社会的变迁之间有着密切的关系。中国传统农业社会已经大规模地向工业化、都市化迈进，以家族为中心的村落文化和以耕读传家的观念受到巨大冲击，亦工亦农亦商的经济生产模式成了农村社会主要景观。所以，一方面，民俗艺术形式是乡村民俗生活内容的一部分，渗透在日常的方方面面；另一方面，它又随着社会制度的变迁和科技文化水平的不断进步而变化。

四、对民俗文化的关注

鄂东的地理位置及其历史文化特色决定了这个区域民俗艺术中包含着多种风格相互融合的特征。文化沉淀最底层是被称为"小传统"的民间文化，在这个地域民间文化的母体中滋养着鄂东文化传承的花蕾。大别山自古以来就已经形成了成熟而发达的农耕文化传统，民俗文化的历史积淀深厚。世世代代生活在这里的人们为我们留下了丰富的农耕文化记忆。民俗文化是区域自然环境与人文环境相互作用的产物，民风机理独特的民俗和神秘的民间传说提炼了古村落文化的内涵。在农耕文化社会背景下，以"民俗休闲"为中心，把传统民俗文化中的休闲思想作为基础，讨论"民俗休闲作为一种内在而具有明确自我适应性的休闲方式"问题。本书认为，民俗休闲是以民俗文化为主要内容的休闲方式，是以普通生活作为审美观照对象的自足式关怀。对于那些质素厚朴的乡村人们来说，民俗文化符合他们在闲暇时的精神需求，也带给他们心理上的自足性与文化上的适应性。民俗休闲是一种内在而具有明确自我适应性的休闲方式，它关注传统农耕民俗文化中所包含的公共文化精神，是传统民俗文化中的休闲思想的拓展。

在民俗休闲作为公共文化形态建设的多维模式中，村落社区成为民俗休闲的时空载体。改革开放以来，我国农村社会发生了巨大变化。但长期存在的城乡二元结构，使得城乡间的生活质量存在明显差异。农耕民俗文化是构建社会主义和谐社会的重要内容，也是社会主义新农村文化建设的关键所在。一方面，在传统与现代转型之际，广大的乡村民俗文化资源依然十分丰富，担当着当下广大乡村社会中最重要的公共文化舞台上的主角，而且社会也开始从多种价值意义的角度重视民俗文化的建设。另一方面，当下农村民俗文化资源的现实调查研究也告诉我们，在一个经济生活日益商品化、生活方式日益城镇化的时代语境下，民俗文化资源也表现出丰富而复杂的形态，其建设环境也向我们提出了越来越多的问题。

民俗休闲是以民俗文化为主要内容的休闲方式，是普通生活作为审美观照的自足式关怀。就当前中国人口结构的时空状况而言，民俗休闲仍然是广大农村社会中重要的休闲方式。作为一种生活形态，它是由人们的生活历程及所抱有的生活理想、价值取向所决定的，并成为其常态生活的重要组成部分。

五、乡村手艺人的另一个创造

中华人民共和国成立七十周年以来，农民画一直作为农民文化的重要体现，农民画的创作、宣传与消费作为农民文化主体最有效的体现形式，彰显了农民文化创造主体最坚韧的力量。在传统中国农耕文化的逻辑情景中，农民画是手工艺人的另一种文化艺术创造，在新中国乡村社会建设的制度变迁中有效地成了农民与国家、社会对话的一种方式。

中国农民画七十年的发展历程不是所谓的民间艺术、民俗艺术，或者是大众艺术的问题。关于它的艺术学分析不是本书的兴趣点，笔者倒希望将它几十年的创作活动作为一个整体来考察，看看这种乡村文化活动中国家、地方和农民之间存在的一种互动关系。进一步说，以农民画为线索而展开的考察，可以窥见七十年来农民画的丰富意义和复杂的结构关系。在此过程中，农民画成为了国家、地方和个人在社会制度变迁与经济文化背景下关于文化表述时得以沟通的话语途径，并通过这一途径建构了彼此接受的互动关系。具体讲，本书里的五篇文章分别从农民画创作的几个阶段入手，梳理不同创作群体作品，尝试讨论了这样几个相关的问题：建国初，在政府通过农村文化运动实现农村社会改造的机制中，国家意志与农民对社会认同和文化认同是如何发生联系？在作为社会改造方式的农民画运动中，农民个人与国家、地方与国家、地方与个人之间的关系是一种自上而下的单向度关系还是双向度的互动关系？农村社会的文化历史传统、农民自身的文化创造如何与整个社会的历史进程发生联系？我们是否能够透过农民画创作的行为以及社会关于文化组织机制的运作来理解国家、地方和农民个体之间的互动关系？

第一，从"辅导者"这个点展开分析。建国初农村集体化的运动中，伴随深入的土地改革，农民日常生活的空间、时间、信仰、生活节奏全部在集体化操作之中，国家权力与个人之间没有第三个可以迂回的空间存在。广播、报纸、会议作为农民个人与国家的交流平台，其实只是单向度的，是自上而下的。农民画的辅导者与农民之间的代表国家的管理者和农民被管理者的关系，在农民画创作活动一开始就得到了整合。由政府派下来的辅导干部实际上具有双重的身份，即一方面是社会改造运动和农村文化教育的管理者，一定程度上可以说是国家的官员；一方面是专业辅导人员，输送了作为权力媒介的艺术语言方式。因此，被县级文化馆和公社推举上来的农民画创作者与这些"准干部"之间的关系，即有雇员与管理者间关系的含义。农民画创作运动本身就是通过这种关系的建构将农民、农村社会整合进国家之中，农民画的这种文化活动就存在于辅导者和农民艺术交流的互动模式之中。不过这种互动关系，在这一阶段是自上而下的，有时还是强制性的。

第二，从"文化馆"这个角色切入。20世纪80年代，借着民间文化的整体复苏，政府一度给农民画改名，给农民画画乡命名。这可算作一种全球化视野下民间文化复兴的表现。虽然农民画的组织模式依然延续这第一个时期农民画的组织模式，以文化馆为主导，文化精英组织辅导，农民参加。但此时的主要组织者是地方文化管理干部，他们的行动客观上为地方文化提供了一个公共文化平台。国家通过文化政策的调适，将文化表述的侧重点从第一时期强调作者农民身份调整到强调农民画的乡村民间文化身份，使农民画向民间文化回归，并试图强调农民画作为某一特定地域人群的地方性文化特征。

组织与管理农民画的还是代表政府职能部门的文化馆、文化站，辅导者还是政府选派抽调的业务骨干，但他们对于民间文化的热情促使他们在组织管理中尊重民间文化立场，帮助其更好地发挥艺术魅力。这一时期的创作是对农民文化身份的关注，农民画是作为个体文化创造者自身立场的表述，农民生活的表述，也即是作为民间文化的表述。

第三，从"地方政府"的文化策略这个问题展开。在非遗热潮中，民间文化一下跃升而进入更大的文化表述体系中，与民族国家相联系，代表国族进入国际视野。农民画也似乎一夜之间成为地方可挖掘的宝库。出国展览、跨省区展览频繁举行，对农民画地方性的强调也似乎成就了它超越性的宝贵身份。

从以上分析来看，建国七十年来农民画画乡主动将农民画纳入民间文化体系中，并加以改造，把它作为地方文化标志性符号精心建构，寻找可资利用的地方文化身份资源，是一种地方利益追求过程中的策略性体现，也可算作地方对国家文化建设大背景的积极回应。农民主体、地方主体在这些活动中得到体现，这对于今天乡村文化振兴是十分有意义的。

六、手艺啊，手艺

时代与社会的变迁之快，让人痛心于那些濒临衰落和绝迹的民间手工艺。每一个手艺传承人的离世不仅带走了他或她一身经由几代人传承下来的精巧绝活儿，更带走了关于传统生产生活文化的丰富记忆，让我们失去文化传承创新中那份宝贵的资源！

千百年来，生活在鄂东地区的主人书写了"史诗般"的手工艺文化记忆。这里有国家级非遗项目8项，省级非遗30余项。民间织绣、竹木器、制陶等与日常生产生活相关的精彩"百工"手艺十分丰富。然而，随着整个社会技术体系、民俗文化价值体系的急剧蜕变，民间手工艺的原生形态正经历着不可逆转的衰变。更加紧迫的是，由于1949年以来社会变迁的原因，许多手工艺传承断档了，那些掌握了原生性技艺的传承人又多为20世纪40年代之前出生的，如今大多年届耄耋！黄梅挑花传承人梅意清84岁、黄州龙灯制作传承人李云波83岁、英山缠花传承人张仕贞82岁、王会梅、方荷英、涂云青等都在80岁以上、蕲春官窑传承人李如成刚刚离开人世……[1]

随着访谈和田野观察逐步开展，我们发现在鄂东这块土地上，民间手工艺文化随着县域地理环境的不同也明显表现出很不一样的特色，地理条件、资源禀赋、经济与文化的流向、社会制度与地方政策都在不同程度影响着这里的手艺人，影响着他们的对技艺的理解，影响着他们对于材料的使用和对于手艺的认识。与当下鄂东物质文化遗存中反映出的手工技艺相比较，一些日常性的传统手艺失传十分严重。我们发现，就算是一些仍然健在的八十多岁的老艺人，他们学手艺的时间也恰逢1949年后我国乡村社会发生巨大变革的年代，自20世纪50年代以来一直深化着的农村农业现代化，深刻改变着他们对于手艺的实践方式和认知态度。

木雕狮子

---

[1] 以上部分资料来自胡晓洁老师提供的英山县文化馆的调查，在此表示感谢。

改革开放以来，经济文化和科学技术的不断发展，改变了传统生产生活方式，手艺人开展手艺的实践系统其实已经发生了很大变化，手工所需要的材料变了，工艺加工所需的技术简单了，日常性生产生活器具被工业产品替代的多了。城镇化大规模基建工程和相对较高的劳动报酬源源不断地把大批传统手工艺人从原本脆弱的技艺传承链条中抽离出去，手艺文化的相对断代，是一个不争的事实。当然，在一些较为艺术化，或者与信仰密切相关的手工艺行当，手工技艺的传承与发展好于与日常性的手工艺行当。

本书中的几篇文章是以鄂东民间手工艺代表性传承人的深度访谈为中心，试图为其保存一份有形的记忆文本。在近两年的时间内，笔者分别对区域内民间日用陶艺、木工手艺、缠花工艺、扎彩手艺等传承人做了一系列访谈，结合区域社会背景、人文地理、手艺人技艺实践状态等，集中从手工技艺类型的基本事实、手艺人个体生活史、手艺传承演变等方面做了一些观察和思考。

传统民间手工艺是乡村民俗生活的一部分，是农耕文化的高级成果形式。笔者通过考察认为民间手工艺文化拥有三个彼此交互的维度：手工技艺体系——材料、工艺程序、手法、技术、行规等传承性的本体维度；情感与价值——手工艺者个体认知构成的主体维度；社会与文化记忆——社会文化、制度与历史变迁语境中的中观维度。具体讲，是通过手艺人身体和语言这两个"社会记忆框架"，记录传承人关于他或她所持有的手工技艺的过程、环节、材料等的描述；记录传承人对于自己所持有的手工艺形式的情感态度和价值认同；考察工艺在民俗环境中的使用过程，了解其生产、生活中的民俗功能；在这个基础上，观察关于具体民间工艺的民俗文化内涵及其在社会制度与生活变迁背景下传承人个体的状况。

当然，在田野中我们经常发现访谈的传承人较难作出对于技艺最精微之处的描述，也面临不同传承人在口述时所产生的分歧，访谈对象口述中的"罗生门"、"无事件境"现象也时时发生等问题。同时，还会面临传承人口语式表达与学术表达之间的矛盾，即在写作中要处理传承人访谈时出现的地方口语、俚

罗田观音山上开垦的山地

语、行业俗语与书面表达之间的一些困难。不过，这些困难在我们亲身体验和见证了丰富生动的手工艺文化时就显得微不足道了。

鄂东地处大别山西南丘陵，是长江流域中部地区东出的孔道。自宋代特别是明代以来，这里已经形成了发达的农耕文化传统，民俗文化的历史积淀深厚。鄂东地区尚在传承的代表性手工艺类型主要包括两大类：第一，各县市区的被认定为各级非遗项目的手工艺，属于手艺里的"濒危物种"，它们包括黄梅挑花、红安织绣、英山缠花、蕲春官窑制陶、麻城蔡家山制陶、武穴章小泉竹编、黄州龙灯制作、团风民俗剪纸、以及其他调查发现的手工艺类型；第二，与乡村社会生产、生活密切相关的手工技艺类型，这是农耕社会最为普遍的工艺类型，它包括属于传统衣食住行等生产、生活"百工"类型的各种手艺。

针对前述民间手工艺的两大类型的三个维度，本书的探讨实际上在三个相互交织的层次展开：第一，留住手艺——手工艺本体知识体系；第二，对人的温情——记录手艺人个体的情感体验及其对手艺的认知评价；第三，民俗与制度背景、价值评价等。

村落是农耕文化生活的第一现场，至今依然是农民生产与生活的家园。它拥有着丰富的历史遗存，蕴含着灿烂的民间文化，承载着传统社会的精神本质与气质，是中华民族传统文化的重要组成部分。费孝通对"中国社会是乡土性的"这一学术判断，为国内外汉学的研究深深地打上了"乡土研究"的烙印。凡在政治运作、社会结构、历史文化、宗教信仰等领域，学术界对乡村的研究已经形成较为深入的范式，理论成果积累丰富。杜赞奇（Prasenjit Duara）的国家权力的乡村文化网络，明恩溥(Arthur Henderson Smith)的华北农村研究，王斯福（Stephan Feuchtwang）的中国乡村民间宗教研究，施坚雅（G.WilliamSkinner）的中国农村社会结构研究，杨庆堃关于中国的农村社会及家庭变迁，黄宗智关于中国小农经济研究等等，都对本书的写作提供了直接的启

散落在村里的石碑

发。近现代以来，国内一些人类学、民俗学、社会学领域的学者十分关注中国乡村社会文化及其变迁研究。他们有的从村落地方知识性描述取向出发，有的从村落社会与文化结构性取向出发。值得注意的是，近些年在把村落文化结合农村问题来研究的领域，涌现了一批成果丰硕的学者。这些都给本书的写作提供了学术参考。

第一章

空间
整合的文化记忆

第一节

移民文化：山地型村落的记忆

农耕文化是中国传统文化最深沉的底色和灵魂。重农抑商、农本商末的观念是中国古代几千年小农经济思想的主调，是决定传统农耕经济形态的重要文化观念。费孝通说："从基层上看，中国社会是乡土性的。"[①]传统村落是传统农耕生产方式的空间组织形式，是几千年中国传统文化的重要空间载体。老子《道德经》中讲："修之于乡，其德乃长。"人的生存与发展立足乡村，依附于乡土，从乡土中来，乡村的那片土地与我们历史文化的方方面面密切相连，并成为创造悠久历史的不竭之源。传统村落，也叫古村落，参考世界非物质文化遗产保护的规则，传统村落是指那些村落历史至少超过100年，拥有较丰富的文化与自然资源的活态性村落。它们普遍具有一定经济、社会历史、文化艺术价值，蕴藏着丰富的历史信息和文化景观，是中国农耕文明留下的不可再生的文化遗产。传统村落是值得保护的物质形态和非物质形态文化遗产。

一、村落文化保护的国家工程

20世纪的中国乡村发生了巨大变化，近现代工业的从沿海逐步扩散到内地，新的工业技术从城市向农村传播，新的现代化生活方式把更多的人带向了都市工商业生活模式中来。随着现代化、城镇化、工业化的突飞猛进，中国的

---

① 费孝通：《乡土中国》，上海世纪出版集团，2009年8月，第6页。

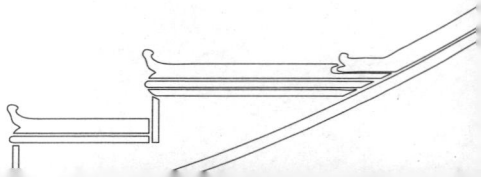

传统村落在通往现代化的大潮中逐渐失血，曾经有过的旺盛生命力随着现代化步伐正逐渐衰减，且速度越来越快。进入21世纪，自2000年至2010年，我国自然村由363万个锐减至271万个，十年间，减少了90万个自然村。有报道称，近15年来，中国传统村落锐减近92万个，正以每天1.6个的速度持续递减。①

传统村落是灿烂多样的地域历史创造成果的直接体现。随着村落空间中农耕文化景观、乡村民居、农耕文明的物质遗存的消失，从属于传统村落的民俗民间文化和作为"小传统"的非物质文化遗产也将消失。"如果这些古村落都没有了，都消失了，皮之不存，毛将焉附。我们到哪里去寻找'乡愁'？"②2012年4月，在冯骥才先生的倡议下，国家决定由住房和城乡建设部、文化部、财政部、国家文物局联合牵头，启动了中国传统村落的调查与认定，旨在进一步科学推动与实施传统村落保护和建设工作。2013年9月18日，住房城乡建设部印发了《关于传统村落保护发展规划编制基本要求（试行）的通知》。通知要求，对于传统村落保护发展规划，必须完成以下任务：调查村落传统资源，建立传统村落档案，确定保护对象，划定保护范围并制订保护管理规定，提出传统资源保护以及村落人居环境改善的措施。2014年4月25日，四部委联合印发了《关于切实加强中国传统村落保护的指导意见》，文件中明确表示：传统村落传承着中华民族的历史记忆、生产生活智慧、文化艺术结晶和民族地域特色，维系着中华文明的根，寄托着中华各族儿女的乡愁。但是，近一个世纪以来，传统村落遭到破坏的状况日益严峻，加强传统村落保护迫在眉睫。③

传统村落是在长期的农耕文明传承过程中逐步形成的，作为一个拥有悠久

---

① 《中国城市报》，2017年12月18日第17版。

② 同上。

③ 曹昌智，邱跃主编《历史文化名城名镇名村和传统村落保护法律法规文件汇编》，中国建筑工业出版社，2015年8月。

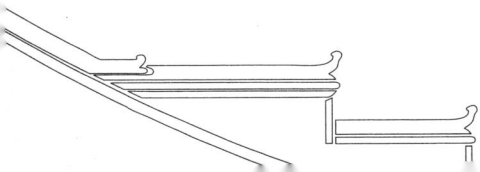

红安县刘云四村

农耕文明史的国家，传统村落凝结着历史的记忆，反映着文明的进步。它具有历史文化传承等方面的功能，每个传统村落的民俗文化、民居艺术和空间格局反映着村落与周边自然环境的和谐关系，可以说体现了一种人与自然和谐相处的文化精髓和空间记忆。我们在对大别山地区传统村落的调查中发现，像这样的村落遗存依然十分普遍。

党的十八届三中全会指出："城乡二元结构是制约城乡发展一体化的主要障碍。"城镇化和新农村建设是缩小城乡差距，促进城乡共同繁荣的重要举措，一方面，着力传统乡村型社会向工业和服务业为主的现代社会转型，另一方面增强农村的内生动力，开辟农村广阔的发展空间。如何联动这两条举措，"留住乡愁"得到了社会各界共同的关注。2013年，习近平总书记在全国城镇化工作会议上指出，要让居民"望得见山，看得见水，记得住乡愁"。2014

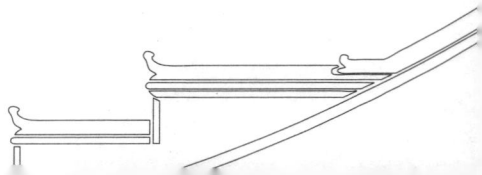

年，全国政协召开"城镇化进程中的传统村落保护"双周协商座谈会，就这一专题进行了深入的探讨，要留住乡愁，传统村落的保护是关键。社会逐步认识到对古村古镇的协同保护就是对中华本土文化原生地、承载地和传承地多方位综合保护。古村古镇的保护工程成为中国重大的本土文化保护工程。传统村落已经成为中华农耕文明集体记忆下的整合性空间符号。

二、环山带水的山地型民居

在中国地形图上，大别山就像一只从西北向东南爬行的巨大蝎子，它的尾巴经桐柏山断断续续与秦岭山脉相连，横亘在长江中下游平原与华北平原之间，成为淮河流域与长江流域的分水岭，也是中国北方和南方之间重要的地理分界线。大别山地势较高，南北两侧水系较为发达，分别注入长江和淮河。它的西南山麓包含着整个鄂东地区，平原面积约占全部的五分之一，其余多为低山丘陵、低矮岗地，海拔不高。山地多深谷陡坡，地形复杂，坡向多变，坡度不大。由大别山主脉发源向西、向南以及向东注入长江的主要河流有倒水、举水、巴河、蕲河、浠水等五大水系，每一个水系都接纳了很多支流。这些河流及其支脉形成了大大小小、纵横交错的山间谷地，水田旱地分布在山水之间，或宽广开阔，或狭窄而蜿蜒。这里是鄂东农耕先民世代繁衍生息的地方，在他们的辛勤耕作培育下，如今都已经发育成本地区主要农耕生产区。村居环山带水，同姓族人列屋而居，历代传统村落就像颗颗明珠一样散布在这些山间河谷与田畈之中。

鄂东地区传统村落是在山区农耕条件下形成的人口居住聚落。由于人们生产劳作与起居生活依附于山、水、林、地等自然资源，所以，生态环境与资源条件对人们的生存发展至关重要。这里的村落一般营建在靠山近水、地势高爽的向阳坡面。人们秉持着中国古代"天人合一"的生态理念，尊重自

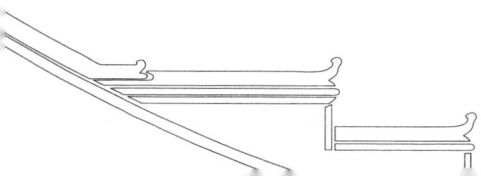

麻城山地民居

然，敬畏自然，巧妙利用自然，使村落与沃土良田、山形水势有机融合，形成山水、田园、村落和谐共存的生态环境格局。村落依山顺水，道路就山川之行便，点缀在绵延起伏的山峁之间，自然环境的格局构成传统村落空间系统的天然基础。于每个村落而言，最适宜农耕和起居的范围，莫过于以村落为中心，村落空间地域范围严格遵循着耕作半径的规律，以徒步出行耕作的时距为半径，大体形成随圆周而划定的空间地域。应该说，大别山传统村落所处的社会阶段、生产方式、经济结构、文化传统以及地域元素等对村落环境的空间结构、空间形态、文化特色产生了深刻影响，自然禀赋使得鄂东传统村落的文化独具魅力。

鄂东大部分地区是典型的丘陵地貌，传统村落选址讲究，民居建筑一般

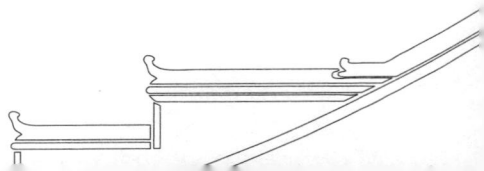

都位于山区河系沟壑的第二级、第三级台地之上，背山面水。人居空间营造意境深邃，具有规划讲究，系统结构变化灵活等特点。在满足了建筑的采光、沥水，维护村落安全等基本要求的同时，民居选址都充分考虑了建筑与周边环境的融合关系。从建筑的间距、村落规模与建筑布局等方面都能反映了这些特点。就建筑结构布局整体特征而言，人们在充分利用地形因素的前提下，建筑组合关系独特，布局都是按照廊道连接各功能空间，形成了一种较为明确的内向性建筑结构的风格特点。麻城龟山镇东垸村，建在四望山和油荡山之间，海拔350米，三面环山，坐西朝东，一条山涧从东自西贯穿全村。视野之中，东至干冲，西至马路，南抵戴龙山，东南抵寨上山①，北至后山，形似一个不规则的山顶盆地。这里生态环境保护较好，植被茂盛。后山有参天古枫，东出口山石嶙峋，进山的石板路蜿蜒而下。古松、古柏、古皂角树，参天蔽日，戴龙山的竹林与垸中心的百余亩梯田，相映成趣。自然古村建筑山地高处，林河优美，茂林修竹，山水相抱。东垸被称为燕子地形的村落格局，形成了"九龙串珠"式的民居列屋组合，以中心池塘为垸前疏朗开阔的空间，含远山，接梯田。东垸村祖先把周边的自然要素与文化象征巧妙融合，形成了鲍氏族人世代理想的聚居地，显示了他们在与自然和谐相处过程中的历史智慧。

三、村落中移民文化的记忆

长江在鄂东流域的五大水系涵盖了整个大别山的山南山北，使得这块土地具有"承东启西、纵贯南北、得中独厚、通江达海"的区位地理优势，交错而发达的河湖水道涵养了这里东西南北各方发达的文化。在历史上，鄂东大别山的东、西部就是北方文化南迁的重要通道。今天的湖北与河南交界的南阳盆地

---

① 寨上山是东垸村人对该村东南方向的小山坡的习称，山上有石头垒成的山寨城墙遗迹。

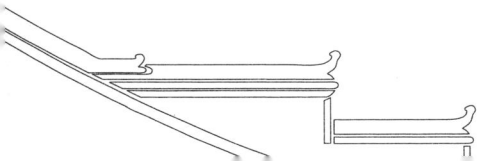

是隋唐以前关中及中原地区南来长江及以南地区的重要通道。从这里出发经过襄阳，一条路线是顺着大洪山西边，沿汉水下游，过荆州，入洞庭；另一条路线是走大洪山以东，穿过"随枣走廊"，进入今天的鄂东大别山丘陵地带。从历史考古的成果综合比较分析，东向的文化流向在夏商周时期多于西向的文化交流。[①]从两汉到隋唐前期，鄂东大别山地区一直处于南北东西政治集团交替争霸的地带，这从历史上，这一地区行政区划不断变更就可看出来。鄂东关于"吴头楚尾"的称呼就是反映这一时期该地区人口与文化在中国历史版图中的状况。

今天坚固的长江大堤阻断了我们对于长江中下游平原历史时期的人口与文化分布景观的想象。其实稍稍分析，我们不难判断，沿鄂东长江的平原地带历史上很多时候都是长江的泄洪区。长江沿岸平原在没有修筑堤防工程的时代，当洪水没有被约束在河床之内的时候，自大别山山脚线至江边之间的大片低洼地区其村落建设和人口分布是可想而知的。学者研究，历史上黄州府的圩田开垦建设大致始于元代，这大概与南宋朝廷为了抵御蒙古人，加强长江中游防务而采取的措施有关，即调集军队施行军垦屯田，充实朝廷，也利于养兵。[②]明代洪武年间延续了这一开发政策，在长江中游平原施行军户卫所屯垦的方法，开发平原湖区，这使得历史上的湖北长江中游地区进入了发展时期。从这些历史地理的信息中我们可以判断出，鄂东原住居民村落的形成在宋元以前多在大别山河谷丘陵、山区坡地之上。与今天相比，沿江河湖平原受水灾侵扰，所以大面积的村落建设是明清以后的事情。如黄州区唐家渡村，在宋代，这里还是荻花飞舞的长江冲积洲，长江涨水时，江洲顷刻就成为江流的河床。一直到清代中后期，才陆续有唐姓居民迁移至此繁衍生息。直至1949年后，修建了较为牢固的江堤，村子的形态才慢慢稳定下来，并发展成为今天几千人的大型行政村。

---

① 石泉：《中国历史地理专题》，湖北人民出版社，2013年，第61页。
② 石泉：《石泉文集》，武汉大学出版社，2006年，第521—522页。

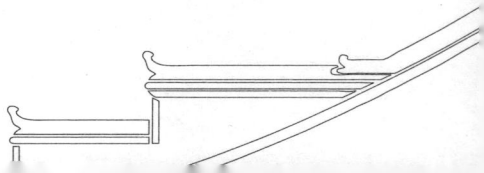

从西汉到唐代贞观年间，长江以北鄂东大别山地区平均人口密度为每平方公里不超过5人。可是到了嘉庆二十五年时，这里人口密度达到每平方公里200人。[①]各个历史时期人口数量以及人口在本区的分布情况说明，宋元以后本区人口发展较快，而明清时期鄂东进入快速发展期。在这种历史的变化过程中，大批移民的涌入对开发大别山区，推进区域社会发展起了很重要的作用。鄂东的村落历史深刻地记载着这一历史文化信息。

人口与土地之间的矛盾以及躲避战争的灾难成为中国历史上几次大规模移民的两个主要原因。学者们通过鄂东家族史的变迁研究，得知自唐宋以来鄂东历史上出现过较大规模的移民高潮有三次。第一次在宋代末期，金人绕过大别山，从大别山东边的江淮平原地带南下，占领江西，大批江西居民纷纷顺赣江而下，经鄱阳湖流域，过长江北上迁入黄州。第二次在元末明初，红巾军在鄂东兴起，这里成为对抗元军的主战场。接着又有朱元璋与陈友谅之间的交锋，战火在麻城、罗田、蕲水等多地连续燃烧了十多年，这里是主要战场，人口损失很大。于是就有洪武期间朝廷吸引四方流民迁入鄂东。第三次在清朝初期，明末清初鄂东又遭受巨大战争创伤，于是就有"江西填湖广"的移民风潮，大量江西籍移民再次涌入鄂东。[②]

鄂东的北面环列群山，南部有长江天堑，大别山南部山麓都是丘陵地带，海拔不高。南来北往，西去东归，没有形成不可逾越的交通障碍，沿长江冲积平原与大别山山麓的边缘地带，地势也较为平坦。因此，在历次的移民中这里成为重要的通道。明清时期，鄂东就处在"江西填湖广"的移民走廊之上。学者研究还发现，这里同时也是客家文化回流的重要地区。历史上

---

① 邹逸麟：《中国历史地理概述》，上海教育出版社，2007年，第217—229页。
② 林济：《长江中游宗族社会及其变迁》，中国社会科学出版社，1999年；方志远：《明清湘鄂赣地区的人口流动与城乡商品经济》，人民出版社，2001年；徐斌：《明清鄂东宗族与地方社会》，武汉大学出版社，2010年。

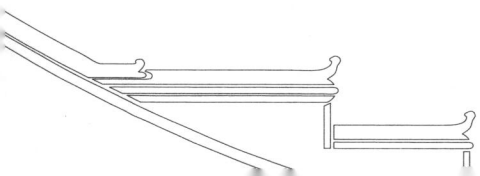

多次人口的大规模迁移决定了鄂东大别山地区村落民居建筑融汇多种地域文化的要素，从而形成了独具地方风韵的民俗文化。明清以来，这里的建筑文化随着进一步西向的移民大潮，又被带到了鄂西大巴山地区、汉水流域与四川盆地的许多地方。如今依然散落在这些移民征程中的黄州会馆就是这一历史过程的物质文化见证。

在鄂东传统村落的调查中，我们发现有很多建在海拔比较高的山间古村落，而且从居民家谱中家族迁徙的记录里会发现一个共同特点，这些村子大多都是明代上山开荒建村的。以鄂东麻城县为例，国家四部委自2012年以来公布的传统村落中，大部分村落的海拔都在300米到700米之间，而且每个村落距离乡村集镇较远，多数交通不便。麻城黄土岗小漆园村、大屋湾村、茯苓窠村、东冲村、成家山村、背头山村，龟山镇的东坑村，木子店的张家山等古村落都是这种情形。其中黄土岗成家山、背头山村平均海拔在700米以上。村落的选址首先应该考虑资源禀赋较高，交通条件好，生活便利的地方。很显然，上述村落选址其实与这些原则相悖，从调查中我们逐步了解到，这些古村落的开创者大多是为了逃避战乱，寻求平静安定生存空间。一些建筑样式明显带有自卫结构和功能，是为了防止战争与匪患，因而村落民居的建筑选址是在一个相对封闭且有一定生产生活资源的山间盆地的小环境。

为什么江西来的移民都往山上跑，而且都是在元代之后的明清时期？总结这一时期移民的历史原因和社会条件，原因可能有以下几点：

第一，江西人口向湖广的大规模流动主要发生在元末明初，并延续到整个明代和清朝前期。移民有三种类型，一是政府强制性移民，一是军事屯田抽丁入伍移民，还有就是江西人口的膨胀，人地矛盾突出，平民百姓为逃避重税移民。[①]明清两朝，江西作为朝廷的重要经济基地，社会底层的负担十分繁重。

---

① 方志远：《明清湘鄂赣地区的人口流动与城乡商品经济》，人民出版社，2001年，第55页。

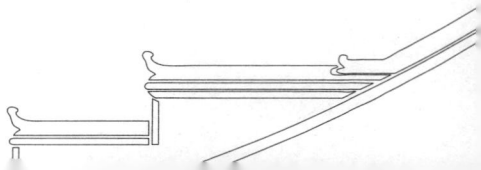

"田少人多，粮繁差重"是普遍现象，特别是赣江下游地区各州府人地矛盾更加突出，从迁出地的人口统计看，也大多都是这些地方。[①]结合上述移民方式，从这些移民的社会身份与经济状况来看，名门望族迁徙移民的较少，多是社会中下层平民，比如从福建、浙江迁徙至江西的山地"棚民"。

一个处在社会下层的跨地区迁徙者，生活在异地他乡，为生活所迫，对于原迁出地的地域文化传播与影响力是有限的。他们必须经历较长时间才能完成经济与文化的积累，并逐渐形成自己的文化特色。学者通过鄂东宗族变迁研究发现，明代中后期到清初期，鄂东移民社会逐渐稳定，通过敬宗收族活动，基本完成血缘群体组织化和宗族重建。这与他们初来乍到鄂东之时已经晚了一百多年了。[②]然而在这一过程中，自身的文化特色也会在新的环境下被同化、变异，生出新的样式来。相反，同为大别山区的河南、安徽等地民居与鄂东较为相似，新的居住环境的地域特色遮盖了移民原迁出地特色。从这个角度理解大别山鄂东地区传统村落的风格特点与江西的区别就会清晰多了。

第二，作物制度的变化，特别是新品种的引进为移民提供了客观条件。"中国农业的核心是作物制度。在缺乏重大的技术条件发明情况下，作物的性能足以使农业的前沿地带越来越离开低地、盆地和谷地而进入较干旱的丘陵和山区。"[③]明代种植作物品类的扩大、技术的提高，特别是新品种红薯、玉米这些耐旱且适合山地种植的作物引进，使得向山区移民农耕成为可能。而且学者的研究发现，红薯、玉米的引进与人口大幅度增加以及人口向山区的迁移之间存在关联。宋元时期水稻早熟耐寒品种占城稻的引进解决了长江中游地区作物时间的空档，实现了水稻种植一年两熟的循环种植，也可适合在较高海拔的山区播种。所以早熟占城稻的引入，使得移民山区高地、坡地开垦梯田梯地种

---

① 方志远：《明清湘鄂赣地区的人口流动与城乡商品经济》，人民出版社，2001年，第67页。
② 林济：《长江中游宗族社会及其变迁》，中国社会科学出版社，1999年，第55页。
③ 何炳棣：《明初以降人口及其相关问题》，中华书局，2017年，第201页。

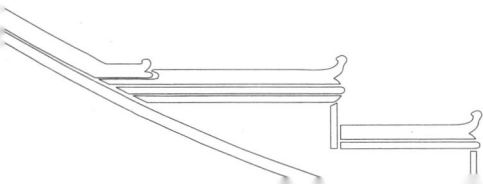

植成为可能，这样增加了粮食产量，为山地移民提供了条件。[①]

第三，研究发现，经过明代前期的移民，黄州府的人口充实了，成为湖广地区人口稠密之地，然而向这里的移民并未停止。明代及以后，两朝多位皇帝都颁行了关于奖励移民新开土地，以解决土地紧缺的矛盾，鼓励少地游民重建家园的政策。洪武期间，兵燹之余，招徕移民，曾有"垦荒田永不起科"的法令。"小民未沾收获之益，先虑升科之累，是以未垦者听其荒芜……各省生齿日繁，地不加广，贫民资生无策"，将那些荒地听由贫民开垦，"一概免其升科"，[②]无疑有着积极的意义。开垦土地的奖励政策，土地赋税的改革，新开垦土地永不科税等等措施，把后来的移民逐步引向大别山，让他们去寻找适合居住的山地。麻城黄土岗小漆园是大别山地区典型的山地型古村落。村舍坐落在山间一个自东南向西北倾斜的狭长小盆地中，村落四周松柏古木环绕，山溪潺潺，村民自古耕作在海拔400—500米的山林坡地与稻田之间。据世居小漆园的何氏家族宗谱记载，村落开宗立庙的祖先是明代为躲避战乱迁居于此的江西移民。如今大部分小漆园居民都已经迁移到山下平原居住了，曾经拥有一百多家，五六百人的大村子，只剩下二三十号人。村落四周被撂荒的山地长满了荆棘和杂草，荒废的山坡上依稀可见梯田和梯地的痕迹，一条条弯弯曲曲的梯田的石头驳岸或许见证了这里的祖先们当年开荒拓土、置业安家的历史记忆。

四、鄂东移民村落的文化特征

历史上，鄂东多次大规模的人口迁移决定了大别山地区村落民居建筑融汇了多元地域的文化要素，从而形成了独具地方风韵的人居文化。这里的建筑样式与装饰风格有着明显的多元文化融合的特征。在笔者近十年的田野调查中，

---

① 何炳棣：《明初以降人口及其相关问题》，中华书局，2017年，第203—207页。
② 何炳棣：《中国历代土地数字实考》，中华书局，2017年，第86—115页。

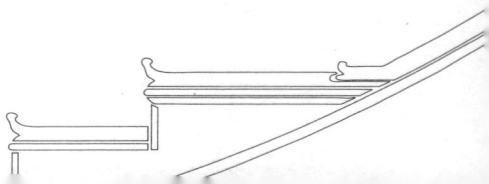

就本地区古民居遗存的现实状况来判断，鄂东大别山地区的民居自我识别标志性要素主要集中在房屋前檐、正立面门楼、山墙、平面布局以及选址等几个方面。

大别山区的村落古建筑存世量多，基本每个县市都有代表性的古建筑物存在。依据走访观察，建筑遗存普遍保护得并不完整，但这些保存下来的村落古建品种齐全。遗存种类包括民居、祠堂、寺庙、商宅、牌坊、廊桥、古塔、书院、戏楼、园林、古道和水利等公共设施。从建筑等级上划分为两类：第一类，依照政治、经济、社会和信仰需要，大家宅院、祠堂、寺庙、文庙、牌坊是高规格、高等级建筑物和构筑物；第二类，普通民宅，基本不具有这些功能要求，在建筑工艺、造型规制、结构规模、形制和用材上要简陋很多。

民居建造艺术总体上形式丰富。雕刻艺术形式多样，题材广泛，包含了历史故事、戏曲和传统图案等。本地区传统民居上建筑壁画普遍存在，且一般绘制在山墙、正檐、门廊等位置，以人物、动物、植物、戏曲和传统图案等艺术形式为主。民居前檐正立面造型比后立面复杂，传承了我国传统建筑之中注重大门装饰和礼仪形式的特点，并且都

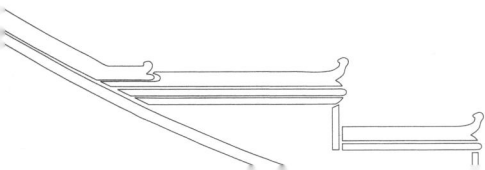

上图：红安华河祝家楼
下图：红安县八里镇吴氏祠门楼

习惯修建入口门廊或者槽门。正面多以砖雕密檐造型，结构层级复杂，形式多样，最能代表本地区建筑特点，二十四孝、八仙、福禄寿喜、吉祥花鸟虫鱼等图案是其壁画装饰的代表。

在鄂东大别山腹地，由于地域、经济、社会历史的原因，留下了许多具有较高历史、文化、科学、艺术、社会、经济价值的传统村落民居。这些建筑外观形态以硬山和悬山顶为主，有人称其风格为"龙飞凤舞"。山墙的造型有马头墙、滚龙墙，每个房屋造型都不一样。建筑装饰是古代民居建筑中点睛之笔，反映出历史上本地区人们质素厚朴、达观向上的生活态度，壁画、砖雕、石雕和木雕等图案题材形式丰富，寓意吉祥美好。

"天井院"式布局是鄂东传统民居的一个重要特点，这种布局与北方"四合院"类似，但大别山山居"合院"中建造的不是院子而是"天井"。这种民居布局的结构紧凑，占地少，空间利用率高，适合山地坡地等地形，而且施工方便，建筑成本小，容积率较大。山民们往往顺着山势和坡形，把房屋层层推进，非常灵活。由门厅向内，第一进正屋多为厅堂，用天井与左右前后相隔。

上图：红安华河祝家楼
下图：罗田新屋弯天井院落
右页图：红安华河祝家楼天井院落

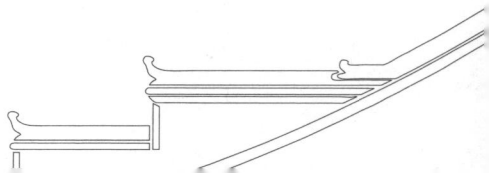

如果地势开阔，有时候或设置多个天井，组合成一个更大的房屋群落，满足家族几代人、几个房支合族合居。天井小而狭长，通光通气，为围合性的封闭空间带来了阳光雨露。雨水在天井中流下，汇聚到自家的屋里，是风水中"肥水不流外人田""老天降福""财源滚滚"的心理暗示和文化象征。罗田九资河镇（原名僧塔寺）新屋弯至今仍然保存有这样一处院落，人称"紫薇山庄"。院落外观从高空看上去为长方形，从一个门进去可以串通里边所有房间，据说共有九十九间，天井成了这个系统的眼。农耕时代传统家族文化的含义尽藏在这个围绕天井而精心结构的布局之中。

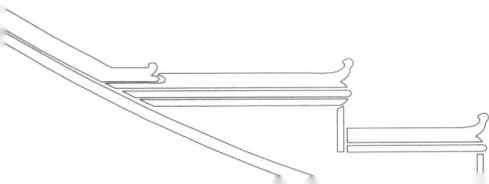

鄂东地区年降雨量在 800—1600 毫米之间，在全国属于中等偏上。为了便于排水，这里的山民们结合地区自然条件，不断创造吸收了北方、南方等各地山墙的特点。封火山墙的造型具有优美的天际线，增加了建筑外观的形式美感，还被赋予祈福镇邪的文化观念，由此形成丰富多彩的山墙，如梯形、三角形、弓形、曲线形等。我国民居建筑中，曲线形的造型南方偏多。本区域的曲线形与别的地方不一样，形成了中间高且大、两边矮且小的对称性波浪式的弧线形山墙，成为鄂东民居建筑的一大特色。这些样式一般多用在宗祠、庙宇等礼仪性建筑之上，组合型弧线形封火墙高高耸出屋面一米左右，重重堆砌灰瓦造型，配上檐口砖雕、壁画，远远看去犹如一条起伏涌动的龙盘在屋顶，十分气派。九资河镇的紫薇山庄祠堂、红安八里镇陡山村祠堂、麻城盐田河雷氏祠堂都是这种山墙。黄州东坡赤壁修建于清代的门楼也保留着这种建筑的规制。

在鄂东民居建设的形制中还有一个特点就是大门及其门向讲究。民间建筑的大门犹如人的脸面一样，有的与两厢房相连，也有的作为独立的建筑，在造型上都有着鲜明的地方风格。这种"朝门"都为硬山式建筑，如大屋的山墙一样，两侧有高高的封火山墙，也有采用"龙飞凤舞"的弧线形型制，动感十足，生机勃勃。这种朝门不仅与徽派建筑贴壁修建的大门不同，而且也与北方四合院悬山式或卷棚式门楼不同。[①]大别山地区的朝门基本分为槽门式和牌坊式两种。牌坊式是把牌坊结构与墙面建造合二为一的一种形制，多用在祠堂、寺庙上。槽门则是一般百姓建房的首选。槽门灵活处理空间的手法既满足了门向的风水原则与整体建筑面向的矛盾，同时也为民间建筑的礼仪性表达提供了空间，在这里，艺术、信仰、结构功能形成了和谐的组合。

在鄂东大别山村落的历史形成过程中，沿江沿河的河畈平原区与山区的村落格局是不一样的，制约这种格局的原因也不尽相同。元明之后，受到自然地

---

① 祝笋：《"荆楚"建筑风格与湖北新农村建设》，《中国民族建筑论文集》，2014年11月，中国民族建筑研究会第十七届学术年会。

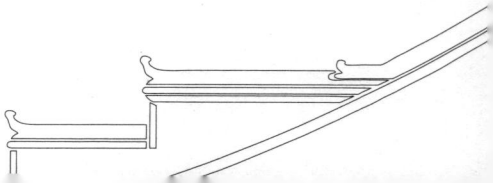

民国南洋风格的门楼

理状况和技术条件的制约,从河湖地带往山上鄂东大致形成了这样几种类型的村落形式。首先,例如沿江河湖平原水圩村垸分布。这里地势平坦,很多地方曾是水域,村落布局受到水的制约,一般建造在垸田中间,远离河湖围堤。如今这类传统村落遗留较少,村落变化受时代影响很大,一般出现在今天鄂东黄梅、武穴、蕲春、浠水、黄州、团风等县市区的沿江地区。

鄂东宗族居住群体较大,建村历史较长,人口多的村落一般处在大别山山麓与内河冲积平原的交汇处,这里既可枕山,亦可面水,尽得农田与水利之便。一般这类村子历史较长,村落文化发展也是最好的。现存规模较大的古村落代表有黄陂大余湾古村。大余湾背靠木兰山,西距武汉市40公里。这里依山傍水,村前是大片农田,村口小溪环绕,20余条巷子纵横分隔,现存50多栋石砌明清民居建筑至今仍保持完好。类似的古村还有红安县八里陡山村、麻城岐

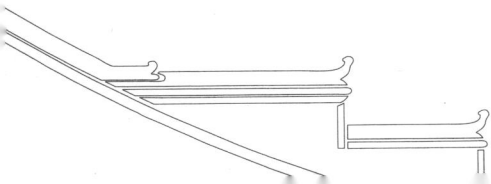

亭镇丫头山村。两村距离不远，与大余湾村地理环境相似，也属于规模较大的古村。从家谱记载来看，这些村里的宗族都有辉煌的家族史，或出达官显贵，或有商贾巨富。黄陂大余湾的先民是明初从江西婺源迁移而来，在600多年的家族发达历史中，曾有过"一门三太守，五代四尚书"的辉煌历史。[①]

建造在海拔较高的山区是一些格局独特的小村落。这些村子大多一村一姓，随家族逐渐发达之后，人口增多，相对狭窄的山地资源对人口承载力十分有限，于是家族开始分支，移居另一个地方开拓新的生存空间。村落一般规模较小，狭小而独立环境自成体系。一般四周多为高山环绕，中间的盆地或圆形集中，或窄狭而蜿蜒，但一定有小溪或开有水塘。居家门前开垦有一定数量的农田，农事耕作半径不大。

除了上述几种类型村落之外，还有些特殊类型。在大山深处，建有山寨式村落，家常居住、躲避战乱与匪患功能结合。此类村落建筑大多出现在鄂豫皖三省交界的大别山里，整个大别山区山寨林立，不低于几百座，建筑物用石垒砌，成为管道、关隘、土匪巢、村寨以及避难宅等。

在平原区，鄂东历史时期也出现过类似江淮平原区的水圩式民居。为了加强村落防范匪盗之骚扰，在村落周围开挖较宽的壕沟，村落建在护村沟壑之内。这种村落一般被称为寨子。麻城白果镇206省道旁边的荣家寨至今仍完整保存了这种村落的格局，护卫村子沟渠达20米宽，最深处有三米。进出村子的只有一条通道，这种建造格局很好地起到了保卫村庄安全的效果。

---

① 黄伊:《武汉市黄陂区木兰乡大余湾明清时期古村落》,《江汉考古》2011年03期。

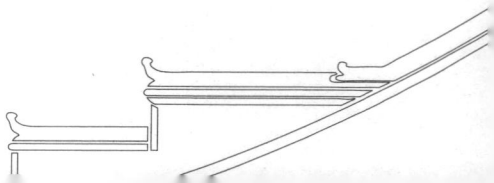

第二节

传统村落：农耕文化的整合性空间

　　传统村落是农耕文明的结晶，是乡土文化最杰出、最完整的空间载体，它拥有形态多样的物质和非物质文化遗产，蕴藏着丰富多样的历史信息与生态景观资源。一个在历史岁月中孕育的古村落就是一个乡村社会历史、文化艺术、自然遗产的活化石，一座关于农耕文化的博物馆。作为整合性农耕文化的记忆性空间，传统村落是民族根源性文化记忆，具有极高的历史、文化、科学、艺术、社会、经济价值。

东冲古村

人的生存是通过土地作为媒介实现与物质世界的交换来完成生命活动。人的生命所需物质是通过动植物从土地中汲取，继而将其废弃物包括人自身又通过土地返回自然之中。生命来自土地，又返回土地，就在这个物质中介上周而复始，演绎着一曲曲生命的赞歌，依赖着土地一遍一遍地讲述着生命的故事，所以土地在生命活动中扮演着非常重要的角色。同时，土地作为自然空间的承载和必要要素又是维持生命活动及其多种方式的空间基础。从生物学上来讲，村落是实现这种生命交换的群体组织性空间。在人类早期的生产活动考古遗址中，发现了许多我们祖先居住的原始形态聚落。因为先民脆弱的应对能力，大家聚集而居，协作抵御外界的不测。比如仰韶文化的聚落遗存，在关中地区发现了几百处，它们大多分布在靠近浐河、灞河、沣河等河流河床的台地上。那里土质肥沃，靠近水源，生活方便。半坡遗址还清楚地发现村落居住之地有开挖了护村沟洫之类的设施，只有一处通道与外界联系，显然一个封闭性很强的空间保证了血缘部落群体共同的生命利益。黄河流域自古较为发达的耕垦种植技术为人们提供了稳定的生活保障，从而促成了农业定居的成熟。作为一种原始的生活方式，它使我们的祖先走向文明，促成文明类型的集团化，并一直保留着自己的传统。正因为这一点，作为生存方式的村舍共同空间造就了人的社会性，反过来，这个通过土地来置换生命能量的生存环境又决定着人的生理和心理特性。在时间的维度上，因生命而聚合的空间逐渐演变为联系人类过去、现在和未来，蒙昧和文明的一个连接点。从这一点上看，我们今天讲的村落是历史地理学上的名词，也是一个关于文化价值判断的概念。

　　中国是一个历史悠久的农业大国，许多受到特殊地理与社会因素规定的农耕人口组成了稳定的村落空间，通常情况下，这些单元空间血缘边界清楚。其内部人和人之间、人和自然之间演绎着复杂而丰富的组织结构，

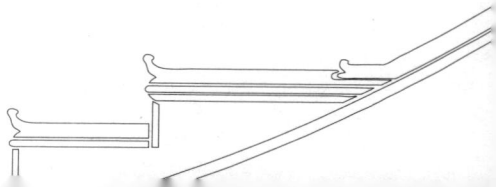

麻城东苑村

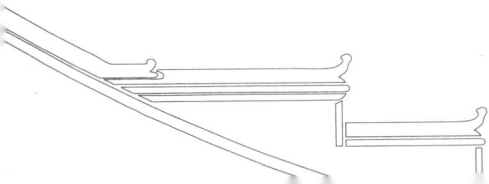

从下而上建构着国家的一个社会单元。20世纪以来，包括地理学、历史学、人类学、社会学、政治学、民族学等领域都对村落有一定的研究。学界讨论的问题也十分广泛，举凡村落的起源、发生与发展，村落景观、村落形态、风俗信仰、商业活动、社会结构、与自然环境以及农业制度等问题。在这些学科中，尤以社会学、地理学、历史学以及人类学的研究成果最为突出。[①]

　　人类生命延续的过程中，物质形态的创造先于文化创造，而文化创造总会高于并包含物质创造，反过来又影响着文化创造。在生产力水平低下的早期社会，人们为生命延续而集居所形成的空间与形式构筑不断变迁，同时，空间母体中所孕育出的精神性存在也作为文化基因投在了文明的胎记上，并不时在后续的文化艺术形式中慢慢析出。村落最初是作为生命必需品供给策源地，是一个被选择的地方。成熟而发达的定居农业使社会财富不断积累，也不断拓展了这个空间集合体中的层次，逐步成为人的物质依赖与情感寄托的对象。传统民族文化的谱系里一直欣喜地记载着它为个人和群体共同的家园哺育着恬静美满、安全永恒的田园幻梦。　文化历史的时空维度中，村落具有十分丰富且精细的意义。

一、村落是物的诗学

　　村落的物质世界是一个被选择和渐次生成的综合体，可分成原生性物质形态和再生性物质形态。原生性物质即是山川河流，动植物，即是自然世界原生性的造物。这些决定着村落空间的基本面貌，即所谓天造地设，对于空间主人来说它们是一个被选择性的空间条件。而再生性的物质形式被打上了人们生活与文化的烙印，是在原生性空间条件之上逐次创造、生产、开发，层累式地叠加而成

---

① 黄忠怀：《20世纪中国村落研究综述》，《华东师范大学学报（哲学社会科学版）》2005年3月。

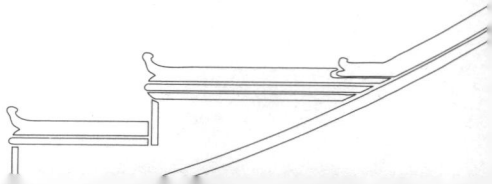

的，其规模、性质与品质在时间的过程中逐渐叠加。再生性的物质结构的核心指向人的便利生活，为后天人为的结果，成为人类文明时期人文价值的载体。

传统村落空间营建总会依山顺水，理水养气，就地取材。人们常常借用自然地理发育完好的格局和地形活力，在台、坪、窝、湾、凹、岗、阜、坡等形态下，灵活布局，巧用地貌地势。以智慧与创造，在不同地域环境下构建出了耕作与居住结合交汇的居住环境。

村落的物质世界是一个多维的体系。在房舍、庭院、田地、山川河流以及道路的延展与弥漫中包孕着一切，古今皆然。首先，村子的物质必定是特定个人或群体的财富象征，并且可作为群体或者个体进行社会交换的经济指标。其次，与日常生活相关，村落生活世界里的物质是工具性的，是器物，是设施和构造，是智力与身体的延伸。当然，作为物质存在的一种高级形态，它还体现

麻城小漆园村

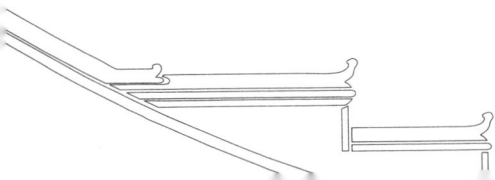

为精神文化的象征，有时是一种仪式的道具。村落的物质文化被映射了人的观念，记载着人的活动痕迹。例如，陕西半坡原始社会古村落中，灞河与浐河缓缓向北流入渭河，相交冲击而成一片开阔的台地，这就构成了半坡先民选择在此繁衍生息的天然的原生性物质基础，当然还有人们赖以生存的植被和鱼类。在遗址内发掘出来的水渠、沟洫，夯筑的台地与房舍，先人进出的道路等等，这些是为了生活的需要而改造自然环境之后产生的，属于再生性的。其实，村落生长与发育的过程就是原生性的物质一直在不断向再生性转化的过程，这种转化的程度直接表现了人类生命与文化活动的进程与速度。人类文明程度越低，其改变的痕迹就越小，速度就越慢，反之亦然。现代都市的发展是在人们生产生活中较为彻底地转化了原生性的物质空间形式，是对具有自然属性的原生物质与空间的异化。

一定文明形态的村落结构中，农耕文化的村落居住之地有着较为稳定的要素。这些要素可以分成物质的和精神的。在村落系统中，物质要素和精神要素之间的比例反映出文明程度的高低。在村落形成的早期历史时期，显然，物质要素的成分要高于精神文化要素的成分。美国学者明恩溥在其《中国的乡村生活》一书中发掘并透视了传统中国社会中乡村的结构要素，深入分析了这些要素在传统村落社会中的作用和机理。[①]在中国多年的观察中，他关注了村名、道路、渡口、水井、学堂、庙宇等这些物质性实体要素，还考察了科举、宗教、集市、融资、护场等制度性要素，以及关于求雨、狩猎、婚庆、丧葬、年节等仪式性要素。从他展开考察的这份目录中可以看出，明氏对中国乡村生活关注最多的还是精神与文化层面上的村落要素。这些方面是一个发达成熟乡村的完整的机理，也是一个村域外来者首先所能够感受到的——文化的存在，也即是区域社会中人的存在。村落既是地理概念，也是文化概念。当人们关注村

---

① 〔美〕明恩溥:《中国的乡村生活》，陈午晴、唐军译，电子工业出版社，2016年。

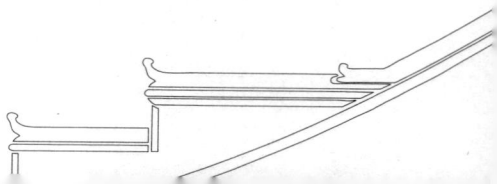

落主人之间的交往与互动时，它又是一个社会学领域的概念。

　　探索村落社会中的组织形式必然考虑村域空间的形态，实际上，村落主人的活动才是界定乡村社会空间的形式特点。自然山水界定了传统村落的景观与边界，成就了"绿树村边合，青山郭外斜。开轩面场圃，把酒话桑麻"（孟浩然《过故人庄》诗句）的自然独立环境，在这个内外一开一合之间，诗人所体会到的村落田家诗境饱满充盈。特定的村落是有边界的，而作为文化的村落其边界又在哪里？如果有边界如何来度量？从已有的学者的研究成果看，一个成熟发达的村落共同体，具有五种可以识别的边界：自然边界、文化边界、经济边界、行政边界和社会边界，自然边界是基于土地属权的地域范围；文化边界基于共同价值体系的心理和社会认同；经济边界是基于经济活动和财产权力的网络和疆域；行政边界是基于权力自治或国家权力下乡的管理体系；社会边界是基于血缘、地缘关系的社会关系圈子。如果打量一个传统的、自给自足的封闭性村落，五个领域其实就是人们生活的不同方面，是乡村主人一生的生活空间。[①]尽管如此，村落首先是一个与生命有关的物质系统。既然是系统，它会以居住者为中心，为生命活动分出明确的层次来，而且在各层间又会以主要的、次要的，显性的和隐形的关系呈现出来。随着村落的社会转型，村落的主人在其他社群中的关系在发生变化，村落的边界也发生了分化，也许这些边界变得不那么重要，不那么清晰了。

　　拓扑是研究几何图形或空间在连续改变形状后还能保持不变的一些性质的一个术语。在具有拓扑形态空间规范的观念里，人们只考虑指定物体间的位置关系而不考虑它们的形状和大小。假如把拓扑的这个含义引申到村落形态的考量中，村落的边界也许可看做一个以人为中心并与活动场域所形成不断交换与伸缩中的拓扑形态。

---

① 李培林：《村落终结的社会逻辑——羊城村的故事》，《江苏社会科学》2004年第1期。

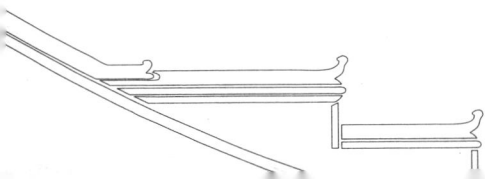

二、村落是秩序机理的集合体

村落是历时性的。从根本上说，村落历史的主体生命是那些自为延续的独立个体，而时间将村落主人各个层次的记忆逐层编码、逐层累积地编织在一起。物质的形态范畴、乡风与世俗、规约与谱牒都在不经意之间为寻常的农耕生活写下了编年体式的文本结构，村落的要素和结构样式在给定的地理空间单元中形成了自己的特色。众所周知，中国北方的民居有四合院的布局，江南水乡是小桥流水人家与复街式的村庄组合，长江中游多"一颗印"式的家族院落布局，福建客家人住"围楼"，浙江台州是"三透九门堂"。有意思的是，这种悄无声息式的编码过程把地理环境书写进村落的记忆中，造就了丰富的地域文化样态。农耕文化的特色或许就是深深耕植于这些隐性的结构体系之中，这是农业社会最原初的基因密码，一个关于传统村落文化的基因秩序。从秩序入手，成为解释传统村落变迁的一个有效方法。

"远上寒山石径斜，白云深处有人家。"（《山行》唐·杜牧）深山中古老的村子，或许它非常安静，非常神秘。但是山风拂过的静逸闲适环境，有着多种交叠与重

上图：农耕生产工具
右图：门前的水塘

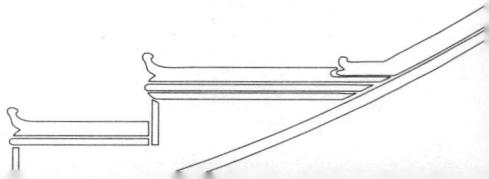

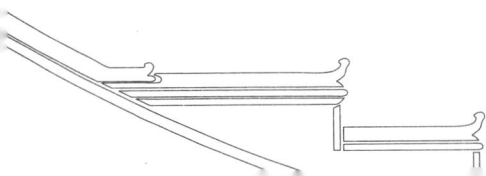

合的秩序，等待着来者抽丝剥茧般层层剖析。这些秩序包含了人与山川自然所保持的关系，群体活动在四时节令中的时序关系，单个生命过程所遵循的节律，以及人与人、人与社会之间的关系。这些关系在长时段的互动调适中排定出规律性的序列，为人们提供了稳定安详的生活模式。其实在人们的生活记忆与书写中，大家总是不断地咀嚼吟唱这种文化的回甘。唐代词人李煜写《虞美人·风回小院庭芜绿》。

风回小院庭芜绿，柳眼春相续。凭阑半日独无言，依旧竹声新月似当年。
笙歌未散尊前在，池面冰初解。烛明香暗画堂深，满鬓清霜残雪思难任。①

在词人的诗意中将小院、小池、廊榭和画堂依次展开，平日幽静典雅的空间结构跃然纸上，也可看做古代文人经营小环境的理想追求。词人辛弃疾的《清平乐·村居》却道出了不同的村落空间温婉朴素的小结构。

茅檐低小，溪上青青草。
醉里吴音相媚好，白发谁家翁媪？
大儿锄豆溪东，中儿正织鸡笼。
最喜小儿无赖，溪头卧剥莲蓬。②

血脉至亲、低矮茅屋、门前溪水、田园耕地，在诗人眼前展开，如吟牧歌。辛弃疾在词中淡淡地铺陈了一家五口在乡村的生活情态，把诗人对平静田园生活的羡慕与向往交代得十分感人，笔下乡村空间秩序的优雅、安宁与恬淡也烘托得令人如醉如痴。北宋诗人张舜民的《村居》更是场景感十足：

---

① 〔南唐〕李煜：《李煜诗集》，上海古籍出版社，2013年12月，第51页。
② 朱德才选注《辛弃疾词选》，人民文学出版社，1988年，第98页。

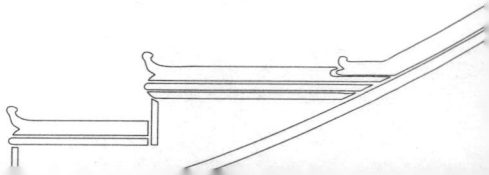

水绕坡田竹绕篱，榆钱落尽槿花稀。

夕阳牛背无人卧，带得寒鸦两两归。

村落空间要素用耕牛和晚归的雀鸟烘托出来，在一个井然有序的层次中展开的有：水田、竹林、篱笆、院落，还有通往村外的路。

唐代周贺《春日重到王依村居》，描绘了房舍、新田、水井、庭院和树木在春日的景象，抽象的诗意并没有遮盖野居烟舍前后的格局，意境温馨可人。

野烟居舍在，曾约此重过。久雨初招客，新田未种禾。

夜虫鸣井浪，春鸟宿庭柯。莫为儿孙役，余生能几何？

中国古人关于人与自然的关系有着特别的讲究，单单一个"天人合一"的观念就让历代贤哲费尽思量。"与天地合其德，与四时合其序"，"致中和，天地位焉，万物育焉"，摆定了人在天地万物之间的秩序关系，则万物和顺兴旺。几千年以来，有关村落选址的理论与方法更是蔚为大观。其中所谓风水学、堪舆术就是这种把人的生命存在纳入到自然体系中，并试图与自然空间建立和谐秩序的努力。古人辨方正位，法天象地，俯察阴阳，是在调整人与宏阔地理空间之间的关系，而探龙、察砂、理水、点穴则是关于小环境的经营。负阴抱阳，背山面水，左青龙，右白虎，山环水绕，这是中国传统村落地理格局不变的法则。 在这个空间秩序中注定是关于人们文化理想的追寻与居者自我调试的双向过程。

中国的村落空间有十分深厚的文化底蕴，山水之间的开合，生灵世界的兴衰，一经被选择作为居住的场所，就同时被投射了永恒的秩序。是谓十里不同风，五里不同俗。与自然空间被选择与建构的秩序不同，时令与季节的运行为

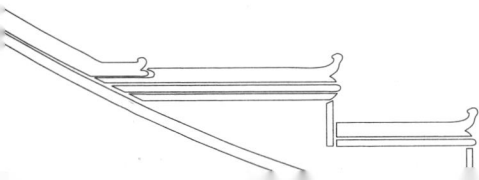

村落空间加注了另一种秩序。春夏秋冬，寒来暑往，草木荣枯，生产生活的秩序使村子有了一种特定节奏。日出而作，日落而息；春生夏长，秋收冬藏。村落中的一草一木、一山一水莫不与日出日落相连。"日上三竿"，是村落后山一天太阳升起的时间表述，"日薄西山"是村落空间方位与村落生活时间之间的对应。

宋代诗人陆游那首脍炙人口的《游山西村》，腊酒、春社、夜月成为乡村淳厚民风的主线：

莫笑农家腊酒浑，丰年留客足鸡豚。山重水复疑无路，柳暗花明又一村。箫鼓追随春社近，衣冠简朴古风存。从今若许闲乘月，拄杖无时夜叩门。

乡村社会的四时节令的交往和娱乐休闲是人们重要的闲暇时光，各种应节

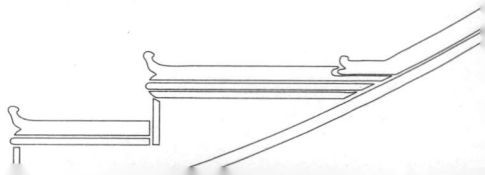

性的活动纷纷举行，从春到冬，随着农事活动在一年中的节奏，虽然没有均匀进行，但是总会伴随耕作季节而显示出一定的周期性，实际上这就说明村落社会节奏与自然节律间相契合的关系。

村落是人的空间，毫无疑问就会被投入文化人伦的秩序。家族宗祠的空间分布，居室中长幼之间的空间关系，庭院礼仪与社会交往中的内外区别，其实就是血缘秩序。孔子说："为政以德，譬如北辰，居其所，而众星共之。"这是从大的方面，讲一国之秩序。由大及小，推己及人，费孝通也提出一个中国民间社会的人伦秩序，关于一个以人为中心的社会网络——差序格局。大家和睦相处，"善相劝、过相规、喜相庆、忧相恤"。

《书村落间事》是宋代诗人陆游创作的一首抒写日常生活的词，确为不可多得的清新之作，表达了这样一种农耕村落社会人伦和美的秩序图景。

东巷西巷新月明，南村北村戏鼓声。
家家输赋及时足，耕有让畔桑无争。
一村婚娉皆邻里，妇姑孝慈均母子。
儿从城中怀肉归，妇涤铛釜供刀匕。
再拜进酒寿老人，慈颜一笑温如春。
太平无象今有象，穷虏何地生烟尘！

诗中东巷西巷、南村北村、城中与桑畔、婚聘、妇姑、母子还有老人，无不是太平景象中"慈颜一笑温如春"的人伦景致。向老人拜敬寿酒，是这个村子里人伦秩序的落脚点，也是村落共同体的纲纪。"本立而道生"，所以更是村落的主题。

传统乡村社会的"差序格局"中，村落人际关系是从家族长者开始，一个一个像波浪一样层层推开了去，人生前与身后享有的空间位置、方位、

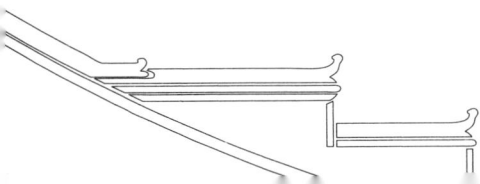

面积大小都有明确的规定。有人说在传统中国礼仪空间中，如果搬动一把椅子是会流血的。这是乡村社会维护秩序的成本。这种人事中被固化的网络一旦投射到人居环境中，村落空间的意义就不只是放大了容器，而是意义的载体，象征是这个载体有效的语法。

在社会学家的眼里，村落是社会研究最有效的单位。有的从具体村落的观察开始，有的从宗族与市场入手，也有的引入国家与社会的视角。而将具体村落作为学术研究对象，其肇始之功当归美国学者葛学溥。他在1925年出版的《华南的乡村生活——广东凤凰村的家族主义社会学研究》一书中全方位地描述了一个华南村落，运用功能学派的观点分析了宗族结构及社会意义。20世纪30至40年代，一批深受西学影响的中国学者加入了这一阵营。费孝通深入了开弦弓村，林耀华关注义序黄村，许烺光深描大理喜洲等。将具体村落作为研究对象，他们试图以村落个案研究来揭示整个中国社会。①村落的秩序就是一个微缩版社会逻辑，儒家宗法制度的核心、个人与社会的张力、家国之间的同构在这个微缩版逻辑中同样可以找到原型。

学者研究认为，中国传统乡村聚落形态，一直以分散居住的小规模散村为主要类型。以家族血缘关系为纽带，分散居住的自然村落是传统中国乡村聚落的原生方式。这种村落在地域区块关系网络中成为社会组织结构的基本单元，并在村落变迁历史中逐步向大村集中，共享村落公共经济与文化设施。②以近代乡村社会变迁而言，村落传统秩序的解散和重新解构的过程，其实也就是乡村社会变迁的过程，是现代化的过程。1949年以后，随着血缘宗族势力的消退，村落成为中国农村社会最基本的组织形式，而以信息共有为其主要特征的村落文化则是中国农村最具特色的文化形式。村落文化对目前中国农村社会

① 李红、胡彬彬：《光明日报》，2016年10月19日第14版。
② 鲁西奇：《散村与集村：传统中国的乡村聚落形态及其演变》，《华中师范大学学报（人文社会科学版）》2013年04期。

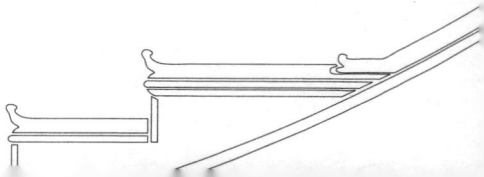

状况及人的行为具有相当的概括和解释力。①美国人类学家芮德菲尔德在描述社会结构时曾有个形象比喻，以木格子和爬在上面的须蔓来解释复杂社会结构间的关系。一个结构复杂的社会里的、由当地人组成的各种单位就成了这么一扇木格子的所有竖向木条子，而居住在该社会里的外来人组成的各种单位就成了木格子的所有横向木条子，至于说那些代表着国家权威和权力的所有官方的机构或者组织，就全是攀爬在这扇木格子上的须蔓。②19世纪50年代以来，我国农村社会主义改造彻底改变了传统的以家族组织维系乡村社会日常运行的局面，在经历了合作化运动、人民公社化运动之后，社队集体劳动的方式，让村落个体从家庭走出，成为单子化的社员，村落社会从血缘关系占主导的空间单元变为以业缘关系占主导的集合体。代表国家的"须蔓"自上而下爬向了自然村落、行政村落、隐性血缘纽带交互生成的"木格"之上，在社会主义农业大生产的主题下秩序井然。

三、村落是文化的记忆

乡愁就是对家的思念，对人生成长过程中情景的记忆与怀念。物质与记忆中往事相连，回忆又将情感托付于物质。农耕文化情境中关于村子的映像就是乡愁的记忆之场。一方水土养一方人，村落是哺育个体生命的地方。村落空间中有着关于群体中个体生老病死，婚丧嫁娶的空间规定。婚配的空间范围，被限定在村落之外。个体生命的时间节律不仅要尊奉生命本身的节律，还要受

---

① 李银河：《论村落文化》，《中国社会科学》1995年第5期。
② 〔美〕罗伯特·芮德菲尔德：《农民社会与文化》，王莹译，中国社会科学出版社，2013年，第56页。

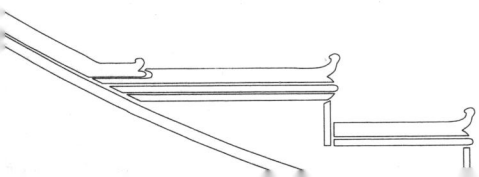

到社会文化习俗的在个体身上积累积淀"体化"的规约。[1]这是群体记忆的一种方式，也是个体对于群体认同的体现。很多人都有这样的体验，成人外出闯荡，对于自然空间方位的认知、春夏秋冬物候表象的辨析，都与故乡村落周遭的环境记忆相关。故乡的景观地标和空间感受是个体生命成长经历中投身其他环境时判断的首要参照。

背井离乡，是关于生命空间的内外情感叙述，更是将生命寄居的家园与远乡间的分别而引申出的伤感愁怀。贺知章有诗曰："少小离家老大回，乡音无改鬓毛衰。"个人生命的节奏与故乡村落节奏错位，即成为局外人，才有"儿童相见不相识，笑问客从何处来"。杜牧《归家》也道出了同样的尴尬："稚子牵衣问，归来何太迟？共谁争岁月，赢得鬓边丝？"

落叶归根，是对生命的许诺，对那个环境的依恋。村落中的山山水水养育着生命，一草一木终是情感的寄托。以人的情感为村落营造的核心，构建精神性和人文精神的存在价值，传统村落环境建于山水之间，聚群而居，宜于居家养性。在构建物质空间的同时，强烈的精神情感强化了营造者的文化品质和修身育人之目的。宋人秦观在《行香子·树绕村庄》中极力铺陈了村庄春意盎然之景致，满是温情与惬意，这是诗人观村落景色与个人文化品质之间的互动：

　　树绕村庄，水满陂塘。倚东风、豪兴徜徉。

　　小园几许，收尽春光。有桃花红，李花白，菜花黄。

　　远远围墙，隐隐茅堂。飏青旗、流水桥旁。

　　偶然乘兴，步过东冈。正莺儿啼，燕儿舞，蝶儿忙。[2]

---

[1] 〔美〕保罗·康纳顿：《社会如何记忆》，纳日碧力戈译，上海人民出版社，2005年，第91页。康纳顿将社会记忆的方式区分为纪念仪式性记忆和身体实践性记忆，为了说明身体记忆形式，他把记忆又分为刻写式记忆和体化式记忆。其中体化式记忆就是在身体的操演中习得知识，并转换为习惯与能力。

[2] 徐培军，罗立刚：《秦观词新释辑评》，中国书店，2003年1月，第303页。

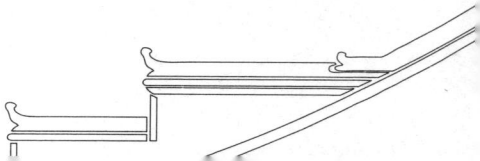

村落是文化的整合性空间。人的记忆依附于一定的物质基础之上，我们保持对过去的记忆，实质上是回溯与之相关的人和物以及他们发生的空间。村落的物质与空间组织形成了人们记忆框架，保持一种记忆固执地和一种物质与空间紧密联系在一起。正因为有了村落，一个人们聚集的空间，才会有多姿多彩的地域性文化特色。村落建设者对礼仪性空间的规划布局十分重要。人伦与礼乐常常以"尊、亲"的宗法形式体现观念，祭祖和礼拜的仪式性血缘教化增强了家族共同体的情感凝聚力，院落住宅布局的安排，街巷邻里交往的日常空间都将塑造人与人之间心灵情感相通的情感记忆。例如皖南黟县南屏村，这是个依山水而建的古村。古村三面小溪环绕，严整空间理念塑造了村舍、宗祠、田野、生活多种元素融为一体的村落风貌。祖先们从入村的道路与树木开始，精心布置了孔桥、园林、亭榭、宗祠景致，使天然景观与人文景观交相辉映，建构了一个关于村落家族文化记忆的空间文本。浙江金华有诸葛亮后人营造的诸葛八卦村，也是这样一个天地人空间意识巧妙融合的典范，在这些传统村落中自然天体秩序、人居建筑秩序与人伦秩序三者合一。村落的一房一舍、一草一木被这里的主人打上了人文的追求，反过来一个从这里成长起来的后代，都被这里精心构筑的环境增强了关于文化的记忆，村落的空间形式成为人们关于村落记忆的永久性框架。

四、村落的生命与时代

村落其实是一个生命形态的东西。几百上千年的古村有着它特殊的年轮，树木、房舍、路桥与古井，记载着村庄主人荣衰与兴颓，同时也会随着社会制度与文化观念的变迁而变迁，每一个时代新的技术水平也会在其结构中留下清晰的记忆。村落的生命体现在物质空间的活力之上，体现人与村落空间进行自

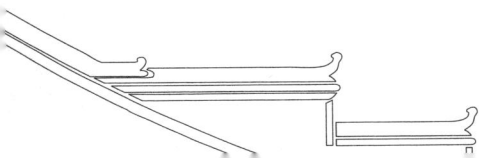

然物质交换的节奏与频率，这个层次的村落生命节奏追随着自然季节时令的变化，周而复始，有些古村绵延了上千年。自然世界的要素对村落生命的节奏也会发生重要影响，如果发生将会是骤然、决绝性的。遭遇了自然灾害，一个村子会戛然而止。近代以来中国的传统村落经历了三次剧烈的变化，它的生命节奏频率与近代以来中国社会制度、生产生活方式、人们思想观念的变迁密切相关。传统中国农村社会是一个以血缘家族组织为中心的社会，有时它会是超地域的。每个家族群体中的精英是这个族群参与社会交流的代言人，村落空间的组织关系一定程度上服从这种以血脉为纽带的家族群体组织。显然，国家对于乡村社会的控制也是通过这些家族代言人渗透到家族这个社会基本单元之中。换个角度说，国家对于乡村的管理不是简单对乡村空间的管理，而是对乡村社会中人的控制，这些人事的控制则是通过乡村社会乡绅精英实现的。这个问题已经成为中国社会史中的常识。《礼记》大传里说："亲亲也、尊尊也、长长也、男女有别，此其不可得与民变革者也。"在宗法秩序上建立起来的社会组织关系是不可能脱离它赖以立足的人伦架构的。

然而，"五四"运动以来，传统中国社会的人伦秩序逐渐被一个更加宏阔的社会组织秩序所代替，以物质生活方式以及现代社会组织结构为基础建立起来的架构代替了传统人伦架构。国家对于乡村的管理从以前对血缘家族村落的管理转变为对地缘、业缘基础的村落管理，这一转变可以理解为从偏重对人的管理变为对偏重生产方式的村落空间管理。血缘家族村落变为大生产背景下行政村的空间区划管理。随着农业生产合作化运动、农村人民公社化运动深入开展，中国传统乡村社会中家族村落的影响力几近消失，村落的边界变为较为单纯的生产劳作与经济核算的单元界定，以前的家族成员现在都以个体身份加入到乡村生产之中。村落的变迁还不止如此，从20世纪最后的20年开始，传统村落的命运仍在继续快速地变化。家庭联产承包责任制使得社队成员又回到家庭

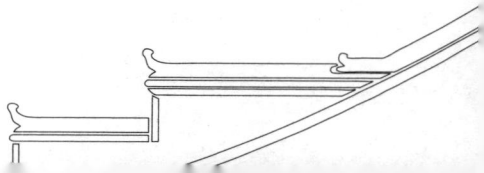

之中，但行政村仍然是农村管理的基本单位。不过，家庭农业生产富余劳动力的出现第一次使农民大规模脱离村落空间，伴随城市化的步伐，农民离土离乡的潮流越来越汹涌。"中国从乡土的自给自足社会到城市的风险社会，农民和村落的终结，是一个巨变，但也是一个漫长的过程，其间伴随着无数不足为外人道的喜怒哀乐，既有摆脱农耕束缚、踏上致富列车的欣喜和狂欢，也有不堪回首的个体和集体追忆。"①

21世纪一开始，中国从农耕土地上解放出来的农业人口变成"农民工"，大批大批如潮水般涌入城市，城市人口超过了国民总数的一半。2010年11月1日零时，中国进行了第六次全国人口普查。这次人口普查数据显示，居住在城镇的人口为66557万人，占总人口的49.68%，居住在乡村的人口为67415万人，占50.32%。同2000年人口普查相比，城镇人口比重上升13.46个百分点。②距离上次人口普查的时间又过去了快十年，城市人口的比例可想而知。改革开放以后中国农村社会的变迁是历史性的巨变，经济社会的快速发展极大地促进了城镇化速度与商业化水平的提高。社会普遍的认识是：这种变化标志着我们已经从一个具有悠久农业文明历史的农民大国进入以城市社会为主的新阶段。它意味着人们的生活方式、生产方式、职业结构、消费行为、价值观念都将发生极其深刻的变化。

五、结　语

不知从什么时候开始，大街小巷身边的年轻人穿上了一种看似破破烂烂，实则是一款新潮服饰的"乞丐服"，听说还比一般同样式的服装要贵很多。这

---

① 李培林：《"农民的终结"到"村落的终结"》，《传承》2012年第15期。
② 2011年04月28日，国家统计局网站公布数据。

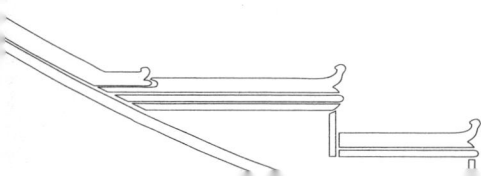

种款式的衣服在多处精心设计了很大的破洞，织物经纬线长短不齐，凌乱飘飞，真的如乞丐一般。这就使唐代诗人孟郊的那首脍炙人口《游子吟》陷入了尴尬之中。"慈母手中线，游子身上衣。临行密密缝，意恐迟迟归。谁言寸草心，报得三春晖。"时代变了，"乞丐服"凸显了"慈母"与"游子"之间道德与审美的错位对话，并揭示出作为道德、文化与人伦综合性载体的服装已转化为一个以审美为中心的对象。

这种传统与现代的尴尬同样出现在如今传统村落的保护运动之中。"它们悄悄地逝去，没有挽歌没有诔文、没有祭礼，甚至没有告别和送别，有的只是在它们的废墟上新建文明的奠基、落成仪式和伴随的欢呼。它养育了我们，似乎只是为了它最终的毁灭。它走得那么悲壮，千年古风，一朝逝去，没有乡愁，也没有挽歌。"①几千年发达的农耕文化，悠久的定居生活养育了睿智的中国农民，造就了传统村落这个意义丰富的空间集合体。可是在今天，虽然千百年农耕社会中形成的道德规范、人际规则以及自然与人生观念一直都是我们传统继承中的巨大财富。但是，村落已不再是那个村落，它正从一个文化与道德的空间向审美空间转变。

主体人群生产与业态的变化必定意味着生活空间的变化，由乡里人变为城里人，由田间农事耕作变为城市规律的集中上班，意味着人口从村里向城里的迁徙。有学者统计，在1990年到2010年的20年时间里，我国的行政村数量，由于城镇化和村庄兼并等原因，从100多万个锐减到64万多个，每年减少1.8万个村落，每天减少约50个。②2017年，住房和城乡建设部宣布启动第五批中国传统村落调查，在全国4153个有重要保护价值的村落被列入"中国传统村落名

---

① 李培林：《村落终结的社会逻辑——羊城村的故事》，《江苏社会科学》2004年第1期。
② 同上。

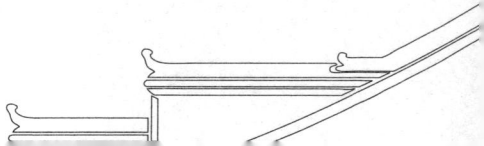

录"的基础上，形成世界上规模最大的农耕文明遗产保护群。①

近三十年来，国际遗产学界在建筑文化研究方面有一个明显的转向，那就是从纪念性建筑转向平常性建筑。这也是乡土建筑和村落保护发展研究的一个重要国际性学术背景。如今，村落不仅是一种融汇多学科智慧的学术范畴，而且还是一种新的学术研究范式。因此，无论是作为现代国家的社会场域——村落共同体中的村落，还是作为现代乡村的生活场域——人居环境的村落，都有巨大的学术潜力。

---

① 2017年08月09日，中国新闻网。

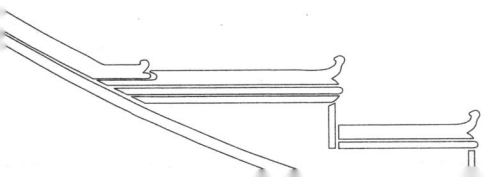

第三节

敬神与娱人: 青山柯庄宗祠的建筑空间

　　传统祠堂作为人们敬宗收族与祭祀先贤的重要场所，是联系血缘群体内部情感的纽带，在这里展开着宏阔深沉的民俗文化事项，成为了农耕社会中民俗文化活动的第一现场。这里以鄂东大冶市青山柯庄祠堂为个案，通过对其空间形式、平面布局等方面的考察，阐释祠堂建筑空间形式中所蕴含的以礼为序、敬神娱人的文化内涵。

红安县八里镇吴氏祠门楼

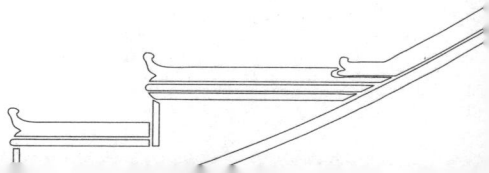

中国民间宗祠建筑是传统建筑艺术中的代表，它与展演在这一民俗文化舞台上的礼俗仪式一道构成了农耕文化的经典象征体系。因此，民间宗祠的建筑形式、视觉图文样式以及与之密切相关的手工艺文化有着丰富的文化内涵。在传统农耕社会的组织结构中，民间社会的自生秩序是依靠乡村礼俗等文化符号来维系的，这就使得民间宗祠成为了乡村社会血缘群体内部公共文化的第一现场。随着近现代以来深刻的社会变革，前述以血缘关系为中心的乡村自生秩序经历了从衰落走向隐现的过程。而改革开放之后，社会组织结构中的各方关系再一次得到了系统调整，广大乡村又出现了修建祠堂、编撰谱牒的现象。然而，此时的乡村文化结构却出现了新的意义，在一个传统自治文化、国家意识形态和大众消费文化三种关系交合的时代背景下，新建和

麻城雷氏祠

红安吴氏祠戏台

修缮的祠堂，在当代乡村社会与文化结构中扮演着新的角色，并成为农村公共文化建设的重要部分。本文以鄂东大冶市青山柯庄祠堂——"瑞鹊堂"为个案，通过对其空间形式、平面布局等方面的考察，讨论在时代语境中民间宗祠的形式内涵。

一、千年"瑞鹊堂"

青山柯庄是湖北大冶金湖街道办事处的一个行政村。据青山柯氏宗谱记载，柯庄村始建于 1758 年，至今有 250 多年的历史。柯庄东临铜山，属鄂东

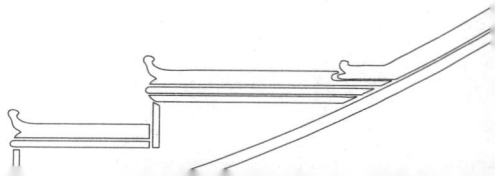

典型丘陵地貌，矿产资源丰富，土地面积较小。青山柯庄现有柯姓居民 300 余户，2200 多人。自古以来柯庄居民多以铜铁矿的开采为业，如今矿业资源枯竭，青壮年多数外出打工谋生。

青山柯氏的祠堂堂号为"瑞鹊堂"。关于祠堂名号的来源，在柯氏家族内至今还流传着一段"德政于民，瑞应于鹊"的感人故事。在北宋年间，柯氏家族有位叫柯述的先祖在朝为官，他为官清廉，爱民如子。一次，朝廷派他去福建漳州赈济灾民，由于他的辛勤工作，得到了当地灾民的拥戴，于是有两只瑞鹊栖于柯述的住处。当柯述离开漳州时，伴随着送行的百姓，那两只喜鹊也恋恋相随而不忍离去，一时传为佳话。同朝为官的苏轼得知此事后，便为述公的祠堂题写了"瑞鹊堂"的匾额。自此以后的千百年来，凡柯氏祠堂都要悬挂"瑞鹊堂"的字匾，"瑞鹊堂"也就成了柯氏家族祠堂的名号。关于柯氏祠堂名号这里有几段资料，1955 年清明节，柯氏后人重修祠堂，新修建时所立碑文上的记载或许能够告诉我们一些历史信息。

青山庄的由来：

盖我柯氏家族有史以来，确定始祖成公为一世祖，可见谱的兴起年代并不久远，始于宋。溯自成公以上，缺乏史料，无从稽考，以成公为一世祖是很自然的。成公以下，支脉繁衍甚多，遍及江南若干省市，侨居国外者不可胜数，其人之盛，事业之浩繁见诸谱牒，无庸赘及。大冶本门族祖成公派下二十九世忠公祖籍系福建兴化府莆田县平海卫白石社人。明宏治年间，忠公升调大冶任教谕，立业于长蟹垅后定居桃花（即现在的祖庄柯家大屋）而青山庄的起源则由大屋而许庄，由许庄而青山，遂名"青山庄""青山柯"，"柯青山"是当时的习惯叫法，因此即成为庄名。柯青泰仅为人名，是青山一世祖显浩公的三世孙，为本庄四房一支祖，非庄名。

青山庄合户谨立 共和五十五年甲申 清明

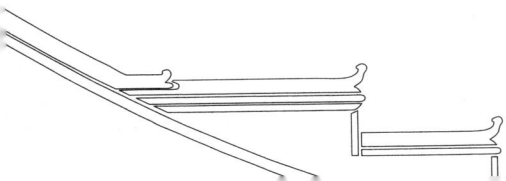

瑞鹊堂的来历：

柯述公，字仲常，生于北宋仁宗庆历七年（1047），丁亥岁正月初一，殁于南宋高宗建炎四年（1130），庚戌岁十二月初三日亥时，享年83岁。北宋英宗治平四年（1067），岁次丁未。正当述公二十岁，坚履抱负，年富气壮，志向高远，思上进取，终于考取进士。敕任福建漳州通判官职。固尽职守则，躬亲倍事，水患消而灾祸弭，饥馑涂而生灵乐，惟其德政于民，故乃瑞应于鹊。从此，一对喜鹊双栖述公之厅堂，每天鞍前马后，迎进送出。邸阶遥连，左右飞翔。俨是一对保护神，祗倚安危。絷鹊堂之蔼瑞，标觇洪泽羽族之汪洋。此事被苏轼得知后，赋《异鹊诗》：昔我先君子，仁孝行于家。家有五亩园，幺凤集桐花。以颂述公爱民如子、爱人如己的伟大精神，并题字"瑞鹊堂"悬挂述公之厅堂。尔此，柯氏祖堂皆悬挂"瑞鹊堂"以纪念之。

祖堂供奉文祖柯昶公：

青公，成公六世孙，满公玄孙，乃殊涉公之子，字恒自、号海潮，生于北宋真宗天禧四年（1020）庚申岁七月十五日子时，潜自修持，卒于宋哲宗元祐五年（1090）庚午岁三月初三日，沐浴衣冠、无病端坐而逝，寓号"蓬壶真宰"。享八庚七秩遐龄。妣林氏，生于北宋仁宗天圣四年（1026）丙寅岁七月初七日子时，殁于北宋徽宗政和四年（1114）甲午岁八月初七日申时。

子三：述、泰、履。长子述，后任漳洲通判官职，德政于民，瑞应于鹊，瑞鹊堂因此而得名。青公自幼向慕元风、勤奋好学、崇尚武艺、恪守武德，终苍天不负，遂得悟真，荣登宋室武进士，上辅宋室江山，下保百姓平安。宋仁宗敕授青公为镌戮节度左都督、督镇福建平海卫、海卫指挥使加援昭武将军。公屡敌水贼，戮力同心，文韬武略，每每取胜，万民歌颂太平。虽居军伍，犹

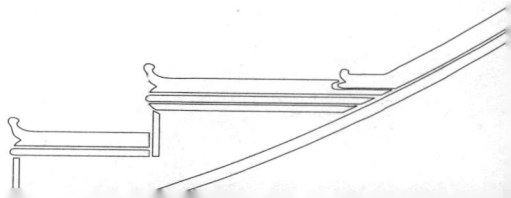

善事父母，可谓为臣尽忠，为子尽孝。迨至七旬而仙逝。其英魂时而浮海而戏，时而蹈水至蓬莱，身登彼岸，每当海风倾航，吾公现身大呼曰：我乃柯青也！海滔顿失，风息波静，公屡显灵，神威赫赫，赐福生灵，凡祷者，有求必应。 朝廷闻之，嘉其生则忠国，逝后佑民。皇谥曰："蓬壶真宰，诏命大臣刻像建庙于海边，仍方黎庶祀之，亦允其子孙画像祀于柯源。"而今，我们青山柯庄祖堂，塑昶公、青公文武二祖金容供奉于神龛，已近二百年，二祖高坐祖堂，威镇四方，慑邪傩疫。

柯之蕃昌，裔孙其绳，皆赖公之厚德与灵威也！

青山柯庄现在的祠堂"瑞鹊堂"始建于1916年，1955年重修，经历过三毁三建，已由原来的150平方米扩展到现在的700余平方米。自古祠堂是祭祀祖先的神圣场所，它的选址一般要有山冈作为屏障，以当作靠山，堂前还要设聚星池，是为藏风得水，背阴向阳。在中国人的心目中，祠堂有好的风水自然是安妥宗亲神主的先决条件，同时也是家族人丁兴旺与财运昌盛的保证。青山柯庄的瑞鹊堂符合上述条件，它建造在村庄正中的台地上，背靠铜录山，前近池塘。祠堂建筑坐东朝西，为全村占地面积最广、屋宇最高的建筑。

柯氏祠堂的《瑞鹊堂序》记载了这一情况：

前祖堂，创建于公元一九一六，即民国五年（丙辰），及今八十余年矣。数十年来，寒暑交替，冯夷施威，几经沧桑，一直完好。至一九六六年，因人事之倥偬惨遭破坏，更且听其自灭，无人问津，致使大梁断裂，败坏程度尤为不堪。顾大厦之将倾，念先辈创业之维艰，同人等不忍前人事业废于一旦，遂于一九八三年累将自愿捐助从事修复。讵料，事违人愿，随建随毁，一番苦心经营，付诸流水。要知祭奉之义旨在溯源追远，绝非迷乎异端可比。

一九八五年随着文明建设，改革开放春风，修复祖堂之举，群情激奋，锐

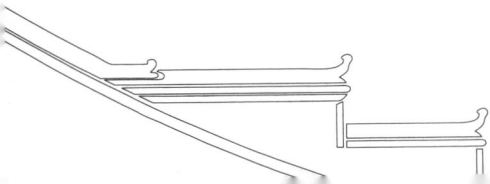

志弥坚。斯届同仁虽都年事已高，但仍不遗余力，积极参与，主持筹划，重新再续，赖多方援助，方始告成。至此，太祖尊荣历经三易，其艰难险阻，可见一斑。当年，又为海潮、显浩及耀逊、龄、锦、秀、和七公撰匾。共建楹联四副，匾额七方。

兹隔近二十年，沧桑人事，时过境迁，方今国运昌隆，人民安康，神仙世界，非为梦想。惊时代之巨变，感人事之苍凉，凤昔旧典，落后时尚。是以由五大房代表及房长常斌、有全、旭明、有华、高朋、利民、德权、有升、时来等九人组成筹建小组，负责祖堂基建设施一应事宜。合族人等，众志成城，冲破重重险阻，终于在原有一百四十七平方米的原有基础上，拓建为七百余平方米。一进四幢，气势恢宏，质朴典雅，颇为壮观。除原有楹联匾额外，新增文祖尊容一座，楹联四副，匾额二方，用昭祖德，以壮威严。

撰此序文，爰书其委，俾后来者知当珍惜和守成之不易，是为序。

四十五世孙有全撰

瑞鹊堂前厅里有一副对联正好说明青山柯氏宗祠对于选址的追求：

遥望门前景色，带晴烟，萦紫雾，水媚山辉，无限壮丽；近乘屋后风光，花簇锦，鸟绕簧，霞披翠点，气象万千。

柯庄人的美好愿望全寄托在这副对联的美妙文辞之中。

二、以礼为序："瑞鹊堂"的空间布局

仪式在社会发展和人们的具体生活中具有重要意义，它被视为社会群体及个体意志的表达方式，体现了人和人、人和社会、人和自然，甚至是人

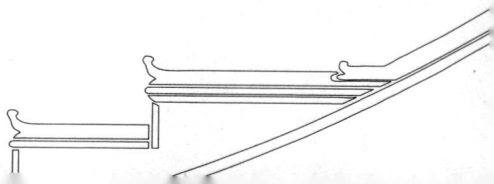

和神灵之间的某种约定关系，这也就是传统乡村社会人生礼俗的实质内涵。祠堂作为祭祖敬宗的重要场所，它在建筑的结构样式、整体布局、装饰与陈设等方面无不依礼而行、以礼为序，充分体现出浓厚的家族伦理观念。在一定意义上，中国民间宗祠建筑是传统礼仪艺术的代表，规定着祠堂空间形式和空间秩序。青山柯庄瑞鹊堂的礼仪属性体现在建筑空间的布局与视觉形式之中。柯庄"瑞鹊堂"面阔三间，为四进、双路四合院式的建筑格局。祠堂的几个重要建筑体按照功能的不同沿着主轴线纵向展开，其主次分明的空间序列充分体现了传统家族伦理中"以礼为先"的道德观念。祠堂东西全长44米，南北宽17米，占地面积700多平方米。

自正门沿中轴线依次是门楼、正门、戏台、前厅、礼堂、祖堂等几个部分。其中戏台、前厅、礼堂、祖堂等各厅建筑高度依次递增，不仅如此，各进建筑基面也由前向后逐渐增高，祖堂作为瑞鹊堂的主体建筑置于中轴线的顶端，同时也是处在地势的最高位置上。可以看出，祠堂的建筑布局有高有低，有主有从，秩序井然。美国人类学家怀特在研究人类与文明时，认为文化有三个亚系统：技术系统、社会系统、思想意识系统。其中技术力量作为文化建构的基础，它将直接以社会系统为功能性旨归，同时技术与功能又在思想观念的范畴之中。[①]

如果将怀特宏观意义上的文化系统论化约到柯氏祠堂文化单元中来，也可清晰看到技术、功能、观念三者与之对应，因而祠堂营造的一砖一瓦、图文的一笔一画也全在这三者关系之中。瑞鹊堂的门楼是柯氏祠堂的标志性建筑，远远就可望见，是祠堂礼仪结构中重要部分。门楼高大，由八根红色石柱支撑，红墙金瓦，为两层式歇山顶建筑。门楼在二层檐下，置黑底金边的匾额，上书"瑞鹊堂"三个金字。屋脊上有二龙戏珠的砖雕，四个斗拱上

---

① 〔美〕怀特：《文化的科学》，沈原等译，山东人民出版社，1988年，第351页。

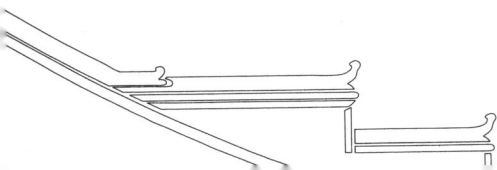

左图：石雕祠堂窗花
右图：祠堂建筑木雕构建
右下图：木雕建筑构件

分别装饰着长龙，龙形气势恢宏，雕琢精
细。门楼的内外帷幕各分上中下三层，其
建筑制式透露出一种威严与庄重的气息，
看似寻常的装饰题材并非柯氏人虚构的祥
和世界，却是他们深沉厚朴的生活态度的
象征。

祠堂戏台作为娱乐场所，具有娱乐休
闲的作用，同时也承担着教化子孙的重要
责任，因此戏台的设计更多具有了寓教于
乐的特征。戏台前方的帷幕上分两层依次
绘制着中国传统的二十四孝图：

孝感动天、戏彩娱亲、鹿乳奉亲、百里
负米、啮指痛心、芦衣顺母、亲尝汤药、拾

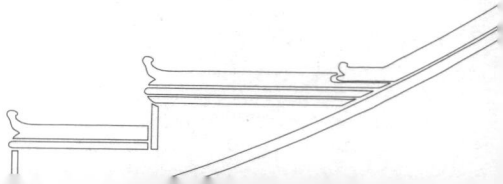

瘗异器、埋儿奉母、卖身葬父、刻木事亲，涌泉跃鲤、怀橘遗亲、扇枕温衾、行佣供母、闻雷泣墓、哭竹生笋、卧冰求鲤、扼虎救父、恣蚊饱血、尝粪忧心、乳姑不怠、涤亲溺器、弃官寻母。

戏台正上方刻画太极八卦图，并依次刻画着大冶八景：

金湖湛月、铜海飞烟、鹿头夕照、龙角朝暾、太和云雾、雷岭石林、沼山叠翠、虬泾钟灵。

戏台堂联：

创宏图伟业，籍群奋以聊；伦岁晚余闲，乐丰收而起舞。

戏台壁画：

后山云海。

祠堂的前厅，也就是会议厅的基本格局：前厅位于戏台与中厅（礼堂）之间，是族人处理本族重要事务的场所，长11.9米，宽11.2米，左右两侧为通往戏台的楼梯回廊，两柱间分别有两条宽40厘米，长10米的长凳，厅间有四根支柱，支柱上挂2副堂联：

遥望门前景色，带晴烟，萦紫雾，水媚山辉，无限壮丽；
近乘屋后风光，花簇锦，鸟绕簧，霞披翠点，气象万千。

三星朗耀，万象生辉，祝愿杖黎父老比比三多；
一代新秀，千帆竞发，试看峥嵘头角济济一堂。

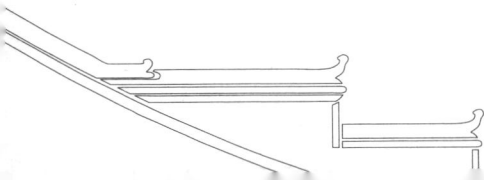

匾额文字为：

蔚起人文、世代其昌、后继在兴、桂兰永耀、光裕后昆 。

楼梯花墙，北边画有鹿鹤同喜、岁寒三友，南边画着迎客松、竹报平安。

中厅（礼堂）的布局：中厅是祭祀祖先，举办婚庆、殡丧的场所。中厅长13.4米，宽16米，左右各有一个侧门，左右墙体上悬挂着祠堂重建后本村和其他村庄赠送的匾额。有祖庄贺"祖德流芳"、许庄贺"祖泽长绵"、桃花岭庄贺"瑞霭鹊堂"、下陆庄贺"柏亭增辉"、白杨林庄贺"光复耀祖"、钦明庄贺"根深枝蕃"。

中厅中部左右两侧各放置长2.8米，宽0.6米，高1.5米的烛台。顶部正中央悬挂较现代的客厅用灯。中厅尽头，祖堂前方放置一张长5.6米，宽0.6米的仿古式供桌，供桌中间低，两边高。供桌中间放置一青铜的长方体香炉，香炉上雕刻双龙戏珠，龙珠下方雕"福"字，双龙戏珠上方书

木雕供桌

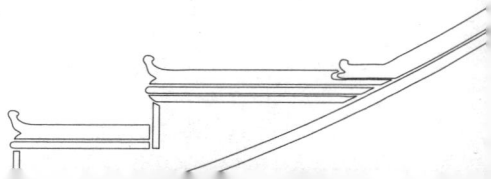

"福""禄""寿"三字，三字两边各有一铜钱。供桌的左右两边各放置一个较小的长方体黑色铁质香炉，香炉相对稚拙。中厅正中悬挂"祖泽绵长"。中厅有两根直径约1米的红色巨柱支撑，上面悬挂一副堂联：

诞二百四十五个春秋，座落青山一世祖；
庆衍两千一百八十余，口辈伦今谱十层。

瑞鹊堂中轴线的最东头也是祠堂的最深处，坐落着柯氏的祖堂，这里是宗祠的核心礼仪场所。祖堂正中神龛供奉柯氏文武二公的金身塑像，右边为文祖像，左边为武祖像。柯氏文武双祖金身塑像在中轴线的顶端，面向正门，高坐祖堂，充分体现了文武双祖在家族祖神中的崇高地位以及柯氏族人对双祖的无上崇敬。在传统乡村社会中，礼仪秩序不仅体现在宗族血缘关系内部，同时也包含在个人与国家、家族与国家之间。家族的荣誉与族人的自信往往建立在他们直系祖先与国家的联系之上。这也是中国传统家族礼仪文化追求中的重要内容。因而家族自己的历史叙述也往往被嵌入到国家大历史之中，以此增强家族的凝聚力。如前述祖堂中的文祖柯述公任漳州通判官职，"德政于民"，所以"瑞应于鹊"，而武祖"屡敌水贼，戮力同心，文韬武略，每每取胜，万民歌颂太平"[1]。柯氏后世的子孙也不忘他们"敬宗睦族，和谐社稷，丕振家邦之善举"[2]。因此，从这个角度分析，传统家族祠堂的空间是一个以家族利益诉求为出发点，与家国利益密切相连的多重意义的空间结构。

---

[1] 引自瑞鹊堂祖堂前供奉武祖柯青公的石碑简介文字。
[2] 引自《柯氏大成宗谱——显浩公派下四房支谱·前言》。

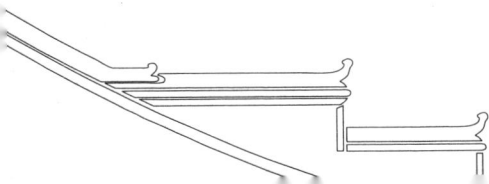

三、敬神娱人：瑞鹊堂的功能

祠堂作为传统民俗文化的重要组成部分，是祭祀祖先神灵的地方。全族聚会，作礼设祭，融洽宗盟，以期祖宗的保护，进而增强宗族的凝聚力。《柯氏大成宗谱——显浩公派下四房支谱》中记载：

青山柯庄祖堂，塑昶公、青公文武二祖金容，供奉于神龛，已近二百年，二祖高坐祖堂，威镇四方，慑邪傩疫。柯之蕃昌，裔孙其绳，皆赖公之厚德与灵威也！青山世代子孙每逢初一、十五，逢年过节，众嗣或携或率、或众或单必予祀之，以慰公矣。

青山柯庄的瑞鹊堂作为民间宗祠，在建筑方面造型庄重、装饰讲究，有十足的排场，祠堂内一次可容纳数百人同时祭祀。而今，青山柯庄的柯氏后

木雕神龛

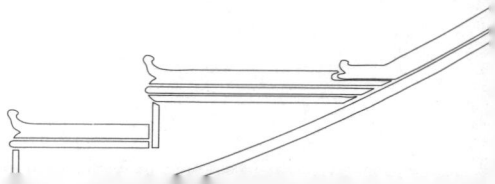

人依然在每月初一和十五、三月三、清明、端午、中秋、冬至等岁时节日举行隆重的祭祀活动。中国乡村祠堂是农耕社会中最具文化魅力的空间样式，是联系血缘群体内部情感的纽带。它的建筑空间形式与视觉秩序遵循着以礼为序、享神娱人的观念，在那里展开了宏阔深沉的民俗文化事项。为了感谢祖先神灵的庇护，人们在祠堂建筑结构中常常设有戏台，每逢重要节庆必定上演酬谢神灵的还愿戏。酬神戏在告慰先祖、享神祭神之时，还满足了人们娱乐的需要。每当这个时候，男女老少都来看戏，这样在缅怀先祖的恩德之时，还可娱乐自己，达到与神同乐的目的。不止如此，在一些装饰堂皇的大户人家的祠堂内，我们不仅能够看到"百代蒸尝"这样的告诫后辈子孙不忘祖先恩典的牌匾，也会看到雕有教导儿孙"渔樵耕读"的雕梁，会看到或刻或描的"三英战吕布""周瑜打黄盖"之类为了自身娱乐的戏文图像。

柯庄瑞鹊堂有十分气派的戏台，属于祠堂的第一进院落，在祠堂中轴线的前端。戏台前方的帷幕上分两层绘制着中国传统的二十四孝图，戏台正上方刻画太极八卦图，在八卦图周围依次描绘着大冶本地八个有名的景致。值得注意的是，戏台宽大，空间开朗，足见柯庄人在祭神与敬神的同时对于自身娱乐的重视。瑞鹊堂戏台台柱上的一副对联最能说明问题：

创宏图伟业，藉群奋以聊欢；伦岁晚余闲，乐丰收而起舞。

岁晚余闲，欢歌起舞，把在宗祠祭祖的活动和自身文化娱乐需求相结合，柯庄人敬神与娱人的文化追求尽在其中。其实，民间民俗节庆演艺活动往往和节日仪式、宗教祭祀及人生仪礼等结合在一起。"村落集体性的文艺表演活动，尽管有声有色和热闹非凡，满足了人们娱乐的需要，但是，在习惯上经常冠以某种严肃的主题，配合一些庄重的仪式安排。世俗的和神圣的

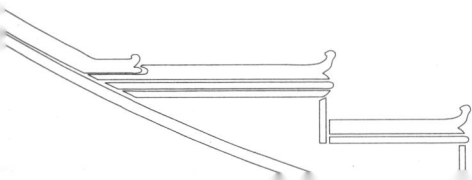

领域，在这些活动中是并存的和相互交织的，很难绝然划清二者界限。"①涂尔干也认为宗教除了表达人们信仰追求之外，还具有娱乐要素和审美要素，人们在参加仪式活动的时候暂时避开所有功利性的目的，因而仪式使人们忘却现实社会，并"把人们送到一个可以自由想象的世界里去，在那里他们可以完全放松自己。从外表上看，这些仪式有时候简直就是一种消遣活动：参加仪式的人尽情欢娱，开怀大笑"。②宗教的表现仪式与集体娱乐关系密切，以至于人们从宗教仪式过渡到娱乐过程中，并没有产生丝毫的隔阂之感。

四、结　语

祠堂里的祖先信仰和神灵信仰在时代背景下有着新的变化，这一现象主要出现在村落宗族文化两个前后相连的过程之中。祠堂从单一家族成员所共有的私密性空间转化为以地缘、业缘为纽带的村落公共文化空间，家族成员也随社会现代化生产方式的变迁走向更广阔的社会关系之中，而这一转变使得原本只属于一个家族的祠堂成为了乡村民俗休闲文化活动的第一现场。而今，乡村祠堂成为民俗休闲的时空载体，在祠堂中展开的文化事项不只是对于祖先敬仰的深刻表达，同时还体现了一种对现实生活欢愉的追求以及对这种喜悦心情的叙说。

---

① 刘铁梁：《村落集体仪式性文艺表演活动与村民的社会组织观念》，《北京师范大学学报》1999年6月。
② 〔法〕爱弥儿·涂尔干：《宗教生活的基本形式》，渠东、汲喆译，上海人民出版社，2006年，第361页。

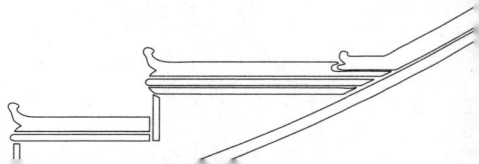

附录：《柯氏大成宗谱——显浩公派下四房支谱》前言

时下全国各地各姓氏各宗族皆在寻根溯源，翻蔓理枝，追宗归祖。为此，均予修牒续谱。谱牒是我们后人把家族的衍发史世世代代详实地传承与记载下来，以备究考，这是光前裕后，上报昭穆贻谋，下开子孙昌衍之门，敬宗睦族，和谐社稷，丕振家邦之善举。

本次四房编修支谱，一因家谱错落别白缺处甚多，如不及时修改纠正，必将贻误后世。二因历史在延续，时代在发展，修谱的观念内容与方式也应与时俱新，一是采用公元纪年，花甲纪年，朝代纪年三结合方式，这样既利于相互考证，又便于直观易懂好算；二是革除叙男不叙女的旧观念，男女平权，叙清于归之女归之何处何人，娶来之媳来自何处何人之女，以便后世追考。三因编者欲让所有族人都能基本了解和理清从古至今繁衍的基本脉络。四是应四房宗友之要求，只宜在小范围，易统一的情况下，四房先做尝试。

在这次叙谱时，从酝酿组织到开始运行，得到了四房全体宗亲的支技与关心，有的认真填表，准时送达准确齐全的资料，有的积极配合，转达传递所需内容，有的主动捐款，实现了不从各家各户收钱的目标。

本次编修支谱，笔者查阅翻看了各种新老版本的谱文牒语归纳考证，修改了极少部分的文语，但均有根据，绝非杜撰。在查阅，借阅各种资料时，受到了各位庄亲梓友的大力支持，在此表示衷心感谢。

由于组织者阅历不足，能力有限，经验欠缺，本谱虽经过多次核查校对但还存在许多问题与不足，敬请各位宗亲与师哲在阅看时将问题与意见驻笔作录并与编者联系，编者虚心接受以待后改，敬请谅解。

《四房支谱》编修组织者：柯忠义、柯康安、柯天赐、柯旭明，执笔：柯康安

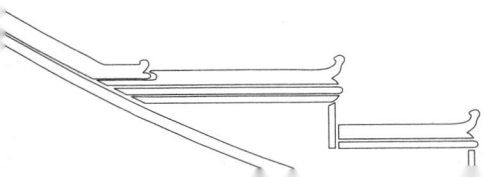

第四节
乡村的民俗现场：民居堂屋中的图像与文字

　　文字和图像一直是文化最直接的载体，也是文化系统结构里的核心部分。在几千年的传统中国社会，无论是哪个层面上的社会成员对于文化的神秘感、神圣感都会自然转换为对文字、图像的依赖和景仰。其中建造"字藏塔"就是这种古老的文化风俗的外在表现和历史文化心理见证。

　　在传统文化风俗中，字藏塔一般是由乐善好施的人捐资或集资修建的，用来专门化烧画写过后被丢弃的带有字迹的纸张。目前在我国农村保存有少量实物遗迹和一些以"字藏"为地名的村落，鄂东黄道山村象鼻嘴就是这样一个自然村落。[①]而今，这里的连字藏塔的遗迹已不复存在了，文字与图像这种文化载体也早已渗透到村民日常生活中的方方面面。作为村落、家庭环境下的民俗文化的组成部分，这些以不同表现技巧、不同表达媒介而生成的图像文字叙说着人们的生活经历和感情体念，记录着村民的人生价值追求。为了说明问题，本文以鄂东黄道山村的调查为例，以村落、家庭环境中居家堂屋里的文字图像为中心，探讨文字图像作为民俗美术现象和作为其语境的村落社会的变迁之间的关系，以及村落家庭语境中民俗民间美术的文化生态问题。

　　黄道山村是鄂东大别山南麓的一个较小的行政村落，由九个生产小队组成。每一个生产小队又由三五个、七八个不等的同姓氏自然村落组成，杂姓村落只在近几年有所增加。在这里，村落俗称堍子，多以地形和姓氏命名，如船

――――――――――

① 黄道山村是湖北省罗田县凤山镇下的一个行政村,因山而得名。自解放初重新勘划乡村开始,一直是北丰最边远的一个行政村落,现今人口2689人,大部分为农业人口,共有农户273户,人均耕地面积不足两亩。

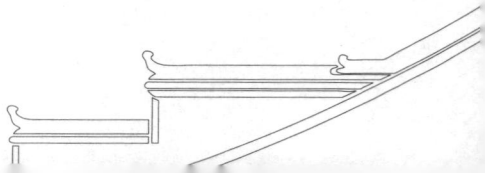

形张各塆、坳上占各塆、货郎沟张各湾、象鼻嘴胡各塆、冲里头卢各塆等。一个家族共居一处，拥有公共生活资源和共有的家族墓地。前述象鼻嘴就是该村三小组的一个自然村落。

　　黄道山整个地势东高西低，东边狭长的黄道山山脉纵贯全境，西边有巴水的支流——义水河曲折流过，这一山一水形成村落的天然疆界和屏障。因此，夹在河与山之间的狭长山坡沿着河岸从北向南展开。在这义水河东部的第一级台地和第二级台地上是些低矮丘陵与和河滩地，也是世世代代黄道山人耕种、劳作和生活的地方。义水河二级台地以上则是些较为茂密的山林，其间向阳山坡偶有成片的山地点缀着。由于地形地势的原因，这个村与义水河西岸的饼子铺村，黄道山山脉东坡的河东街村、蔡家山村、高庙村、南竹林村之间的交通不畅，自古就形成了相对封闭的村落共同体。自1949年以后，黄道山一直孤悬在北丰乡（1985年前称北丰公社）这个乡镇行政区划的版图之外，这也是选择该村作为民俗美术田野调查的典型意义之所在。

一、堂屋概念的变迁：从家族公共空间到家庭私密空间

　　村落家庭是当代乡村环境下最基本的社会单位，是村民保持独立个体与他人、社会、时代相联系的基点。中国是一个家族结构式的社会，宗族组织在社会生活中起着重要作用，在同一地域中，生息劳作的家族依靠地缘关系形成村落共同体，构成以共同的风俗习惯和行为规范为纽带的自治群体，在内部实现自给自足的自然经济。一个一切以传统为准绳的封闭、自律的社会生活组织，其政治组织、经济组织自上而下都打上了父系家长制的烙印。[①]中国是一个农业大国，即便是在当前，居住在乡村的农业人口仍然占国家人口比例的绝大多

---

① 王沪宁：《当代中国村落家族文化——对中国社会现代化的一项探索》，上海人民出版社，1999年5月，第5页。

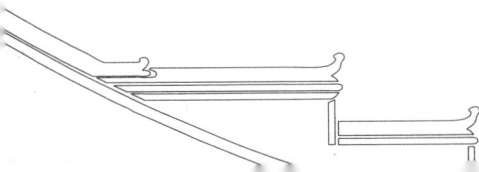

数。因此，村落家庭文化构便成了中国社会生活的一个重要方面，成为研究中国社会必不可少的视角，而在村民居家结构中，堂屋则成为村落家庭文化的第一现场。一方面，堂屋是中国传统国家礼仪文化中"明堂"的缩微和演化，[①]因而它具有历史的文化标本意义，包含着这种文化形态的基本特征；另一方面，堂屋又是处在社会不断变化之中，作为民间民俗文化活的生态场，它见证了家族伦理、生活秩序、社会结构等一系列社会变迁，成为乡村社会历史的沉淀物。鄂东乡俗中的居民堂屋经历了功能和结构上的历史变化，在几十年的中国现代化的过程中，正从一个传统形态向着现代形态发展。

回顾这种变化历程，我们至少可以将其分成前中后三个时期。

第一个时期，1949年以前。黄道山作为一个以地缘关系组织起来的村落共同体，是由十多个单姓氏的家族自然村落组成。这些村落大多以血缘关系为纽带集居在一起，是血缘、地缘、业缘三种社会结构关系相重合的社会组织。一般而言，家境殷实的家族都建有自己的祠堂，在同一宗族内，平时族内

左页图：家神祭祀
右页左图：祖先牌位
右页右图：麻城 陶制烛台

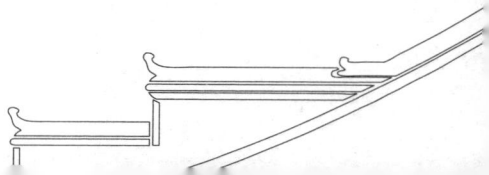

① 王力：《中国古代文化史讲座》，广西师范大学出版社，2004年11月，第204页。

的重大活动都由年长备尊者主持操办，在祠堂里供奉祖先、祭拜神灵，完成家族成员的生、老、婚、丧、嫁、娶等人生仪典。黄道山自古不是一个特别富裕的村落，没有复杂的外来经济关系，更没有达官显贵的复杂社会背景，实际上于居家以外另建祠堂的较少，且仅有的几家规模都不大。因此，对于一般的家族来说，家族内的活动都在堂屋中举行。

堂屋有两种并存的形式：

第一种，往往以某一支系家族为中心，共建共用，其建筑成本小，族内各个家庭以此为核心，彼此屋宇相连，本支系内重大活动均在此举行；

第二种，每个独立家庭也有堂屋，主要是作为日常居室的一部分，承担家祭、宴客、家庭娱乐等活动的功能，房屋紧张的家庭也兼作吃饭的地方。此时堂屋就具有日常生活起居和开展家庭礼俗活动的双重功能。

在黄道山乡村的旧俗中，第二种形式的堂屋最为普遍。这种堂屋迎着大门的墙面方向往往被认为是主位或是上位，是家庭威仪之所在。通常摆有香案、椿台等条形家具，且一般比其他桌案要高很多。上面供奉着祖先的牌位、

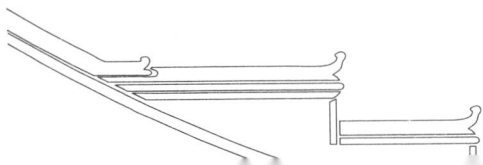

神龛，有的还摆有磬、香烛、镜瓶架、帽筒、福禄寿三星等。还有的家庭条案上还供奉着财神菩萨、观音菩萨像等神像。正中墙面上贴有纸书或者红色布面书写的条幅牌位，写有"天地君亲师位""天地六神司命""某某氏门中宗祖"等字样。自辛亥革命推翻封建王朝，建立了民国以后，也有牌位改书"天地国亲师位"。①

由于堂屋在家庭生活结构中的特殊位置，这里也成为村民从小的家族世界走向更广阔社会的起点。这样居家生活环境下的堂屋自然就兼具了待客酬宾、日常活动等功能。一般家庭还设有中堂，并把中堂与神龛、家神牌位合而设置。村落家庭文化结构中的一切传统礼仪秩序均以此为中心展开。在这里，尽管每个家族、每个家族内家庭的经济状况不尽相同，但堂屋的陈设习俗世代传承，已成惯制。有趣的是，由于该村地势东面是大山，西面是开阔的河畈平地，这里村民房屋建筑大多是坐东朝西，迎着大门的主墙方向正好为东方，这也暗合楚地民风尚东尚左的风俗。

第二个时期，从1949年到70年代末。20世纪初期以来的社会历史证明，对乡村家庭文化冲击最大的力量是来自乡村的社会变革，这些变革无不是以土地的所有关系为中心，深刻地触动了农村、农民的经济关系。有人把这些变革总结为：土地革命、合作化运动、人民公社、新时期的农村改革等前后相继的四个历史时期。②这四次社会变革中，土地改革运动的历史跨度最久，从20世纪20年代初期开始，一直到50年代初才在全国基本完成这项社会工程。它除了在保证中国革命胜利上的重大意义外，对于传统中国村落家族文化的冲击也不可低估。其中一个最直接的影响就是，传统农村中以家族血缘为中心的社会基层结构方式，逐步转变为以社会组织为依托的结构方式，村落家族文化的弥散性

① 王沪宁：《当代中国村落家族文化——对中国社会现代化的一项探索》，上海人民出版社，1999年5月，第51—57页。
② 李德福、陈金安编《湖北民俗志》，湖北人民出版社，2002年1月，第309页。

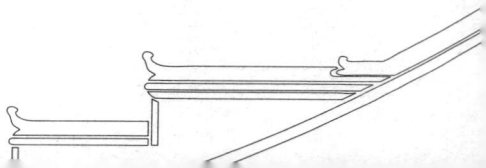

和血缘关系的复杂性在一个乡村世界中被社会化，农会、互助组织等农民组织使得血缘家族中的成员获得了家族和社会的双重身份。这些社会变革对黄道山这个偏僻小山村同样带来了巨大冲击。其中除了在经济、生活方式、生活面貌等方面的明显变化以外，村落家庭文化作为这场社会变革的外显形式发生了结构性的变化。由于农村社会化程度的进一步提高，家族观念逐渐淡漠，家族祠堂在宗族成员心目中的地位下降。自20世纪50年代以后，祠堂里几乎不再举行任何家族性质的仪式活动。祠堂多被迁拆，或改作乡村社会公共设施，如改造成中小学校舍、村民会议室、礼堂、医疗场所、粮食加工厂、乡村行政办公用房等。黄道山村村委办公房舍以及村小学就是在黄道山张氏祠堂的原址利用祠堂拆迁的材料建造而成的。

从20世纪60年代初开始，农村人口急剧膨胀，家族分化，同一支系家族的成员聚居在一起已经不可能，因此，第一种堂屋形式很快消失，村民纷纷改造已有的房屋结构。于是，大量出现两开间、三开间、五开间不等的独体的土坯瓦房，这种结构的房屋中均有堂屋，它们在不同程度上承担了上述以往祠堂、家族堂屋所承担的许多功能。因此，深刻的社会变迁使得乡村社会生活第一次彻底回归到以生活为中心的堂屋里来，各家各户不再有跨家庭形式的、以家族礼俗为中心的公共性祭祀活动，人们只在各自的堂屋中保留家祭等家庭礼俗活动。

第三个时期，改革开放以后。20世纪80年代初开始的农村家庭联产承包责任制，第一次从根本上触动了农民与土地的关系，调动了农民的生产积极性。广大农村出现了新的面貌。在黄道山这个小山村里，一个突出的特点是青砖瓦房和多层小洋房的出现。截止到20世纪90年代末，这个村基本实现了家家都有小洋房。以第三生产小组为例，全组28户人家共有26户建有小洋楼房，经济条件不好的至少也建有一层。

乡村民居向楼房建筑格局的转变是乡村生活都市化的表现，这种社会转变

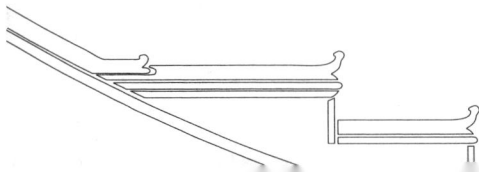

是和社会整体变迁同步的。农村生产关系的改善，促进了生产效率的提高，富余劳动力开始向其他产业转化，在一个更广泛的社会经济交往中，乡村生活方式随之发生了变化，但居家楼房中仍然保留着堂屋。不过，此时人们更愿意称作庭堂或客厅。这种意义上的堂屋是一家人吃饭、看电视、宴客会友的主要场所，遇到年假节庆、家庭内的婚丧嫁娶的时候还有些民俗性的活动举行。

乡村生活的常态构成村落家庭民俗文化的全部内容，当一个传统的家族式的组织结构还在起作用的时候，村落家庭文化是围绕着宗族文化内在要求进行的。当宗族的结构方式和功能发生了变化时，围绕家庭生活进行的民俗事项也发生了相应的变化。因此，堂屋实现了从家族公共空间向单个家庭私密空间的转变，家族个体成员也从家族成员向社会成员转变。这种变化是农村现代化过程的一个缩影，对它的分析和描述将成为民俗民间艺术研究的社会学基础。

二、文字和图像的恒常主体：神、祖先和我的关系

黄道山自古以来就是一个经济贫困的村落，山多地少，没有形成高效的规模农业。在文化上，也不曾拥有具备"标致性文化"特征的民间文化样式，[1] 不过，一般常态生活逻辑中的民俗文化事项所表现出来的艺术形态就是民俗美术本身。因此，作为一种民俗现象的艺术活动，张挂、摆设、装饰在乡村堂屋中的图文系统是民俗艺术审美形态的直接表现。同时，表达了村民所信奉的神灵、所祭祀的祖先与现实的"我"三者之间的关系这一恒常主题。这种关系自有其社会背景、文化意义、视觉逻辑的完整文本结构。而我们应该注意的是，在村落语境中，这种相对完整的结构与社会制度变迁之间的深厚联系。这里结合前述堂屋概念变化的三个时期，来说明文字图像系统中神灵、祖先、现实的

---

① 参见刘铁梁关于"标志性文化"的论述，转自张士闪《乡民艺术的文化解读》，山东人民出版社，2006年1月，第2页。

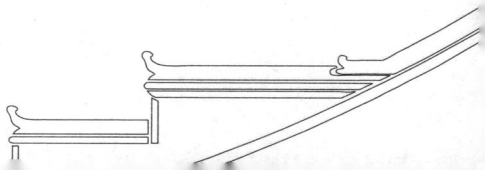

"我"三者之间彼此消长的结构关系。

在黄道山的民俗生活中，堂屋中神灵谱系的文字图像主要以三种方式出现：门神画、堂屋摆设与张挂、家具的雕刻和漆画装饰等形式。最常见的神灵有门神、财神、耕牛神、至圣先师、天官、福寿三多、五子登科、麒麟送子、八仙、钟馗、观音等，这些图像是自然信仰、神灵信仰、先祖神灵信仰的综合反映。在这些图像中，门神、财神、耕牛神最为广泛。每逢年节，村民们都要在堂屋里贴上印刷鲜亮的新画，因此，这些画往往可以看作节令时俗的标志。即便是在20世纪60年代或70年代，这种民俗古风一直是黄道山人所保有的。而其他图像方式曾在"破四旧"的风潮中彻底消失，只是到了80年代改革开放以后，少数家庭偶有出现，如麒麟送子、福寿三多等与村民人生生命过程息息相关的内容。神灵信仰是科学不发达的社会背景下形成的关于生活生命的一种观念，随着社会的进步，神灵失去了原来的神秘色彩，但这种信仰习惯无论是在行为上、口头上还是在心理上被保留下来，直接作用于日常生活，正如马林洛夫斯基所说："文化对于宗教的需求虽然是衍生的和间接的，但宗教最后却是深深的扎根于人类的基本需

麻城杂木圈椅

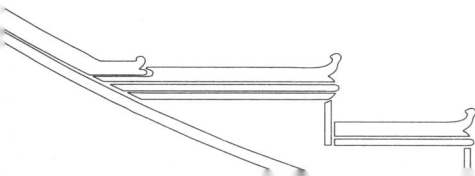

要，以及这种需要在文化中得到满足的方法之上。"①因此，具有"迷信"特征的民间神灵信仰转化为具有民间文化合理内核的"俗信"习惯。②

关于祖先的图文系统主要是体现在堂屋正上方张挂的祖先牌位和早期摆放在条案上的祖先灵牌和绣像等，这些形式在建国初期至改革开放很长一段时期消失了。于今，在黄道山的民俗中基本是以文字的形式出现，几乎家家户户都能见到，村民习惯中称之为"家神""殿镇"等。

以上两种类型图文系统的产生都有其原生的文化形象，是建立在传统民间美术诸种成熟的造型体系之上的。在村落家族文化的大背景下，民俗生活的程式化过程是以家族为中心，它秉承的是家族伦理、宗教习俗、神话故事、道德教化的象征指归，表达了乡民祈求吉祥如意、驱邪避灾、五谷丰登、多子多福的民俗文化心理。

神灵和祖先信仰随社会制度变化而变化，堂屋中家庭成员个体的生命意愿和追求的表达也在新的时期有着不同的风貌。这主要体现在村落家庭文化相反的两个过程之中：堂屋从家族所有成员的公共空间转化为单一家庭的私密空间，而个体成员则从家族成员的封闭性向社会成员的开放性转变。这一转变使得重视伦理道德劝诫题材不再占据主导地位，取而代之的是一种鲜活的、欢娱的现实生活追求。在堂屋中出现的图像让我们体会到的不再是农民生活相对富足之后需要多么深刻的表达，而是一种实在的生活体念以及这种喜悦心情的叙说。更进一步说，社会制度和经济结构变迁下的乡村人员流动，促使乡村堂屋意义、功能、结构的变化，相应的村民各种文化观念自然发生了变化，突出特点是：农村堂屋里大量出现机械印刷的时尚画片，如"文革"期间的样板戏剧照、伟人像、明星照、城市风光、域外风情等。一些孩子处在教育成长期的家庭，还贴有卡通画、动植物画片、识字卡以及孩子上学期间的奖状、喜报之

---

① 〔英〕马林洛夫斯基：《文化论》，费孝通译，中国民间文艺出版社，1987年4月，第79页。
② 乌丙安：《中国民间信仰》，上海人民出版社，1996年，第2—3页。

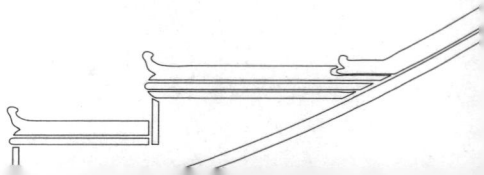

类。总之，包含了村民生活的方方面面。图片所烘托出的是一个丰富、实在的现代村落家庭文化图景。

从这个意义上讲，社会生活与人生价值建构中个体生命主体，在村落家庭文化中第一次得到了充分表达，作为堂屋的主人真正回到了堂屋中来。

三、传统和现代：文字图像背后的意义

在村落家族文化漫长的发展过程中，中国的乡村堂屋文化传统不但锻造出了一套独特的视觉语汇和形象表达系统，同时也发展出一套民间信仰、家族伦理、价值观念的完整概念系统。研究、了解这些语汇和概念对理解中国乡村家庭文化的传统与现代变迁具有极重要的价值。我们很容易证明，在整个人类历史中，制度的革新经常是社会变迁的驱动力，它在社会个体的生活、社会的价值以及社会结构组织当中都产生了长久深刻的影响。在时间线索中，乡村堂屋中的文字图像伴随社会制度变迁，体现为一种明显的文化逻辑过程。家族伦理观念、社会意识、生活方式彼此交织在这一起。[1]

---

[1] 读解黄道山村堂屋中文字图像明显感到以公路、电视、就业方式变迁的线索：20世纪50年代初，第一台拖拉机开进黄道山村，随后粮食加工厂代替了使用几千年的传统石磨、石碾。70年代中期第一条机耕路开通，第一条电线架设成功，全村大部分沿河村民装上了电灯，从此结束了用油灯、松火照明的时代，也是在70年代末，第一台黑白电视机走进村委会。到90年代后期，电视基本普及，部分村民还换了彩色电视机。2006年贯穿黄道山全境的柏油马路铺设完成，于是2007年有了历史上第一家企业到村里来圈地建厂。在黄道山的历史上，就业方式的变化前后有这样几个阶段：解放前，农业耕种是主要的方式，还有如木工、泥工、篾匠、裁缝、油漆匠、石匠、窑匠、铁匠、油匠、弹匠等几种手工艺人。1949年之后，随着我国乡村社会主义改造，集体生产方式成为主要劳动组织方式。在这种形势下，有些手工艺行业联合组成了乡村建设中的工程队，如石匠、泥工、木工；而另一些则随着工业化的进程慢慢消失了，如裁缝、弹匠等。这些基本反映村落现代化进程。就业方式也可分为三个时期，80年代初之前，脱离农业户口进城就业的方式有二，一是当兵服役退伍安置，二是具有一定社会关系推荐就业，这两种人是被人羡慕的，在当地被称作是吃公家饭的。70年代末恢复高考以来，每年有少量通过考试"跳过农门"而进城工作的。就业方式最大转变是在90年代中后期，大量外出务工人员农闲时进城打工，农忙、年节时返乡，呈节候性流动。

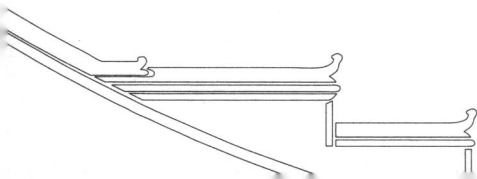

村落环境下的乡村堂屋，在传统社会里具有家庭、家族成员之间的等级性，家政事务管理礼俗性，经济形态农耕性，社会交流封闭性等四大特点。中国传统小农经济是以家庭生产为中心、具有兼业化特征的经济模式。在黄道山的早期社会中，家庭中父子、兄弟协作的劳动形式在灌溉农业条件下是农村最基本劳动形式，以宗法血缘关系为基础的家庭生活是农村主要图景。保留在这些艺术形式中的是上下尊卑、男女有别、男耕女织的社会角色意识和家庭观念。如今，"变迁已经成为一种主流社会生活方式，永恒不变的生活方式已经过时了，社会变迁不断的改变标准、价值观和行为模式，使得生活日益复杂化"。①

如果，我们把村落家庭堂屋中的艺术形式与村落乡土语境联系起来研究，就能读懂社会历史演变过程中文化、心态、习俗、组织等对民俗艺术的影响。民族民间艺术的本质是乡民为了生活的有序与精神的完满而主动进行的一种文化创造，它的意义和价值是在特定的社会情境和特定的文化语境中通过民众的日常行为才得以生成和实现的，它自

_____

① 〔美〕史蒂文·瓦戈：《社会变迁》，王晓黎译，北京大学出版社，2007年4月，第5版，第241页。

上图：家谱木雕版
下图：戏曲人物木雕

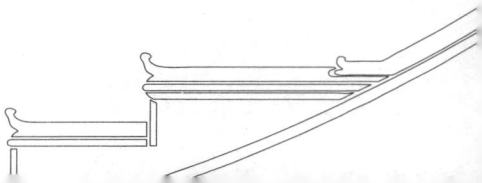

金漆木雕保温桶

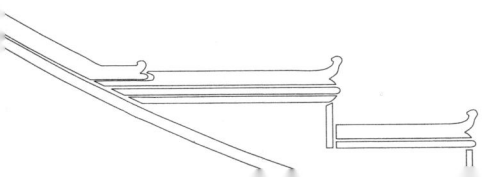

左图：木雕洗脸架局部
右图：传统油灯灯柱

身的发展就从来不是停留在一个线性系统之上的，这种艺术形式直接的意义显示要比纯艺术形式或精英艺术形式丰富得多、复杂得多。它的图像风格与社会历史意义是与之作为社会文化层次标志的艺术相互契合的。

综上所述，中国的传统农业社会即将大规模地向工业化社会、都市化社会迈进，以家族为中心的村落文化和以耕读传家的观念受到巨大冲击，亦工亦农、亦农亦商的经济生产模式成了农村社会主要景观。所以，民俗艺术的形式一方面是乡村民俗生活内容的一部分，另一方面又随着社会和科技文化水平的不断进步而变化。当大规模的工业日用成品、半成品进入到人们的生活中来时，传统手工艺就日渐衰落。中国农村的社会环境里，现代化进程正从深层次上触动传统的家庭文化系统，并且一步步超越了它。

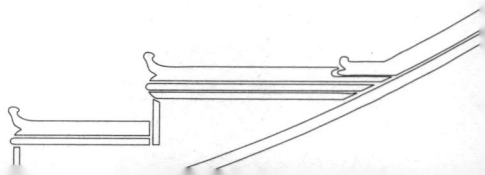

第五节
赤壁山水：鄂东地域历史与文化黄州的建构

黄州赤壁的历史是以赤壁大战和苏轼贬为黄州团练副使两个历史事件为中心而展开的。然而苏轼在黄州赤壁矶头写下了"一辞二赋"以后，一个与苏轼辞赋相关的"文赤壁"意象渐渐成为黄州赤壁文化中的主要内涵。赤壁人文意象的生成不仅成为文学的主题，而且还为赤壁胜景走进传统山水画的艺术殿堂提供了主题和内核。在中国美术史上，自宋代以来就有不少关于黄州东坡赤壁的山水作品。它们大致可以分成两个时期：宋至明中期的文人山水时期以及明代中后期以来的工艺品中的装饰性山水时期。这一风格演变的过程是伴随着两种图像类型而出现的，即卷轴类图像和器物装饰类图像。赤壁图像经由文人士大夫视野中的隐逸与怀古的符码而变为市井文化中赏玩的对象。清代诗人陈大章在《赤壁和谷怀太史》诗中写道："市井贯谈公瑾事，江山曾废大苏才。"在社会历史的变迁中，赤壁图像的审美形式实现了由雅向俗的转变。相对应的，我们认为，黄州赤壁山水图像的风格历程与黄州地域人文历史的建构过程相契合，且互为表里。在东坡赤壁的山水图像的历史背景中，赤壁图像系统的形成以及表现介质的扩展，揭示了黄州地域人文历史的建构过程。

2007年11月6日，中国嘉德秋季拍卖会的古代书画拍卖专场中，明代画家仇英的《赤壁图》以7952万元创下了中国绘画艺术品拍卖成交价格的世界纪录。[1]经专家鉴定，这幅画可认定为仇英真迹，从其画风来看，属画家在中年时期的作品。初为清宫旧藏，后随末代皇帝溥仪出宫离开北京时而流散民

---

① 《东方早报》，2007年11月8日。

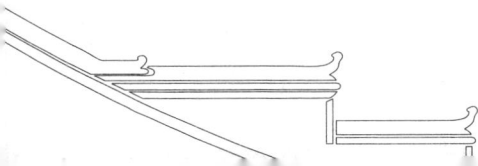

间，著录于《石渠宝笈初编》。此幅《赤壁图》长129厘米，宽23.5厘米，画面描绘的是宋代苏东坡《后赤壁赋》诗意，与仇英另两件分别藏于辽宁省博物馆和上海博物馆的《赤壁图》相比有其独特图像特征和价值。其实，中国古代艺术史中，黄州的赤壁山水是历代画家所喜爱的山水题材，如果我们再把黄州赤壁的人文历史背景联系起来分析，就不难理解仇英《赤壁图》拍出天价的真实内涵。

文化和历史视野中的古城黄州是围绕三国赤壁之战和宋代苏轼贬为黄州团练副使这两个历史事件而展开的。因此，黄州赤壁的人文历史自古就有两个显性主题：一是三国时期孙刘联盟火烧赤壁。尽管历代有关赤壁之战的发生地一直存在分歧，但黄州从此与这段历史紧紧相连；二是北宋元丰三年（1080）春，苏轼因乌台诗案贬来黄州，常在此逸兴吟颂，留有千古一词以及前后《赤壁赋》，后人将赤壁和苏东坡的名字联在一起，名曰"东坡赤壁"，[①]黄州赤壁因此闻名于世，从而使黄州与中国文学史紧紧相连，"文赤壁"也渐渐成为黄州赤壁文化中的主要内涵。

一、黄州赤壁的两个主题："周郎赤壁"和"东坡赤壁"

方闻先生在谈到传统文学题材图卷研究的问题时说："一件表现得很充分的诗画结合的作品，体现了一个独立的创造性思维的统一观念，这个事实使问题变得很清楚，艺术史家必须学会把画家的文学素养和知识背景作为我们研究的组成部分，必须得到文学和文化史同事的帮助，以阐释后期的中国绘

---

① 史智鹏：《黄州赤壁文化》，鄂黄冈图内字，（2008）第12号。1721年清代书法家郭朝祚出任黄州知府，他见于社会上已普遍认为此地并非三国赤壁古战场，而苏东坡使这里名扬天下，遂在赤壁大门之首题写了"东坡赤壁"匾额，从此，东坡赤壁之名正式形成。

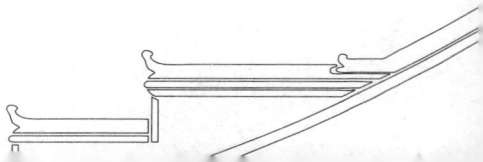

画。"①因此，关于文学中的赤壁和赤壁的人文历史对研究赤壁图像显得十分重要。

如前所述，黄州赤壁在中国文化史中的两个主题前后消长。苏轼来黄之前，黄州与三国战事相连多出现在诗词、歌赋、小说中，文人骚客对声威赫赫的大战心驰神往。揽物怀古，留下了许多不朽的作品。而黄州赤壁的第二个主题除了苏子以自己辞赋光照文学史之外，我们还要从中国美术史中领略赤壁山水的魅力。黄州赤壁文化史中的"一文一武"，成就了一个"文化黄州"的概念，正如明代诗坛公安派领袖袁宏道在《过赤壁诗》中写道：

周郎事业坡公赋，递与黄州做主人。

赤壁作为地名在史书中出现频率最高的当在魏晋之间。在《后汉书》《三国志》《晋书》中共出现16次，而且都与三国赤壁之战有关。然而，在长江中游的江汉之间赤壁除了黄州一处之外还有四处：蒲圻赤壁、江夏赤壁、汉川赤壁、汉阳赤壁。究竟哪个是赤壁大战的真正战场所在，这个问题成为中国历史上的一个千年公案。苏东坡未来黄州之前，凭吊三国赤壁之战的文学作品已经有很多，杜牧、李白、王禹偁都有脍炙人口的诗作传世。晚唐会昌二年（842）著名诗人杜牧出任黄州刺史。诗人一来黄州就写下了《赤壁》诗：

折戟沉沙铁未销，自将磨洗认前朝。东风不与周郎便，铜雀春深锁二乔。

此时，当是诗人盛年之时，应该为朝廷效命疆场，却被充任在这偏僻的黄州。英雄无用武之地，发思古之幽情，一吐心中不平之气。然而我们则可以看

① 洪再辛：《海外中国绘画研究文选》，上海人民美术出版社，1992年，第47页。

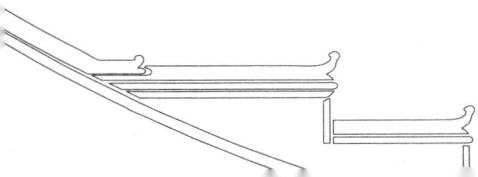

出，初来黄州的诗人认定这里就是当年孙刘联合抗曹的战场，在他的心中火烧赤壁的烟火还未散尽。有学者认为杜牧是历史上最早认定火烧赤壁的战场在黄州的文人。[①]

其实，历史上认为黄州赤壁是三国赤壁大战战场的观点，在唐朝以前就存在，只是唐人普遍认为黄州赤壁就是赤壁大战战场，不存在争论。唐开元十五年（727年）以后的十年，大诗人李白曾在今天的湖北安陆居住，这期间写有《赤壁歌送别》：

二龙争战决雌雄，赤壁楼船扫地空。烈火张天照云海，周瑜于此破曹公。君去沧江弄澄碧，鲸鲵唐突留余迹。一一书来报故人，我欲因之壮心魄。[②]

有宋一代，在黄州歌咏三国战事的诗作不少。宋咸平二年（999）北宋初期文坛领袖王禹偁任黄州刺史，文学史上尊称"王黄州"，除了他的千古名篇《黄州新建小竹楼记》之外，还留下了许多诗作。其中《月波楼咏怀》长诗有句：

三国事既远，六朝名已修。远从唐末来，争夺互相仇。

诗人记述重大的历史事件，以诗传诵黄州。他此时的诗作把黄州这个偏僻的小小州郡带入了上流文人阶层的视野中。紧接着，宋元丰三年（1080），苏辙送苏轼来黄州，游览了赤壁之后饶有兴致地写下了《赤壁怀古》：

新破荆州得水军，鼓行夏口气如云。千艘已共长江险，百胜安知赤壁焚。

① 史智鹏：《黄州赤壁文化》，鄂黄冈图内字，（2008）第12号，第45页。
② 管士光：《李白诗集新注》，上海三联书店，2014年1月，第166页。

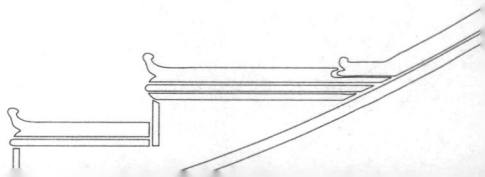

觜距方强要一斗，君臣已定世三分。古来伐国须观衅，忽突成功所未闻。

在此，黄州的赤壁之名引发诗人的诗意，也不免通过追述古战场，一表对世事流转的感叹。

苏轼谪居黄州四年又四个月，赤壁胜地最令他神往，凭临大江的人文风景使他思绪飞扬，在这里为后人留下了700多篇的文学遗产。许多学者指出，文学史上有深远影响的一辞二赋是苏轼创作的巅峰。学者对苏东坡黄州生活创作系年考订得知，一辞二赋的创作是在元丰五年七月至十月之间。

农历七月十六日，"壬戌之秋，七月既望"，苏子与道士杨世昌泛舟赤壁湖，作《赤壁赋》。

农历八月十五日，即景思家，作《念奴娇·中秋》；游赤壁矶，高吟"大江东去，浪淘尽千古风流人物"之绝唱，作《念奴娇·赤壁怀古》，此词为东坡文艺创作高峰的标志，誉传千古。

农历九月九日，徐守君猷携酒于栖霞楼，东坡作《醉蓬莱·重九上君猷》。十月十五日，与客携酒与鱼，出雪堂，过黄泥坂，到临皋，再游赤壁，感"江流有声，断岸千尺；山高月小，水落石出"云云，作《后赤壁赋》，并帖赠杨世昌。[①]

上述赤壁两赋一辞，均是标志着东坡文艺创作高峰在黄州的力作之一。有幸的是，对于黄州的历史来讲，苏轼此时的辞赋在中国文学史上的地位为这个偏远小镇赢得了名垂史册的机缘。清代诗人何绍基题诗曰："古来文字辉山川，黄州胜以东坡传。"东坡赤壁最终成为"文化黄州"的主要内涵。

康熙前期的名臣于成龙被誉为"天下第一廉吏"。既是官吏，也为文人，自不免产生对东坡诗才的敬仰。黄州知府任上曾主持修复过赤壁建筑。据《清

---

① 饶学刚：《东坡黄州生活创作系年》，《黄冈师专学报》，1997年第5期。

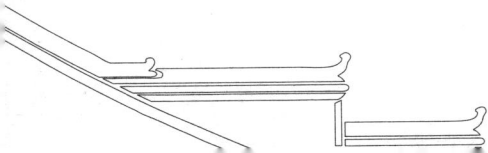

史稿》中记载："十五年，岁馑，讹言复起。成龙修治赤壁亭榭，日与僚吏歃咏其中，民心大定。……十六年，增设江防道，驻黄州，即以命成龙。"他在《赤壁怀古》中云："至今传二赋，不复说三分。"

苏东坡在黄州的辞赋，诗意地表达了他从人生痛苦中超拔的精神历程。在物质和精神双重痛苦的历练之后，总体风格超然清旷。这种历经风雨之后的潇洒为其后的文人艳羡不已。所以，自宋以后有大量的赤壁诗歌和描绘赤壁山水的美术作品出现。在写赤壁诗、读赤壁文、画赤壁画中寄托着对周郎事业的感叹，对赤壁辞赋所表达的意境与人生境界的认同。其实，如杜牧的《赤壁》诗系故意"指鹿为马"，把黄州赤壁当作"三国赤壁"，此后，苏轼、陆游、辛弃疾、元好问、方孝孺、袁宏道等大家也将错就错，造成地理上的阴差阳错，这完全出于表情达意的需要，"发抒牢骚，假曹、周以寓意"，正所谓"赤壁何须问出处，东坡本是借山川"。余秋雨在《苏东坡突围》中写道："苏东坡以自己的精神力量给黄州自然景物注入了意味，而正是这种意味使无生命的自然形式变成了美。因此，不妨说苏东坡不仅是黄州自然美的确定者，而且还是建构者。"在一种人与物、人生与际遇的复杂关系中，苏东坡成全了黄州赤壁，黄州也成全了苏东坡。

二、历代的赤壁山水图像：风格演变与形式类型

在中国美术史上对于文学作品中歌咏山川胜地的描绘除了王维笔下的辋川、黄山、匡庐等地以外，表现得最多的风景名胜恐怕要数黄州东坡赤壁了。从传世的东坡赤壁图来看，历代的画家在创作时候多以《赤壁赋图》为题目，一是对"画中有诗"的一种追求，二是怀想与体念当年东坡与客泛舟赤壁的场景。

鄂东近代方志学者王葆心编订《黄州赤壁集》时，曾搜罗、梳理了传世赤壁图，并专列《书画》卷。我们发现赤壁图主要集中在两个时期，一是两宋，

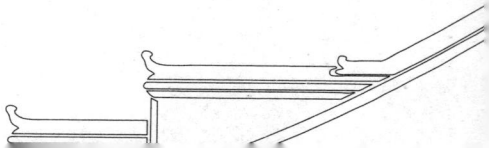

再就是明清时期。从表现材质上分主要有两种类型：一是纸面和绢面的卷轴画，这种一直是赤壁山水图像的主流，自宋至近现代都有作品出现，我们把它称作文人山水类；二是饰绘或是雕绘在器表上的山水图像，且大多出现在明朝中后期，品类多样，与各种材质和工艺手法结合，技艺精湛，十分丰富，我们把它称为装饰工艺类。

卷轴类文人山水图像

苏轼在《前赤壁赋》的文本叙事中，不露声色地展现了一幅和谐、自然、物我一体的画面。《后赤壁赋》将实景与幻想相结合，抒发纵情山水时超尘脱俗的人生境界。两赋都非常鲜明地表达了诗人对生命里程的自我观照。因此，苏轼在《赤壁赋》中所营造的冷静超拔的人文意象以及赤壁空宁虚静的景色，对于追求"画中有诗"的文人画家来说是最好不过的素材。它不仅是一幅风景优美的山水图，更是抒发自己人生感悟的一种寄托。

在众多表现赤壁山水的作品中北宋文人画家乔仲常《后赤壁赋图》似为美术史中的第一件。因为，从时间上讲，画家主要活动于北宋末期徽宗时期。据陈传席先生考订，在乔仲常《后赤壁赋图》画卷后有"宣和五年十一月七日德麟题"的跋语[①]。这一时间距离苏轼写前后赤壁赋大约四十年，而该画的创作时间当早于这一时间。与其他作品相比，在苏轼辞赋流传之后是乔仲常最先在山水画中描绘这一主题。该图据《后赤壁赋》绘成，可视为一件山水人物作品。画卷依原赋叙述的顺序次第展开，长卷分九段，以连环演进的图像形式展示了《后赤壁赋》的内容。每一段都用秀雅的行楷题写相应的赋文。作品风格与北宋画坛流行的画风迥然相异，显示了文人画的趋势。陈传席在《中国山水画史》中把乔仲常与苏轼、晁补之同列为北宋末期重要的文人山水画家，此画

---

① 陈传席：《中国山水画史》，天津人民美术出版社，2001年1月，第145页。

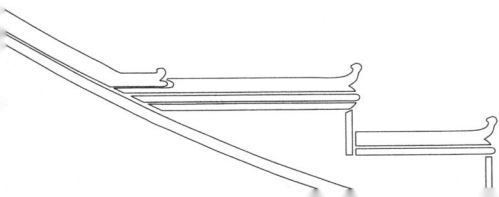

中的许多画法在文人画兴起的元代得到了发扬光大。

在后来的赤壁山水中与乔仲常《赤壁图》风格不同的有两幅值得注意：宋代杨仕贤的《赤壁图卷》和金代武元直的《赤壁夜游图》，图中群峰高耸、幽涧潺潺、松石茅屋、横江阔水等的景色变化，虽有文人画的迹象，但江岸高山峭立，有如北宋河间许道宁《渔父图》般的俊朗，不似南方景色，倒是一派北方山水的雄浑。

在南宋画家中，马和之算是最早表现苏轼辞赋诗意的画家，其《后赤壁赋图》卷后有宋高宗赵构行书《后赤壁赋》手迹，为历代表现赤壁较早的一幅。南宋初年，家国危难，赵构为了笼络人心给新旧党之争中蒙冤的苏、黄昭雪，选择了这种以艺术的手段来肯定苏轼在文学艺术上成就的方法。据《武林旧事》中记载①，马和之在御前画院前十名画家中名列第一，高宗选择他来完成这一幅具有微妙政治意味的作品是可能的，也是合情合理的。这幅《后赤壁赋图》并未按照原文次序描绘，而是妙造自如。开阔的江面，一叶扁舟随波飘荡，点出"白露横江，水光接天。纵一苇之所如，凌万顷之茫然。浩浩乎如冯虚御风，而不知其所止"的境界，画面景象比较简洁，却点出了主要情节。与其说是《后赤壁赋》的情景，还不如说是对前后赤壁赋的综合意象的表达。

赤壁山水的传世作品留存较多的另一个时期是明清两朝。此时的一些名家高手都有作品传世，如前所述明代吴门代表画家仇英、文征明、钱谷等。近代有恽寿平、傅抱石、张大千等名家，其中傅抱石还画过多幅赤壁图。

从以上两个时期所留下的几十张作品分析，画幅形式主要有三种：手卷、立轴、扇面。而且在传世的作品中，明代以前除了南宋李嵩《赤壁图》为团扇外，大多为手卷和立轴，明后期至近现代多为立轴形式。这种形式的变化与中国山水画史的历程相合。美术史家把两宋时期山水归为"游观山水"，元明以

---

① 〔宋〕周密：《武林旧事》，中华书局，2007年9月，第179页。

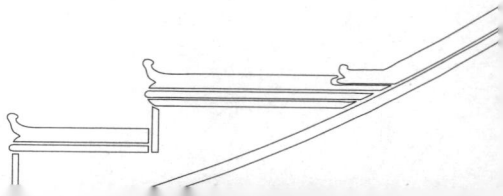

后的山水为"书斋山水"①。手卷形式的书画在一步步展开的观看方式中使观者如走进真山真水之中，得山水之乐。而团扇与立轴则一览无余，可在书斋中独自与山水对坐，于赏玩中体会山水之性情。较之于手卷形式，立轴和扇面一般多在文人之中流传，而文人之间赏析手卷多为上流社会的一种风雅的活动。赤壁图像风格的这种变化过程是与士大夫眼中的赤壁向一般市井文化中渗透的过程相随的。

传世工艺品中的赤壁图像

除了上述形式的山水图像以外，赤壁图作为与文学相关的母题在明代中后期大量出现在工艺品上，其工艺形式多样，材质广泛，从一般竹木直至贵重的玉石、象牙等。从目前找到的资料看，主要有这样几种工艺形式：陶瓷器表绘饰工艺、竹木器表雕饰工艺、纺织品绣染工艺、犀牛角雕饰工艺、漆雕工艺、玉雕工艺等。

明代李晔《六研斋笔记·核舟记》和魏学洢《茅檐集·核舟记》记载，明天启二年（1622）秋，微雕艺人王叔远用桃核雕刻成游赤壁图："明有奇巧人曰王叔远，能以径寸之木，为宫室、器皿、人物，以至鸟兽、木石，罔不因势象形，各具情态。尝贻余核舟一，盖大苏泛赤壁云。"核上刻有首尾八分多长、约两黍粒高的船一只，有篷、橹及扇子、火炉、茶壶等，形象逼真；船窗上镌对联，装点雅致，船上坐苏东坡、佛印、船夫等人。神态各异，历历可数。这是文献记载中有关赤壁图像的最精致的工艺之一，可惜原物不存。

赤壁图的图像特征

在众多描绘赤壁山水的画家中，至今没有发现文献记载有谁亲临过黄州

---

① 洪再辛：《海外中国绘画研究文选》，上海人民美术出版社，1992年6月。

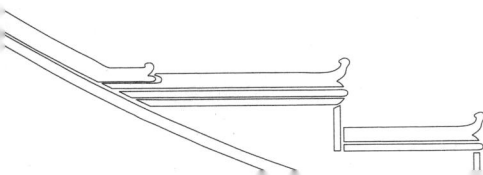

赤壁实景，苏轼脍炙人口的赤壁赋使人争相传诵，心驰神往，文人画家们即使不到黄州亦知黄州有赤壁。对于赤壁山水的景致多以苏轼在辞赋中所描绘的加以想象。

这些图像，尤其是卷轴画，可分成两类，一类是以《后赤壁赋》为创作参照，为叙事性长卷或图册形式，这类传世作品较少，主要有上述北宋乔仲常的《后赤壁赋图》、明代居节的《后赤壁图》、朱端《后赤壁赋图册》等；一类是着重表现苏子赤壁泛舟的诗意。

传世的赤壁山水图像中大部分是这一类型。这些传世作品从图像内容上讲，无论是文人卷轴类的赤壁山水、还是工艺品中的赤壁图像，分析其要素，我们发现主要由以下几部分组成：

第一，群峰起伏，临江峭立，合两赋"山川相缪，郁乎苍苍""江流有声，断岸千尺；山高月小，水落石出"之意境。

第二，江面开阔，水流湍急，合两赋中"白露横江，水光接天。纵一苇之所如，凌万顷之茫然"之句。

第三，图中有舟有人，人于舟中三五成组，或坐或饮。合二赋中大苏游赤壁"反而登舟，放乎中流，听其所止而休焉""饮酒乐甚，扣舷而歌之"的情景。

上述三个内容中前两者在历代山水作品中都有描绘，并常常冠以"溪山图""渔父图"等，如前面提到的北宋河间许道宁的《渔父图》，还有五代董源的《潇湘图》、宋人李唐的《长夏江寺图》等，都具有与赤壁图相同的图像特征。然而，第三种要素在近千年的美术史中有其自身稳定的图像特点，正如《核舟记》中描述的："船头坐三人，中峨冠而多髯者为东坡，佛印居右，鲁直居左。苏、黄共阅一手卷；东坡右手执卷端，左手抚鲁直背。鲁直左手执卷末，右手指卷，如有所语。"[1] 这种山水中有舟，舟中有人饮酒和歌的要素是"赤壁泛

---

① 陈文新、鲁小俊：《休闲古文鉴赏辞典》，商务印书馆，2014年10月1日。

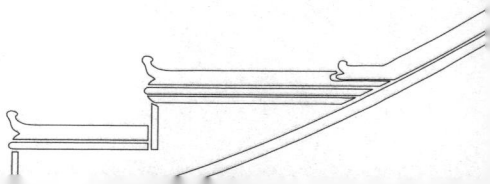

舟"的标志，也是历代画家、工艺品作者创作赤壁山水图像的点睛之笔。

因此，除了画面上出现叙事性情节的明确表现《后赤壁赋》辞之外，其余皆为两赋的综合意象。画家和诗人同是文人，那"人生如梦"的感受，是他们共同拥有的人生体念。

三、文化黄州的建构与赤壁图像的历程

黄州作为地名在二十五史中出现频率较高的时代是从唐代开始的，唐之前较少，《宋史》中猛然增加到近八十次，后来的元、明、清各代史书中仍然保持较高词频。纵观黄州社会历史的变迁，除了有中国文化中心南迁的原因之外，与唐宋文化名士的诗文、绘画传诵黄州有关，如前述，苏轼在黄州地域文化史的建构过程中起着十分重要的作用。分析这种影响因素，其一，苏轼与本地文人乡绅交流，文风日盛，衣冠文物，蔚为名邦；其二，在外地，这期间苏轼关于文人绘画的观点与其诗赋一同也在文人中传播。不言而喻，苏轼在黄州期间与本地名士以及与郡外的名流交往，为黄州这一荒僻的小镇带来了文化的气息，藉此黄州也进入了文人士大夫的视野之中。

唐宋之前的黄州

黄州地处长江中游北岸，大别山的南麓。就其在整个长江中游的地理位置而言，北面有大别山从东南向西北蜿蜒伸展，与鄂豫交界的桐柏山相连，形成一道天然的文化地理疆界；南面赣水流域的幕阜山、九岭山，东西绵延。西边自古是云梦之泽，西南是古代武陵的苗乡，东南是赣江流域畲族、瑶族的集聚地。因此，黄州在历史上曾是苗蛮之地，以三苗部族为主的土著文化盛行，属于长江中游平原耕作区的边缘。"黄州为蛮夷之地，南迁之士族纷纷远迁江

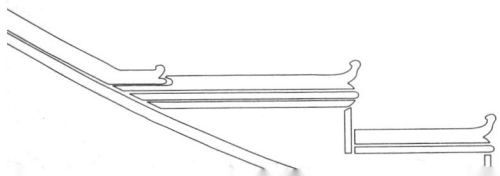

南而不肯稍顾此地。"①所以，杜牧到任黄州后写《黄州刺史谢上表》中说："在大江之侧，云梦之南，古有夷风，今尽华俗。户不满二万户，税钱才三万贯。风俗谨朴，法令明具。"②

宋代前期，黄州仍然地僻人稀，多为朝廷贬官或是被排挤之人安置之所。唐宋两朝被贬或被排挤来黄州安置的除苏轼外还有杜牧、王禹偁、张文潜。张文潜被贬来黄州见如此凋敝，在其《谪官黄州至南顿驿同李从圣叔侄小饮》诗中写道："年将半百两鬓华，谪官憔悴来天涯。"③在此，黄州唐宋以前的经济和人文历史状况可见一斑。

陆游在《入蜀记》中也记载了当年去四川途中游黄州的见闻和感受，道出了黄州地域文化转变的关键："州最僻陋少事，杜牧之所谓'平生睡足处，云梦泽南州'。然自牧之、王元之出守，又东坡先生、张文潜谪居，遂为名邦。"④

当然，黄州府经济的变化是元以后，特别是明洪武年间驻军屯兵垦田以及多次移民内迁，使此地成为有名的粮仓。⑤不难看出，农业经济的发达也促使人文社会的繁荣。

黄州名声的流布与本地人文意识的凸显

东坡在黄州四年时间足迹遍布当时黄州歧亭（今麻城）、团风、蕲水（今蕲春）、巴水（今浠水）、武昌（今鄂州）等地，结交了大量当地官员、乡绅、文士，留下了许多往来应和的诗作。最主要的是，由于仰慕东坡的诗才，

① 林济：《长江宗族社会及其变迁》，中国社会科学出版社，1999年12月，第22页。
② 〔唐〕杜牧：《黄州刺史谢上表》，《英苑英华》，中华书局，1966年，第3043页。
③ 〔唐〕张耒：《张耒集》，中华书局，1990年7月，第106页。
④ 〔宋〕陆游：《陆游集》，中华书局，1976年11月，第2439页。
⑤ 王美英：《明清长江中游地区的风俗与社会变迁》，武汉大学出版社，2007年9月，第168页。

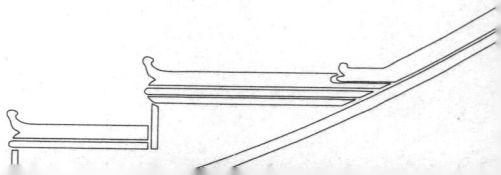

有大量前来拜会或者路过探访的名流。根据学者对苏东坡在黄州四年的诗文进行分析，在这短短的几年时间里与其交往的包括江西诗派领袖黄庭坚、书画家米芾、文与可等名家在内百余人。从此以后，特别是明清以来，黄州文风灼盛，并很快成为长江中游地区三大文化中心之一①。

历史上湖北省下各州府共考取状元18人，其中清朝3人，而黄州府就占两人，为清朝全省之冠②。在黄州古城，明清两朝为了旌表举人、进士而立的石牌坊就有百余座，20世纪40年代仍然保留有40多座③。黄州科举的成功来源于教育的成功，自宋以后，黄州一直书院鼎盛。自苏东坡在雪堂内建东坡书院开始，至清代，黄州府历代共建书院六十多所④。

文风炙盛，带来地方意识的增强，方志与地方史的编修也进入一个兴盛时期。据统计，黄州府以及治下各县的志书多为明清两朝编修的。根据中国国家图书馆数据库资料显示，明代以来，光是黄州府先后编修各类志书达27种，其中除明代编修5种外，其余皆为清代编修。黄州治下各县的志书编修也极为频繁，其中麻城县志光是清代就编修了33次，罗田县志编修了20次。清后期，大别山麓罗田县还出现了鄂东著名的方志学者王葆心。与方志编修热潮同起的还有族谱家谱的编纂。这些谱、志体例成熟，内容丰富，生动地记载了黄州地域文化历史的方方面面，见证了黄州地域文化的建构过程。⑤

---

① 同上。宋明以后形成的长江中游地区三大文化中心是指湖北的黄州、江西的吉安、湖南的常德。
② 邹逸麟：《中国历史地理概说》，福建人民出版社，1999年7月。
③ 万文藻老人口述，占道喜整理《蒋介石到黄州及颁发布告保护东坡赤壁的经过》，《世纪行》2004年第5期。如今黄州石牌坊当然无存，只空留古楼岗这个街名。
④ 《黄州府志·艺文志》，光绪十年版。
⑤ 林济：《长江宗族社会及其变迁》，中国社会科学出版社，1999年12月。

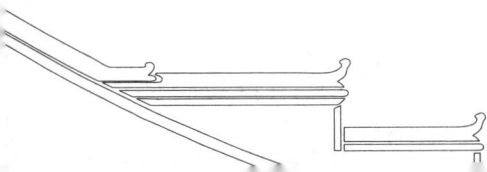

赤壁图像风格的转换与社会变迁的背景

在传世的赤壁山水作品中没有黄州本土画家，也没有湖北籍画家，因而传世的作品都是在别的地方创作的，这是个很有趣的现象。如果考察赤壁图出现的两个集中的时代，我们大略可以看出些原因来。

北宋王安石变法以来，文化上也出现了转向。江南文化渐渐为士大夫们所青睐。米芾父子的"米家山水"就是直接与这种文化转向有关。"王安石变法使得好异为特色的江南文化成为北宋后期的主流文化。"①元李冶《敬斋古今黈》卷六云："（李）公麟作《阳关图》，以别离惨恨为人之常情，而设钓者于滨，忘形块坐，哀乐不关于其意，其他种种类此。予侄婿张子敬云，公麟此笔，当取杜牧《齐安郡晚秋》诗意，盖其诗末句云：可怜赤壁争雄渡，唯有蓑翁坐钓鱼。此论甚好。"②陈传席先生就认为北宋乔仲常的《后赤壁赋图》与李公麟的风格相近。

南宋偏安江南，新旧党之争的矛盾已经过去了，士大夫们从心底赏识苏轼、赏识东坡诗，赤壁诗赋中所传达出来的意象成为萦绕在士大夫心中的精神家园，因此诞生了马和之、李嵩的赤壁图画也在情理之中。

明人唐志契在《绘事微言》中将山水之妙定于"惟逸之一字"，并说："盖逸有清逸，有雅逸，有隐逸，有沉逸。逸从不同，从未有逸而浊，逸而俗。"③山水品格中"逸"在此分成了"清、雅、隐、沉"四种。而东坡诗意中"清、雅、隐、沉"四格齐备，得"江上之清风，与山间之明月"有其清，"饮酒乐甚，扣舷而歌"得其雅，"放乎中流，听其所止而休焉"得其隐，而"哀吾生之须臾，羡长江之无穷；挟飞仙以遨游，抱明月而长终；知不可乎骤

---

① 韦宾：《辋川意象与熙宁后的文化转向》，载李砚祖编《艺术与科学》第七卷，清华大学出版社，2008年5月。
② 同上。
③ 〔明〕唐志契：《绘事微言》，人民美术出版社，1984年5月。

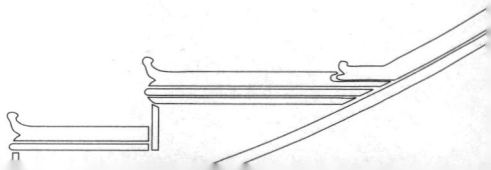

得，托遗响于悲风"又得其沉。诗画在此相通。

到元代江山易主，士人多苦闷、悲凉、委屈，以至于自我放任闲逸，在绘画风格上也以复古和野逸为中心，加之赵孟頫力挺北宋、五代、晋唐古风，所以赤壁山水自不在画家的考虑中。

明代罗贯中《三国演义》书成，使得三国赤壁大战妇孺皆知。黄州随着与赤壁之关系，名声再起。更主要的，明中后期以来消费社会的形成，艺术商品化的趋势十分明显。在不知不觉中一般大众与市场的合谋共同剥离了山水品格中"清、隐、沉"三种，只保留"雅"的成分。就这样，东坡赤壁诗意也为一般人所接受。关于这一点，我们仅从明代中后期旅游消费的品位中可见一斑。如晚明名士陈继儒在《岩栖幽事》中写道："住山须一小舟，朱栏碧幄，明榼短帆，舟中杂置图史鼎彝，……遇佳山水处，或高僧野人之庐，竹树蒙茸，草花映带，幅巾杖履，相对夷然。"这里陈继儒强调在旅游中的品位和文震亨《长物志》的看法如出一辙。在《长物志》中提到旅游之舟时要求说："形如铲船，长可二长许，头阔四尺，内容宾主六人，僮仆四人"，还说，理想的境界是一边行舟，一边煮茶，"起烟一缕，恍若画图中一孤航"。①可以看出，对于船只的要求主要不是在交通的主体功能上，而是在塑造一种如置身山水图画中闲情逸致般的情景。这里的情景就是赤壁赋中"大苏泛赤壁"的情景，也是《核舟记》中所刻画的情景。明乎此，就不难理解明代以来为什么会出现各种工艺形式的赤壁图像。

苏轼对于对于黄州的人文影响汇合着社会历史、经济的整体变迁，一步步建构了黄州的人文历史，成就了一个"文化黄州"的概念。

---

① 〔明〕高濂：《遵生八笺》，转自巫仁恕《品味奢华——晚明的消费社会与士大夫》，中华书局，2008年7月。

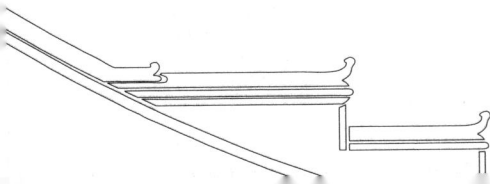

第六节

文化的底色: 鄂东移民历史背景下的民间艺术

民间文化具有很强的地缘文化属性, 它的风格变化取决于地域风俗特征的变迁, 而风俗又是民间艺术生长与繁衍的先天母体。鄂东在长江中游地区所处的地理位置, 决定了这里的民俗与民间艺术具有多种风格相互融合的倾向。故而考察鄂东民间艺术的风格必定要关注其历史上民族迁徙和移民背后的风俗变迁。 在这一节里, 笔者试图从鄂东的地理位置出发, 着眼早期民族迁徙和明清移民历史等方面, 考察鄂东民间艺术变化的历史原因以及在这种历史变迁影响下民间艺术的特征。

鄂东地处长江中游北岸, 大别山的南麓, 历史上素有 "吴头楚尾" 之称。就鄂东在整个长江中游的地理、地形而言, 北面大别山从东南向西北蜿蜒伸展, 与鄂豫交界的桐柏山相连, 形成一道天然的文化地理疆界; 南面赣水流域的幕阜山、九岭山, 东西绵延, 又与北面的大别山口形成了古楚文化的门户, 从这里可以南接彭蠡湖泽的农耕区, 东出黄山北麓的走廊, 地接悠久的吴越文脉。进一步讲, 这一门户又是整个长江中游平原包括川陕向东的主要水路漕运的出口。它在东西部经济、文化交流中的孔道地位可见一斑。鄂东往西自古也有三条通道, 一条是沿大别山、桐柏山南麓往西北, 取道随枣走廊, 经古随国地界、过襄阳, 到达南阳盆地, 进入中原文化的腹地; 一条是沿长江、汉水溯江而上, 过云梦之泽, 可深入巴蜀、秦岭腹地, 与周秦文化相接; 还有一条路, 可南下沅湘, 进入中国古文化的沉积地带。从考古文化的角度考察, 长江中游新石器时代晚期主要有西部的屈家岭文化和东部的石家河文化, 两个考古文化类型前后相继, 构成了这一地区以三苗部族为主的土著文化的主要

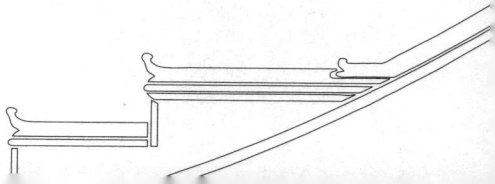

上图：红安华河祝家楼建筑装饰
下图：祠堂山墙上的雕饰

文脉。[①]关于三苗部族的疆域，《战国策》载吴起说："昔者三苗之居，左有彭蠡之波，右有洞庭之水；文山在其南而衡山在其北。"徐旭生先生根据《禹贡》中"荆及衡阳惟荆州"考证，山南为阳，指出衡山在荆州的北边，是荆州和豫州的界山，当指今天的大别山、桐柏山等山系，可见，古苗蛮之地当在今天湖北、湖南、江西的河湖地界。[②]五帝时代晚期，三苗部族在与中原华夏部族的争夺中被"迁三苗于三危"，退到了平原耕作区的边缘。

长江中游平原的主要耕作区构成了一个巨大的倒三角形，而鄂东就在这个三角形东边的顶点上。张光直先生说，孕育中国南方文化的地区主要有两大湖区：一个是古云梦之泽和彭蠡之泽的洞庭湖、鄱阳湖湖区；一个是淮河湖泽及太湖、洪泽湖湖区。[③]而我们今天的鄂东地区正是处在这样两大湖区文化之间的中心枢纽地带。所以，自宋室"衣冠南渡"之后，鄂东的

① 张绪球：《屈家岭文化》，文物出版社，2004年，第230—231页。
② 徐旭生：《中国古史的传说时代》，广西师范大学出版社，2003年，第66页。
③ 张光直：《古代中国考古学》，辽宁教育出版社，2002年，第3页。

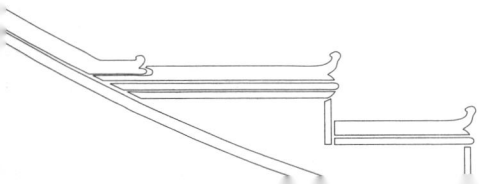

蔑制民俗器具

蕲、黄古镇很快成为长江中游地区三大文化中心之一。^①就这一地区民族分
布的格局而言，汉族多分布在长江中游平原的中心地带。往西是古巴蜀文化
的发祥地，自古巴苗相融而居，西南是古代武陵的苗乡，东南是赣江流域畲
族、瑶族的聚集地。由此，鄂东在长江中游所处的地理位置以及历史文化背
景，决定了鄂东的民俗与民族民间艺术中包含多种风格相互融合的特征。

近几十年考古发现，早在商周时代，蕲、黄两地就有中原文化的渗透。鄂

① 宋明以后形成的长江中游地区三大文化中心是指湖北的黄州、江西的吉安、湖南的常德。详
见王美英：《明清长江中游地区的风俗与社会变迁》，武汉大学出版社，2007年，第168页。

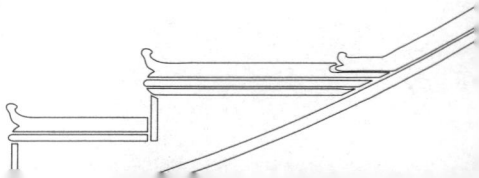

东麻城、黄州、蕲春等地都有北方中原文化特征的文物出土。[①]其中，盘龙城遗址、禹王城遗址可以看作是这一地区文化交融的代表。

一、民族迁徙与移民：鄂东民艺风格的历史背景

鄂东民间一直有这样的流传，在大别山南麓，有五条由东往西南流淌的大河，举水、倒水、巴水、浠水、蕲水，这里是古代巴人的流放之地。早在周代楚国灭掉巴国之后，便将敢于造反的巴人流放到鄂东的五水流域，并在五条河居中的巴水设县管理五水蛮。流放的巴人是由楚人押解着，顺江而下，他们携妻带子，念叨着家乡河流的名字，哼着家乡的民歌，离乡背井，来到这尚未开垦的蛮荒之地。后来，历代的统治者以"蛮夷"称呼这些迁徙者，民族矛盾不时激起。不堪重负的巴人一次次造反，一部分人又一次次溯长江而上，逃回故土，可又被流放回来。两千多年来，被流放的巴人在鄂东这块土地上创造了生命的原始歌谣。有人在探析鄂东民歌特色时称民歌是活着的历史，鄂东民歌所有的基调都可以从流传于巴水流域的浠水民歌里找到，而浠水民歌的旋律又都可以从巴蜀民歌中寻到出处，浠水民歌是巴楚文化完美结合的产物。[②]这种文化交流的背后是鄂东与鄂西历史上频繁的人口迁徙，而探析这些历史是解读鄂东民艺风格的关键。

关于巴蜀土家、苗祖先东迁的历史，在公元5世纪前后出现的三部典籍《水经注》《宋书》《后汉书》中有几乎相同的记载。北魏郦道元《水经注·卷三十三》中提到：

（蕲）水首受希水枝津，西南流，历蕲山，出蛮中，故以此蛮为五水蛮。

① 黄冈市博物馆：《湖北省黄州市下窑咀商墓发掘简报》，《文物》1993年第3期。
② 何存中：《生命的歌谣》，《湖北日报·东湖副刊》2003年9月5日。

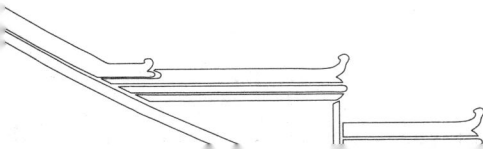

五水，谓巴水、希水、赤亭水、西归水，蕲水其一焉。蛮左凭居，阻藉山川，世为抄暴。宋世沈庆之于西阳上下，诛伐蛮夷，即五水蛮也。[1]

古代的蛮族多半惯于居住河湖大江的两岸，选择这样的居住条件在交通不发达的时代有很多便利。鄂东古代土著大多是东迁而来的蛮族，《宋书·夷蛮传》说：

豫州蛮，廪君后。槃瓠及廪君事……西阳有巴水、蕲水、希水、赤亭水、西归水，谓之五水蛮，所在并深岨，种落炽盛，历世为盗贼，北接淮、汝，南及江、汉，地方数千里。

东晋侨立的豫州，其治所就是古邾城，遗址就是今天黄州区的禹王中学附近。因此，豫州蛮就是郦道元提到的五水蛮。他们从大山深处的河谷迁来，仍然居住在有水的地方。徐仲舒先生说："这里的豫州蛮都是东汉建武二十三年及永元十三年迁来的南郡巫蛮，他们都是滨水而居。"[2]由于史籍记载不丰，对巴、楚关系中的一些问题的研究无疑是一件十分困难的事。近年来有学者依托三峡库区陆续公布的考古资料，结合文献的有限记载，对巴、楚关系的这些疑难点作了进一步研究。据中央民族大学历史学系的朱萍教授考证，东汉时期，汉政府从三峡地区向江夏徙置大量人口。[3]《后汉书·南蛮西南夷列传》记载：

至建武二十二年（47）南漂山蛮雷迁等始反叛，寇掠百姓，遣武威将军

---

① 〔清〕戴震著，杨应芹校《分篇水经注下》，黄山书社，2015年4月，第813页。
② 徐仲舒：《论巴蜀文化》，四川人民出版社，1981年，第23页。
③ 三峡水利工程总公司：《三峡水利工程年鉴》，2002年。

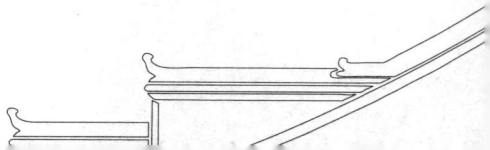

刘尚将万余人讨破之，徙其种人七千口置江夏界中，今（东晋）沔中蛮是也。明年夏，遣使者督荆州诸兵万余人讨之，……大破圣等，圣等乞降，复悉徙置江夏。灵帝建宁二年，江夏蛮叛，州郡讨平之。光和三年，江夏蛮复反……①

《魏志·刘放传》裴注中说："（孙）资曰：'鄱阳宗人前后数有义举者，众弱谋浅，旋即乖败。'"上文中的"种落""种人""宗人"所发生的事，大抵就是五水蛮夷纠结周围蛮夷所发动的反叛。②长江中游地区古代巴、楚迁徙的历史图景在学者一次次的历史重构中渐渐显现出清晰的轮廓，也为这一地域的历史文化研究提供了条件。由上述可见，古代巴楚民族的迁徙，自然带来不同的民俗民风，这在鄂东早期的民族文化交流中可见一斑。然而，鄂东历史上的人口迁徙远没有停止，民风民俗的演变与交融也绝没有就此停下。在后来的几个朝代中，有迁移进来的，也有频频迁出的：

魏晋南北朝时期，黄州为蛮夷之地，南迁之士族纷纷远迁江南而不肯稍顾此地。③

可是，到了公元10世纪以后，情况发生了一些改变，"六朝以迄于宋元时期，长江中游地区一直是北方移民南下和巴蜀移民东来的重要通道，也是接受巴蜀和北方移民的重要地区。"④由于朝代更替和战乱的原因，明清时期长江中游地区的移民运动颇为剧烈，移民队伍十分庞大。元末明初的战乱，使得蕲、黄古地成为主要战场之一，鄂东人口也因此锐减，地旷人稀。此时，江

---

① 汉武帝元狩二年（公元前121年），置江夏郡，驻西陵（今武汉市新洲区城区附近），今鄂东黄州、蕲春等地古属江夏郡。
② 徐仲舒：《论巴蜀文化》，四川人民出版社，1981年，第23页。
③ 林济：《长江宗族社会及其变迁》，中国社会科学出版社，1999年，第22页。
④ 王美英：《明清长江中游地区的风俗与社会变迁》，武汉大学出版社，2007年，第175页。

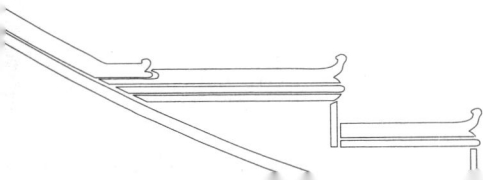

西自宋以后的长期稳定与开发，终使那里人口膨胀，开垦过度，于是大量移民外出寻找新的生存机会。他们由皖南、赣西北沿长江而上，进入鄂东大别山丘陵地带。鄂东地区的移民进入中古之后，不只是单一的人口输出地。明清两朝形成了由鄂东迁往巴蜀及鄂西大山里的移民高潮，即是历史上所谓"湖广填四川"了。"邑鲜土著，附籍者秦人而外，武昌、黄州、江西人为多。"由鄂东反迁进鄂西山区的移民，往往"皆各有会馆，亲戚族党，姻缘接踵，聚族于斯"。[①]至今，在鄂西恩施、咸丰、郧西等许多县市仍然保留有黄州会馆。它们便是当年鄂东黄州移民生活与信仰的见证。

二、巴、苗风情：鄂东民艺中融汇多种民族风格的特征

地缘文化的特征取决于地域风俗的变化，而风俗又是民间文化生长与繁衍的先天母体。通过以上分析我们得知，鄂东地处东西、南北文化交融的要道，不同的地域风俗自会在其历史文化中沉积，并显现出丰富多彩的样式。有学者把中国的文化分成七大风俗文化圈，鄂东地处"长江流域风俗文化圈"。[②]无论是长江风俗文化圈内部的人口迁移还是外省移民到鄂东地区落户，都对这一地区的民俗风情产生了深刻影响。虽然移民与土著之间的矛盾时有发生，但短期的民族隔阂遮掩不住人们在同一生活环境中的交流。

民俗学的调查材料显示，长江中游地区的汉族、苗族、土家族、畲族、瑶族都有关于大洪水、兄妹婚的创世神话传说，都有槃瓠祖先信仰的故事流传。"今即梁、汉、巴、蜀、武陵、长沙、庐江郡夷是也，叩槽而号，以祭槃瓠，其俗至今。" 现在，鄂东乡间俚语中还大量保留着关于狗的词汇。古代巴人

---

① 傅衣凌：《明清农村社会经济变迁论》，中华书局，2007年，第280页。
② 韩养民、韩小晶：《中国风俗文化导论》，陕西人民出版社，2002年，第88页。

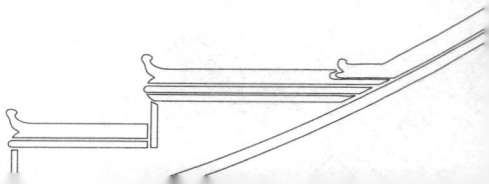

黄梅挑花

的居住地是今天土家族与苗族共同的家园，自古以来两个民族就一直杂居着，故而古代巴人向东一次次迁徙给鄂东带来了多民族风情。①今天，我们能从鄂东的民俗与信仰、民间艺术风格里找到包括土家族、苗族、畲族、瑶族等多种

---

① 钟敬文先生认为，在中国古代文献中，"苗"字含有广狭二义。广义和泛称的南方少数民族的"蛮"或"番"是同义，狭义则专指一个特定的民族，为此，关于"苗"族的文献中往往混同夹杂着关于瑶族、壮族等民族生活的记录，因而，从广义上来讲，也不得不依从古文献泛称为"蛮族"。详见钟敬文：《钟敬文民间文学论集》，上海文艺出版社，1985年，第101页。

民族风情的遗迹。[①]为了说明问题，仅以湖北黄梅县的民间挑花为例，分析鄂东民间艺术中融合多民族风格的特征。

黄梅挑花，又名架子花、十字挑花，是鄂东黄梅、蕲春乡间广泛流传的一种民间工艺，属刺绣的范畴。其内容丰富、图案精美、色彩富丽，具有浓郁的地方风格和民族特色。主要品种有被面、床单、门沿、方巾、围腰、衣裤、鞋垫、枕巾等。1938年荣获巴拿马万国博览会金奖。1959、1980年两度被选为北京人民大会堂的窗帘、台布、沙发巾的饰物。挑花作为生活民俗的一部分，是技术与劳动的结合，具有很强的文化传承性和风格上的类型性。1958年，黄梅县蔡山区宝山发掘了一座明代嘉靖四十一年的墓葬，出土了一件"福寿双桃"的挑花头巾，说明挑花这种民间工艺形式早在明代以前就存在，至今有五百年以上的历史。

当我们把这里的挑花与巴蜀及鄂西地区的挑花风格相比较，就明显感到形式中的一些亲缘关系。从挑花所表现的内容上看，两地都有表现婚嫁礼仪的场景，场面宏大。喜气洋洋的迎送队伍被安排在主人公花轿周围，构成了饱满的方形，使得欢乐气氛热烈而紧凑。这与关中、齐鲁、吴越等地风格大不相同。在黄梅、蕲春等地的挑花内容中，还有一个经常出现的主题纹饰，即船的纹饰。船作为交通工具在鄂东早已退出了历史舞台，只在个别湖区充当渔舟之便。而在今天，传统民间挑花艺术里保留船的纹饰，挑绣有关船的故事图案，就是这里的地方知识在历史记忆里的显现，它诉说着一个地域历史的丰厚背景。道德教化也是民俗艺术中一个很重要的主题。在距离上述黄梅县明代墓葬不远的地方，还从清代康熙二十六年的墓葬中出土了盖在墓主人头上的骨牌方巾，方巾中央端正地挑绣着"国正天星顺，官清民自安，妻贤夫祸少，子孝父

---

① 根据黄冈市地方志办公室2005年的统计，全市有散杂居少数民族38个，人口达2825人。其中土家族有693人，壮族有298人，苗族有258人，回族有370人，这些民族占到少数民族人口比例的大多数。

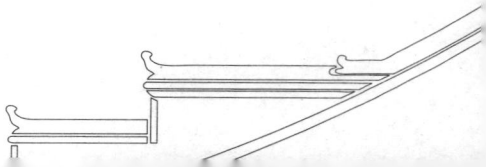

心宽"的字样。[①]这种类型的文字装饰表达了人们对家国社会、伦理秩序的价值追求。无独有偶，在今天的鄂西土家族有些姓氏中，仍然能看到家族谱系里也用这二十个字作为后代子孙取名时辈分的字序。这绝不是巧合，而是一种相同的宗族认同或者是同一种价值信仰的记忆，同时也表明了两地民风民俗内在的联系。此外，在鄂东民间艺术风格里，我们还能看到它对苗族传统形式的吸

文字纹饰 黄梅挑花

---

① 余绍青：《从礼仪习俗看黄梅挑花的基本特征》，湖北省群众文化艺术馆，《湖北民间美术探源》，湖北美术出版社，1987年，第23页。

收。例如湘鄂及西南苗族民间刺绣、挑花、织染中龙的形象，既短且粗，柔美无刚健之姿，同样，在今天鄂东境内的红安、麻城等地的民间绣片上也有这种风格的纹饰。[①]

在研究鄂东民间艺术风格的过程中，我们一直致力于寻找各民族民间文化的样式在相互交流时的主导因素。这个问题放在一个较短的历史时期很难做出判断，如果把它放到更宽阔的背景中时，民艺风格本身则向我们昭示：不同民族间的共同创造才是民族民间艺术丰富多彩的真正原因。

---

① 方湘侠：《民间美术湖北刺绣布贴》，湖北美术书出版社，1999年，第136、149页。

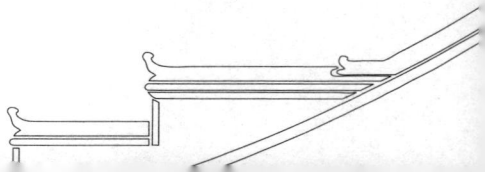

第二章

手艺
生计中的文化传递

第一节

守俗与知性：木作手工艺的记忆

　　民间手工艺具有很强的非物质文化属性，它是农耕社会具有代表性的民俗文化。传统手艺人"旦暮从事，施于四方"，在原生性的民俗生活环境中，技艺的传承在血缘、业缘群体之间如静水深流般地展开。它与区域社会中的经济结构、生活方式、风俗惯习等紧密相关。人类手工形态的文化遗产是以传承人为中心，在物质与非物质双重形态的交织下存续着，而隐藏在手工艺物质系统之中的无形文化决定了文化记忆中人的价值。

左图：胡质纯木工师傅
右图：谷物风车

每一种手艺都有本行当常用的材料，都会有这一行当特有的礼俗。熟知自己行当所用材料的性质与性状是手艺人应尽的操守，了解自己行业内的习俗也是每个从业者最基本的常识。前者关乎手工艺人对自然造物的认识，而后者则是人与人、人与社会中人情世界的把握。对于手工艺人来讲，一辈子从艺的生涯就是实践着人和物的统一，这里有境界的深浅之别。

守俗知礼，受木知性。做了一辈子的木工手艺，会经过许许多多的事情，从手中流出了不计其数的木作器具，就像一个人平稳地走了一辈子的路，这很平常，似乎用不着来夸耀，但它对于一个人来讲却是很重要的。2019年7月，为了记录鄂东地区木工工艺的匠作文化，笔者对罗田县凤山镇饼子铺村的木工师傅胡质纯老人进行了两次深入的访谈。在经过了很长时间交流之后，我们的访谈慢慢围绕两个中心展开。一是本地区木工师傅惯常使用的一些木材的性质，以及师傅们在器具制作中使用它们的经验，二是本地区木工手艺人所接触到的行业礼俗与禁忌。

为了叙述方便，下文将木工师傅胡质纯简称为胡。

上图：种子储存工具
中图：糕点印模
下图：木推车

一、守俗知礼

学艺先学做人，立业需先立身。这是每个手艺人入门时长辈们挂在嘴边的要求。师者如父，民间手艺各行业中，师徒之礼是最大的礼。悟性较高的入门者，能够比较有分寸地把握人际关系，用心处理好师门内的关系，日后的手艺学习之路会相对顺畅，师门内外的同行们也会高看一眼。因此每一个要带徒弟的师傅们都会特别重视这一点。民间手工艺人对徒弟心性与资质的考察会有很多方法。老师傅绝不会采用正襟危坐式的一问一答，大多在不经意之间，随机、灵活而轻松，有时在玩笑中就了解得一清二楚。同行之间有时甚至会以一种恶作剧的方式来考察一个新晋入门者。其实，在插科打诨之间，一个人的心智与反应能力、性格与行事风格一定会展现得清清楚楚。胡质纯师傅初入师门，被人在玩笑之间试探了与他人交流中的胆识与应变能力，这个经历让他记忆深刻，终身难忘。

初入"大木"

胡：我是1961年的下半年开始学手艺的。那个时候十五岁，初中还没读完。当时家里好困难。姊妹八个，弟兄三人，我下面一个弟弟，兄弟姐妹八个人中有两个人都在读书。当时家里无法承担所有人读书，而我的年纪大一些，就放弃了读书。那一年的老历（农历）十月初一，正式拜师，开始跟着师傅一起学木工。

笔者：当时拜师有些什么样的礼节和程序呢？

胡：拜师首先是要选择一个师傅，然后跟着大人一起去面见师傅。当时都是父母当家，他们商量好了，然后，选个日子，就到别人家去，登门拜师。我记得到师傅陈继儒（陈继儒为胡质纯师傅同村村民）那里去，那时候他正在做屋（乡村盖房子）。

我记得当时做门窗的木工活儿已经做好了，只需要到砌匠（泥工）那里拿竹竿儿丈量木桁条。第一天上工，砌匠师傅吓唬我："我的竹条放在这里好好儿的，你为什么要动它？"我说："我就是要动，我需丈量木桁条（也叫檩子），你的竹条在这里闲着。我实话实说吧，我师傅叫我来拿的！"砌匠师傅对我吼道："师傅叫的也不行，不准动我的竹儿！"后来到晚上吃饭的时候，砌匠师傅说："别人是在试你的，看你有没有胆量。"我回答说："那有什么怕的？"那位师傅说："如果没有胆量的孩子是不敢动的。"

一般情况下，师傅什么都不说。他如果要教点什么，也是在路上说，说一句两句的。无论你是否懂，他只管在实践中让你自己观察，没有什么要跟你特地交代的。师傅会反复强调的也只是你去别人家吃饭的时候，要坐得规规矩矩的，夹菜的时候要懂得礼貌，尽量只吃自己面前的菜。还有不要在别人家吃饭的时候一直不动，让别人来盛饭。他只说这些，不说关于做木工活儿的方法，

木雕人物

不会传授具体制作的尺寸，作为徒弟要自己看。我们真正想入门，只能是避着师傅学，不能当面。有句俗话叫：从师不如从友，大致就是这个意思。

做"大木"的风俗 [1]

胡：民间做房子是很大一个事儿，有它特别的风俗。做房子的时候需要看门向、用罗盘。主人家会把师傅们叫过来，砌匠、木工要到场。主人家的风水先生什么时候过来，我们就得什么时候去。如果他们是晚上到场，我们就得晚上赶过去。他们早上到，我们也得早上赶过去。一般的风水先生是定在早上的多，而且越早越好。因为早上的时候没有什么事情打扰，村子里的猪狗当时也不会起得很早，也没有什么禁忌。然后，泥工过来打墩子，有的要拍向（确定大门的朝向），有的不拍向。无论是否拍向都需要制作两个墩子，目的在于稳固和看门向，这样看起来房子比较气派一些。这些泥工和木工都要到场配合，这是主人家里的大事儿，马虎不得。

笔者：农村盖房子起梁有很多规矩吧？

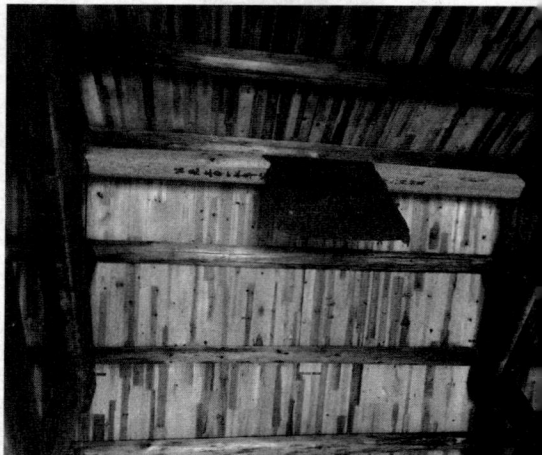
上梁风俗

---

[1] 在木匠行当里，人们习惯把盖房子的活儿称为大木，做一般器具的称为二木，专事雕刻的称为细木。

胡：我做手艺的时候是1960年之后的那个年代，那个时候也有一些规矩，但也不是那么讲究。

笔者：主人家他们应该也会跟你们提一些规矩吧，强调一些事情吧？

胡：有些人是讲究的，会买些饼子与糖。当时是师傅参与，我没参与。那时候经济困难，买礼物的人也很少，只是表示一下子。

取梁是按老规矩。木工出梁要封礼，还要道士来写"吉星"。写在房梁中间，用红纸写一个吉星高照，然后缠在梁上面用东西捆起来，放在上面。那个纸永远放在上面，吉星高照放在上面，一直可以看得到。这就是仪式。①

笔者：举行仪式也要挑选日子和时辰吧？

胡：是的，起梁仪式是要挑选一个好日子的。解放后不允许搞，也有少许人在举行仪式。

笔者：想问一下主人家盖房子要同时请砌匠、木匠，那么这些手艺人之间是如何协调的，彼此合作得好吗？

---

① 2019年9月17日，农历八月十九日。关于乡村盖房子的起梁仪式，笔者对罗田县匡河镇方九鱼老师傅进行了专访，方师傅给我们唱了一曲起梁的歌诀："天地开张，日吉时良。主东看的黄道吉日，兴起万年的栋梁。栋梁，栋梁，生在何处，长在何方。生在八宝之地，长在夔龙山上。张班打马山上过，闻见一阵紫檀香，停住马来扭住缰，好跟主东作商量，夔龙山上取栋梁。大斧头三十六把，小斧头七十二张。上山砍一个娥眉月，下山砍一个月团圆。苑筒好取大金柱，二筒好做油榨方，三筒一字弯弯翘，好做富贵万年梁。三十二人抬不动，七十二人不敢降，鲁班仙人设仙法，云端驾雾到马上，张班五尺量一量，不长不短富贵万年梁，鲁班仙人来吊线，众位师傅伙计站两旁。一路斧头一路渣，一路刨子放荣华，长刨啼啼金鸡叫，短刨啼啼凤凰啼，双凤朝阳生贵子，双凤生来点个状元郎。神敬雨司祝（这一句老人始终有些口齿不清），莫听我言长，自从今日众合后，保定主东富贵万万年。"盖房子的梁上要写上吉祥的话语，写上房屋建造的时间。方师傅介绍，这些写在房梁上的文字除了内容要满足吉祥意思之外，整个文字字数的多少也有讲究。字数多少是按照"财、吉、雷、义、官、业、亥、本"八个字的顺序数出来的，写在梁上最末尾的一个字要落在这八个字中最吉利的那几个字上，如财、义、吉、本等。

方九鱼老人，1935年生。1951年学木工，1953年参加抗美援朝志愿军，成为一名工程兵，支援朝鲜战后重建，负责道路桥梁的修复工程。两年后回国，参加建国初我国十大建设工程之一的军事历史博物馆建设。据老人回忆说，一辈子从事木工，一直到2014年才停下斧头，再没有做木工活了。

胡：如果是老搭档之间的关系，就不存在什么你害我、我害你，大家同场做得多。如果是生搭档，就要防着点。

笔者：主人不会出面说？盖房子算是个大的工程，除了主人说了算，是由泥工主持，还是木工主持？中间有主次之分吗？

胡：比如这做一项屋，无论是多大一间，还是需要衔接。但是，也可以不衔接，各做各的。例如，我出桁条，你来安装，各按各的规矩做。但是真正严格地讲，双方之间还是有好多矛盾的。

笔者：过去大家在一起工作没有形成一定的机制吗？

胡：没有。全由主人自己去寻找泥工和木工，有可能这两位泥工和木工之前不认识，也可能他们之前认识。主人是凭藉着自己的意愿，选择合适的人。

笔者：乡下盖房子对选日子方面有什么特别讲究吗？

胡：一般就是看一个合适的日子，正月最好。开张生意，一般是以打嫁妆、做寿方为主。正月里没几个人做房子，过年后，一般是正月十五开张，除非正月十五节大寒还没有过，这种情况还是有的。盖房子多在大寒里面或立春时节。下半年年底前也多，九月份到重阳节多。盖房子的日子定的季节太早了有一个不利之处，就是做房子的时候师傅、帮手的人多，饭菜准备得也多，天热气温高，没有冰箱空调，不利于饭菜的储存和准备。十冬腊月的时候，正是我们这儿的农闲时节，人们也比较清闲一些。

笔者：我注意到大寒节是一个很重要的节日，在这个行业里，你们记得这个节日有些什么讲究吗？

胡：在民间信仰里面，大寒到立春这段时间鬼神放假了，土地爷也放假了，动土没人管，要不有人会犯事儿的。但是，即使是这个时间段还是有坏日子，土木工程不是说每一天都是好日子，也有坏的日子。如果说这个日子没看好，会"犯匠"的（指冲剋做事的匠人）。我也经过这类的事情，有一家盖房子出了人命案的，结果找人把日子一查还真的是个"坏日子"。

"破木"第一斧

笔者：我小时候听说，乡里人家习惯把收寿方（做棺材）作为新年开张请工匠的第一件事，有这样的习俗吗？

胡：乡村里一般把做棺材叫做收材，讨个吉利嘛，预示着"收财"，财源广进。主人家喜欢，做的匠人也喜欢。这种开张活儿，一般要在头一年的年底定下来。找哪个师傅，初几开张，要商量一下。

笔者：开张的日子是么样定的？由谁定的？

胡：这是整个社会趋势，看正月初几哪一天的日子好。现在也是看黄历，这个里面有很多步骤。首先，主人家去找师傅，主家出门一定是在太阳没出来之前，被找的师傅也要留意，出工的那一天也要看一看出门的兆头。我们一般看来找的人的行动与言语。我们也要看去那个主人家时出门踤的第一个人。看这个人是个什么样的人，他做事是很平静还是很慌张。这就是收寿方的一个兆头，我自己亲身经历多次的。

我还记得，在黄道山船形湾杨老九家就出了个事。那个大概是在1961、1970或是1971的哪一年里，我和胡汉鹏老师傅一起去做。早晨一进门，主人杨老九就问："你们出门到我这里一路怎么样？"师傅是久战沙场的人，懂得门道，一听就知道主人家要问什么。师傅回答说："没问题。"

吃过早饭，喝过早茶。一般情况下，在外做活儿总会是徒弟先开工，师傅们还会与主人家寒暄几句。可遇上收寿材这事儿，无论我是否成为熟练的木工，按照礼数永远要尊重师傅，让师傅先动"破木"的第一斧①。师傅的第一斧劈下去，木片从窗户飞出去，眼见着还飞出了老远老远。我们很惊讶，一起出去看了。师傅自言自语地说："我没有着多大的力啊？"听着师傅这么说，我就懂了他话里的意思，知道师傅想要表达的意思。师徒默不作声。我师傅

———————————

① 破木是指木工师傅到主顾家做开张活儿的第一斧，具有很强的仪式色彩。

这个人稳得住，不多言不多语。约莫有两三天的时间，寿方做好了。一天吃晚饭时，师傅说："九爷，我说个不好听的话，你收的这个材怕不是人用的咧！"主人家半开玩笑式地回答："你个杂种，哪个材不是人用的，不用我又为什么要收呢？"到第三年，这个寿方还真不是人用的，放在牛栏里，叫一把火给烧了！

笔者：你刚才讲了收寿材时破木的兆头，那么做这些手工活儿时，还有什么行业禁忌，有没有什么要注意的规矩？

胡：我只听到过油漆匠在给别人家做寿棺的时候，熬油有些规矩和禁忌。熬桐油的锅需要三个砖头来扛着。主人家准备把砖头摆好，熬油的师傅就默默看着主人放得好不好。这个时候主人并不知道，只有师傅知道，师傅这时候就透露了一个秘密，这三块砖该如何摆放，就像那块木板一样，我看着它飞出去了。其实师傅已经很注意了，但是，木块还是飞到塘里面去了。

笔者：这就是说明师傅已经意识到了，觉得这是个怪现象。

胡：再加上师傅又说"我没有出什么力气"，我就知道这里面有一些毛病了。

寿方在用料件数上有讲究，一般要成双不能成单。十个头就是要十件木料，十二个头的就是要十二件木料。如果说十个头儿的材料，那就是寿材底三块，棺盖三块，两边墙共四块，每边两块两块地镶在一起。十二块的话、那么就是墙每边三块、棺底三块、棺盖三块。这个几头是指整个材需要用的木材的件数，数字少意味着木材大一些，就好些。

我那时做的一般都是十个头儿的，没做十二个头。现在墙面都是用三块，因为木料不是很大，所以用十二个头。我还做四整块的，地一块、两边墙各一块、盖一块等。没有八块、六块的。要么四块、要么十块、要么十二块。材料面儿小的，我做个十六块的。底增加两块，共五块，盖三块，墙每边四块。

笔者：底、盖和其他边有没有用料单双讲究？

胡：底和盖一般来说三五件的，不能搞四件。有时候明明只有四件料，你还得想法子做出五件单数的样子。有一次，在一个人家，我师傅在棺底前后挖了个假缝，看起来有五件，其实只有四件。

笔者：再加上两边，一边三件，即十四件。只是料不够的时候做条假缝？

胡：是的，曾经有一次有四件，但是，不想扩开五件，所以，就直接做了个假缝。主人不知道，我们挖了个缝儿，钉了个芯儿，就做个假缝，对外一看是五块，其实，只有四块。

笔者：寿方对于木头材料有什么讲究？

胡：我们一般用柏树、松树、杉树和槐树。落了叶子都不能用。松柏一年四季都是青色，象征着长青嘛。椿树是树王，不能用！一般老百姓盖房子做梁用！

记忆中的兆头与应验

笔者：做嫁妆有什么规矩讲究呢？比如仪式、禁忌方面？

胡：我们生活的那个年代很多禁忌都没有了。但是在给女孩子做嫁妆的过程中还是能体现出一些兆头来。如果做这个女孩子的嫁妆，是好的兆头的话，

木雕八仙纹饰　食品模具

那么过程就是一帆风顺、一次成功。婚后的生活一定和睦，没有异象。相反如果有异象的话，在做的过程中就会反映出来。

那是一九八几年，记不清了，我的几个出师多年的徒弟到一户人家做一套嫁妆，一连几天发生了三件事，预示着后来很不顺利。第一个事儿是为主人家准备嫁妆，打桌子。说那真是巧啊，除了桌子脚，每边还有四根木衬，共16根，可是做好之后一起断了14根。还有一个徒弟在做女人坐的便桶，也很不顺利。晚上在睡觉的时候，他们都听到白天在堂屋里做活儿的那个条凳儿一下子垮了，打得很响。后来，嫁妆做成功一个月之内，不知什么原因，这个要嫁的女孩子死了。这个事情就是巧，要说这些都是我的徒弟，他们已经出师了十几年了，照说手艺还是很不错的，也经历了很多大场面的木工活儿。

所以，为人家做喜事的东西，也要看你第一天到他们家去的运气，这是很关键的，要看好与坏。可有的时候事先是判断不出来的，只有在做的时候才知道。饼子铺村高家湾的吕雨松，我帮她女儿做嫁妆。事成之后，他们家问我们是否顺利。我说：别的大问题没有，女儿脾气臭点，出嫁以后，两个人会生一些矛盾，后来她母亲也证实了这个情况。

听我师傅讲，他们过去一帮师傅到"上塝"（罗田九资河僧塔寺）去做嫁妆，那是解放前。第一天去，那是个富人家，一去在茶厅里喝茶，师傅们在天井周围喝茶的位置坐下。管家给每一个师傅倒一杯茶，茶喝完了，还有茶渣儿，一个全能型的老师傅喝完茶，把茶渣儿往天井一倒，茶杯分成两截儿了，一半在手上，一半掉在天井里。主人家不知道这事儿。事情发生了，师傅们心里都感觉到什么，都没说话，知道这是个不好的预兆。的确，嫁妆还没有完全成功，这家姑娘就得病去世了。你说怪不怪，一个好的好茶杯是怎么会成为两截的呢？

二、木尽其用

各种木材的性状

笔者：胡师傅在用材料方面有没有什么经验？

胡：柏树一般用作寿材，因为柏树做家具就会炸裂，它的纹路实在是太脆了，只要用一点点劲就容易炸。如果你要用柏树，用力就要注意一点。打马槽用柏树比较好，再有用来制作耙田耙地的耙架子很好，还有就是收寿材好，做大门柱子好。盖房子做桁条不好，一压就塌下去了，它的性质是软的，挺劲儿不足，但是不易烂掉。过去做楼梯围栏用椿树做的多，百分之九十是椿树做的。樟树少，樟树易变形，树木弯的纹路纠结，他没有椿树的纹理好看。不过椿树的纹理粗，易炸裂，得用油漆做了，封住了就不易炸。

木工行业内原来是有个规矩，就是到以后慢慢什么都得用。山上没有材料，有大些树都用，不过结果的树不用。桐子树、板栗、木梓树一般是指结果子的树，因为它是一个经济树，能挣钱的。没有木材，什么树都做。

笔者：我听说乡村居民房前屋后有个讲究，就是说"前不栽樟，后不栽桑"，似乎对桑树的使用有些禁忌？

胡：桑树很少，因为一般桑树成不了材，它一长大就空心了，就破了，往往只有一点点成材的。桑树很好，可以做土犁的犁箭，也就是犁中间这个独柱儿。它就叫犁箭，后面有犁弯、犁尾巴、犁底。犁底用的是松树。桑树硬度大，又不变形，做犁箭。桑树的纹理直爽、好劈，不易烂掉，可以反复使用。一根桑木的犁箭至少可以用三次。

檀树麻烦得很，变形得厉害。这树本还是好树，不易炸裂，它出挑东西的扁担、冲担是个好东西。但是，檀树就是变形得厉害。槐树好，槐树要轻一些、瘦一些。槐有刺槐、康槐、磁槐三种。磁槐容易变形，康槐不容易变形，刺槐结实且不易变形。青冈栎树呢，就是硬，不易变形。做成扁担挑东西它扯肉，它有肉眼看不到的小裂纹。栎木的这些小裂纹会夹到肉，你一用力会将肉深到里面，不舒服。

桃树很少有成材的树，它的支撑力弱，一般不用。关于禁忌方面，在我们这个行业没这个说法，主要是不用它，没法儿取材用。

笔者：我注意到，鄂东大别山用松木多一些，关于其他木材的性质您有些什么经验？

胡：松树、杉树、椿树、枫树、苦榉树。苦榉树用得少，不普遍，樟树用得多，椿树是树王，一般不准用。

香樟树的木纹路细又结（树木的纹理绵密）又脆，雕花好，木质光滑好挖，这是樟树的性能。一般樟树雕花好，放衣服的箱子用它，还不生虫。杉树

木雕罗汉造像模具

呢，外层白色的木质部分不经烂，里面红色的木质经烂。松树有松油脂，红色的松树内芯也经烂一些。

椿树不变形，它不躲懒。躲懒有哪些树呢？柏树躲懒，杉树躲懒，躲懒就是爱变形，你一压，它有弹性。柏树硬是硬，但是它脆，钉钉容易炸开，像我们做榫，如果厚了一点，随时会把它挣开。用柏树做一个承重力的柱子，柏树可以摆得动，其他的树就不容易。当然，做柱子一般用柏树它是最好的，直立能承受重量，还不容易烂，柏树很重，纹路很紧密。杨树也比较结，水车的叶子就是用杨树做的。这种木材轻巧，不重，不容易炸开。

笔者：有没有专门用杉树的红芯子做东西呢？

胡：我做过。那是上世纪60年代，罗田大崎乡镇做粮食仓库。当时他们用了好大的杉树做这个工程，那些杉木全部都是用里面的红芯木质部分。木材锯开后太阳照着放光，白色的部分砍掉了。那些大杉木根部都打了眼子，是穿起来的。它们是从长江上放下来的川木河杉树（从四川放木排放下来的）。

在家居中，杉树多半用来箍圆货（水桶、脚盆等装水的器具）。收寿方、做家具用的少。箍圆货为什么要用杉树呢？因为它经烂一点，也不容易变形。譬如说木桶，那么薄，其他杂树不行，只有杉树它有这个性能。箍脚盆、木桶用杉树拿起来也比较方便轻巧一点。箍圆货无论大小，我们做它的时候手脚都是一样的，只不过大的多两块板子。一般木工的规矩是一个工时就得做完一个脚盆。

农村做犁用得最多的料有几种。做镜头的底部用松木，中间的立柱，也就是犁箭就要用性质硬的树。硬树有好多种，椿树也行，栎树也用，最好是桑树。前面说过，它经烂一点。最不经烂的是栎树，槐树也行，这是做犁箭的树。犁的尾巴就用松树。一般用柳树犁弯，松树犁弯也有，就是重得很，最好就是杉树犁弯。

枫树的性能不好，爱裂，干了又不容易劈开它，刨又不容易刨光，节疤多，树小的时候就枝丫多，剁掉了枝丫就留下树的节疤，黑色的，像烂了一样，不好看且容易变形。枫树一般在盖房子中做椽子，就是盖瓦用的木板条子。一般三寸宽，老椽子是两公分厚，到后面就成了一公分厚，越来越薄。过去祠堂和寺庙里用的枫树木材都要放到水塘里或者河里下浸。下浸之后的枫树木材不变形，而且干了之后有硬度。树木一般是在夏天之后开始砍伐下浸，放在水里面浸泡几个月甚至一年。可以整木下浸，也可以锯开下浸。枫树浸泡以后干了不变形，活的枫树木材特别容易变形。

农村以前做土坯房子，大木架子的底架一般用松树，是完整的松树，不变形。杉树的性能我刚才没有说完，它直立的劲儿很大，横着就不行。譬如说做桁条横着，冬季下雪屋面加重了就把它压弯了，一旦雪融化了，它又恢复上去了，杉木有弹性。现在各种室内装修里面的龙骨都是用杉树，在木头里面杉树属于偏软的，有柔和性。它的纹路太直了，容易裂开。比如说钉钉子，它容易炸开，而樟树和柳树钉钉就炸不了。

在我们这里，柳树用做箱子的板材多，条才一般用松树多一点。没有节疤的柳树做板子确实好，纹路细，不容易裂开。相比较

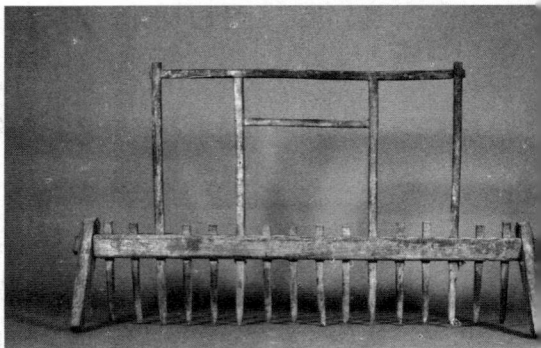

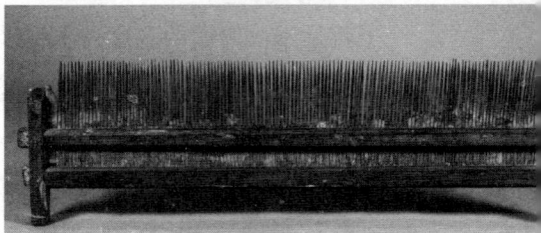

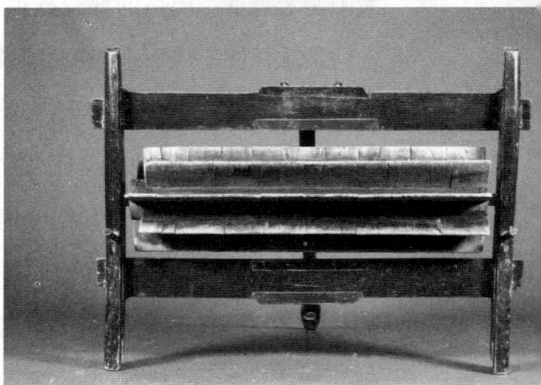

上图：木齿水田耖
中图：稻秧篦梳
下图：木耘田

而言樟树虽然纹细，但是还是容易裂开，木纹也纠结。

笔者：最好刨平的是那种树木？

胡：首先要看工具，树也有区别。要看这个树材的纹理是不是纠结。长得通直光滑，生长在水肥充足地方的松树没有节疤，好刨。杉树看起来好刨，但是它的木质纤维长，容易起毛。没有节疤的柳树刨过去光趟，樟树没有结巴的也好刨。

槽水车的用料要求

胡：槽一部水车需要用到很多种木材。一般用杉树做底板、墙板。确实没有杉树就用松树板子，但是扛起来、搬动它会很重。想要水车车身的骨架要不变形轻巧，一般用松树。水车的叶子用杨树，没有杨树就用木梓树（乌桕）代替，它的纹理的也是结纹，不易开裂。龙骨柱要用青冈栎木，木质硬，不变形。叶子车头用槐树最好，槐树经烂，同水打交道。水车齿轮用槐树也可以，樟树也行，以前用过桑树。栎木也做，但是栎木易烂。这个东西最好是桑树、油树和槐树。车头上的舞棍一般要用硬质树材，而且要用经烂的树。一部水车做起来要用到五六种树。龙骨要用青冈栎，叶子是用杨树最好。青冈栎做龙骨不是顺着锯开的纹取材，而必须是劈开的料。这个圆筒筒木材的直纹好劈，不能把它开的纤维弄断了。锯的木条子不行，以后它就会变形，而劈开木材是顺

水车

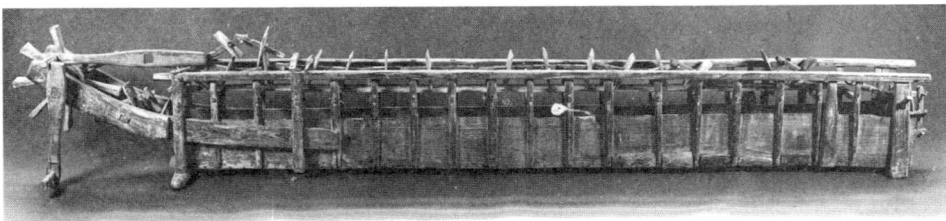

着纹路来的。这个材料必须是劈成一块块的料，再做成龙骨。一般用杉树做水车墙板，没有杉树用松树批墙。密密的非用杉树不可，它不变形、轻巧，条子也用杉树。实际上，在槽一部水车里面充分的用到了不同木材的性质。这是木料与水车的诀窍，也是这个行当的一点经验。

三、口诀与尺寸

每一个行当都会有自己行内的口诀和谚语，这些口耳相传的记忆实际上包含着丰富的行业内部技术、技巧与经验的信息。简练而诙谐的语言形式，朗朗上口，常常挂在人们的嘴边，很容易记忆和理解，有些成为行当内师傅们挂在嘴边的口头禅，还时时被入门者当成了"葵花宝典"。胡师傅对口诀的记忆从评价师徒关系开始，一句关于"从师不如访友"谚语的记忆，道出了从师学艺的艰辛。

胡："挖三月，刨三年，斧头到老不周全。"斧头剁到老，手艺也周全不了，没人能够说自己学到家了，艺无止境。斧头的功夫深得很，没有一个人敢很自信地夸赞自己的斧头功夫如何了得。

这里也有一句吉祥语："一路斧头一路平，一路刨子放光明！"这个就是乡村盖房子上梁，木工师傅准备大梁、发梁的时候说的好话，吉祥的话，一般是上梁仪式上师傅去说。

还有一些关于技巧方面的口诀："想要六角分得匀，要到五九里面去寻。"这个意思是说做木工关于镶嵌叠木工艺中的分寸和窍门。像这个四方、六方、八方的框架子，其中六方最难，四方最容易，八方就是把四方的棱角一倒就是八方。三根木头镶嵌叠在一起就是六出头，即六方，如传统六面洗脸架。你要六方比例分得均衡，那就要在五和九里面做文章。那就是离开不用五和九这两个数字去划分，在木头上边用墨斗画线就离不开五和九的规律。例如六边形洗面架，它

民居建筑木雕构建

满工木雕洗脸架

不是六只脚的吗？这中间三根木头组成的盘子，如果不记口诀，一般你是不懂的。搞明白了就是按照五、九两个数字的规律去划线。

那么怎么理解五和九呢？就是做洗面架盘子这个料的高度五公分，也就是市尺一寸半，即是市尺的三个五分。料的厚度每层取三分，叠起来就是九分。这样划分三根木料尺寸存在五和九的关系，这里面的诀窍在于都有三的倍数。料的侧面你要分三三、一三、二三、三三得九分，你就斜着划线，锯木开槽，木头镶嵌起来自然就是六方。那么为什么说五呢？按照木料叠放的层次依次剔除五分厚的木质。中间一根上下边各剔除五分，下面的一个底下留五分，上面留一寸，再把那个三三余九的斜角打出来，六出头儿的脸架就结构好了。

尺寸中的规矩

笔者：木工在做大木、二木中，对于数字有哪些讲究？

胡：农村人家新盖房子做大门除了门向的风水讲究之外，在尺寸上也有讲究。一般而言做大门的高和宽尺寸不用整数，尾数都有九或六的零数。比喻说这个宽，那你就做三尺零六或者三尺零九，这是指门的净宽，柱子和柱子之间。不用整数，高也要带点零数。像结婚做床，比喻说长度，我们一般做六尺零三或六尺零六。尾数有什么讲究呢？这个是吉利数，三、六、九。二、四、八，最讨厌的是四。八和四一起的，用了八就是两个四，现在的人也不喜欢四字，就是这个道理。五也用得少，七用得少。三、六、九用得最多，这是吉利数字。农村盖房子，特别是堂屋开门窗的数量也有讲究。一间屋子门窗加起来如果五和七都不行，五是指五虎，七是指七羊。一般用四啊、六啊这个数，有这个规矩。

装犁有数

笔者：在传统农耕生产方式中，犁田耙地是重要的农活儿。犁在庄稼人生活中是重要的农具，家家户户都有。请您说说木工师傅装犁时的尺寸和诀窍吧。

胡：装犁的诀窍全在于如何灵活利用事先备好的弯子木料。装犁没有死东西，有什么样的弯子就有什么样的犁样儿。不像其他木工家具，这里没有固定的形式，是要随机应变的。不过在出这个犁底的木料时，画墨线应注意沿着底尖子向右倾斜四分，这样犁铧子就是向一边斜的。剁四分的墨位，犁铧子上口和下口，镶头略低一公分。要是平了以后，这个犁就不抢土了。

处理好犁弯、犁箭和土门的关系很重要。如果主人家这个犁弯木料弯得狠，那么前面就低，顶下去了。这个犁箭就要多滴点墨，让它前面扬起来，土门高一些；在犁田的时候，犁尖子吃土深浅合适。如果犁弯直，那么土门前面的空隙必然就高，所以犁箭要做竖一点，它前面就下去了，土门的高低自然就调整了。

装一具犁箭的距离多大，要看犁弯猪嘴口上，不看木料弯度的中间。土门口要多高呢，一般是八寸，就是指从犁尖子到犁弯前面的猪嘴口。猪嘴口下来到犁底的镶头尖一般是八寸，这个八寸的距离就叫做土门。要是主家的耕牛高大，略为放到八寸多一点，牛儿矮了就八寸短一点，这个要调试。因为牛高大，它把位置占去了。如果弄浅了，它就提起来了，牛小了，矮一些，它就往下挖，土门就弄浅一点。

土门深浅是用犁的人根据具体情况调试。犁弯中间有一个木楔，在那儿你可以调。这个调节的空间一般有寸半高，剁两块楔子，上面一个小的，下面一个大的。如果是浅了，就把小楔子拿掉，如果深了，就把小楔加上。上面留的小楔子调，下面的楔子大点，一般不动它。土门楔就是用来调节土门的基本深度。

犁尾不管什么木材都可以，一般讲法是：不论长汉短汉，两尺九寸半。犁做出来是千奇百怪的，它看的弯形状说话，不是死东西。所以说农具中犁、耙、耖，这三样东西最不好做的，看起来是死东西，其实与木材、田地，还有耕牛具体情况密切相关，都是活的。

第二节
管窑赤西湖的恩赐（一）——开泥

　　赤西湖在蕲春县的西南部，位于管窑镇境内。它西与长江相连，湖面面积五十多平方千米，常年水位在20米上下，是蕲春第二大淡水湖。每年江水上涨的季节，赤西湖水域就成为长江的泄洪区，是长江水系中的天然湖泊。在赤西湖的北面、东面和南面有些低矮的丘陵，海拔不高，其间散落着些自然村落。低矮的小山岗都被开垦为耕地，从四面八方蜿蜒曲折地伸向湖中，使得赤西湖湖面形成很多湖岔和水湾。如今，黄黄高速，蕲太高速穿湖而过，将赤西湖分隔成东湖和西湖。老人们讲，建国前赤西湖是连着长江的，在涨水的季节，这里水面也会很高，随着江水涨落。湖的东面有个地势较高的地方，称为岚头矶。听说原本是一个小岛，四面环水。在建国以后江防大堤的建设工程中，围湖造田，江堤把江水拦在了湖面之外，岚头矶也与湖的北面、东面连成一体。这里一度成为赤西湖地区人们连接长江的重要码头。至今，在岚头矶北面还有被遗弃的码头和人工修筑的水运沟渠的痕迹。

　　赤西湖所在的管窑镇是人们熟知的陶文化小镇。管窑赤西湖的周边散落着管家窑、芦家窑、李家窑等好几处窑场。2007年，几座窑厂均被列入湖北省首批非物质文化遗产保护名录。这里的陶瓷厂主要是生产日用陶器，烧制技艺与湖北汉川马口窑、麻城蔡家山窑的手工制陶技艺相仿。湖北东部这三个窑口彼此互相影响，在器型、技艺等方面都有相同的地方。如今，其余两个窑厂，汉川的马口窑、麻城的蔡家山窑已经在20世纪七八十年代停产了，窑址也不见了踪迹。而管窑的赤西湖畔还有三个窑口的烟火不曾熄灭。如果从管窑所处优越地理位置来讲，与长江紧密相连的赤西湖所提供的廉价而便利的水上交通，为

上图：麻城蔡家山陶罐
下图：马口刻花罐

这里民间日用陶器提供了占有长江中下游沿江市场的条件。在这一点上，汉川的马口、麻城的蔡家山，尤其是麻城蔡家山窑，无论如何也是比不上的。当年的蔡家山主要依赖举水河和旱路运输，可举水河的通航时间和航运能力十分有限，旱路运输的人力成本也制约了日用陶器的规模生产；马口窑南邻白石湖，北接汉水，而白石湖与汉水并不相连，在马口的交通里面，河湖之间并没有形成便利的纵深网络。当然，马口距离大都市武汉很近，改革开放之后，汹涌的现代文明的生产生活浪潮快速地把马口窑的传统农耕方式掩盖了。

赤西湖养育了管窑千年的窑火。从各地遗存下来的生活陶制器物看，汉川马口主要以生产小型日用器型，各类黄釉刻花陶罐是它的特色。相比较而言，蕲春管窑的生产兼有大小各种器物，品类十分齐全。

蕲春管窑的这个特色在它的泥里可以找到答案。老窑工们讲，赤西湖及周边的泥土分为三层，靠近赤西湖湖底的泥呈白色，泥性软，泥质细腻，烧制的温度低，不适宜制作大的器物；白泥层之上的泥杂质多，且含有沙子，烧制的温度较高，一般可用来烧制水缸、陶瓮等大的日用陶器。如果用山坡上的砂土与湖底的白泥勾兑，可以制作许多精致且有一定体量的大型陶器来。这是管窑赤西湖人民的创造。

2018年笔者对两位管窑的老师傅做了三次访谈，从访谈内容中大致可以感受到，当年人们为什么选择在蕲春赤西湖畔安营扎寨，继而又在这里挖起了陶窑，祖祖辈辈在这里制作起陶器来。几个小时的访谈中，我们明确感受到老师傅流露出对来自上天馈赠优质制陶资源的自豪和感激。

我们对于管窑泥料的三次访谈都围绕赤西湖的泥展开①。

第一次访谈。肖启贵、何细明两位制陶传承人接受了采访，访谈从他们各自的经历慢慢展开，最后落脚到笔者所关注的陶泥的问题。

笔者：听说你们为准备泥料要做开泥的工作。开泥在制陶行业中是一个什么样的工作或者是什么样的环节？

肖：我在蕲春做了五六年以后②，就去了厦门的一个私人陶瓷公司，大概做了半年。相对而言，工资高许多。之前在黄石时的工资不到一千元，要知道1988年左右八九百元算得上很好。可是我们到厦门后发现那边工资有两三千元，于是就去厦门了。做了年把时间，之后返回蕲春官窑厂里，就成了我们厂里、县里的模范。

现在的泥在网上一买就能买到，但是我们的泥巴能经得过高窑温。那个窑

---

① 2018年10月18号，笔者有机会邀请了两位陶艺非遗传承人来校交流访谈。被访谈的两位师傅分别是：肖启贵，1956年，岚头矶陶瓷厂老窑工；何细明，1963年，原管窑老窑工，是现任"柿外桃源"陶艺厂何建明厂长的堂兄。在以下的访谈中，肖启贵称肖，何细明称何。2018年11月3日上午，笔者前往蕲春管李家窑，在该厂王亨法厂长家做了一场访谈，同行的有宋国彬、张立红二位老师，参加访谈的师傅除了王厂长，还有老师傅万正福老人。11月3日下午，笔者一行前往蕲春管窑岚头矶窑厂，与岚头矶窑厂刘厂长，老窑工叶新华、肖春娇二位师傅做了深入交流。
② 肖师傅正式拉开话匣子，似有从他制陶生涯远远道来的架势，开始兴高采烈地讲述他在国营岚头矶工艺厂之后的经历。

温能够烧很高的温度，那个泥巴就能够拖很高的温度。过去我们没有到外面去搞泥巴，利用当地泥巴来制作。但是，我们的泥巴要经过调制、配制，它比一般的泥还要好，它能拉出大的坛子。过去我们做的是农民生活用的产品，日用品多。么事（鄂东方言，指"什么"）茶壶呀，酒壶呀，菜坛子等。

我们的那个龙窑里面是烧柴，烧松柴。它（龙窑）不管烧哪一节，都是800度（℃）或900度（℃）。我们过去的产品比较简易，不像现在，当时烧到什么釉就是什么釉，烧个红釉就是红釉、烧个青釉就是青釉，我们那个时候比较简单。日用陶不需要红红绿绿的，师傅会凭经验分析那个釉会发出什么颜色，看好了马上用柴火烧。

笔者：你们的泥主要是从湖里面挖出来的吗？

蕲春官窑传承人

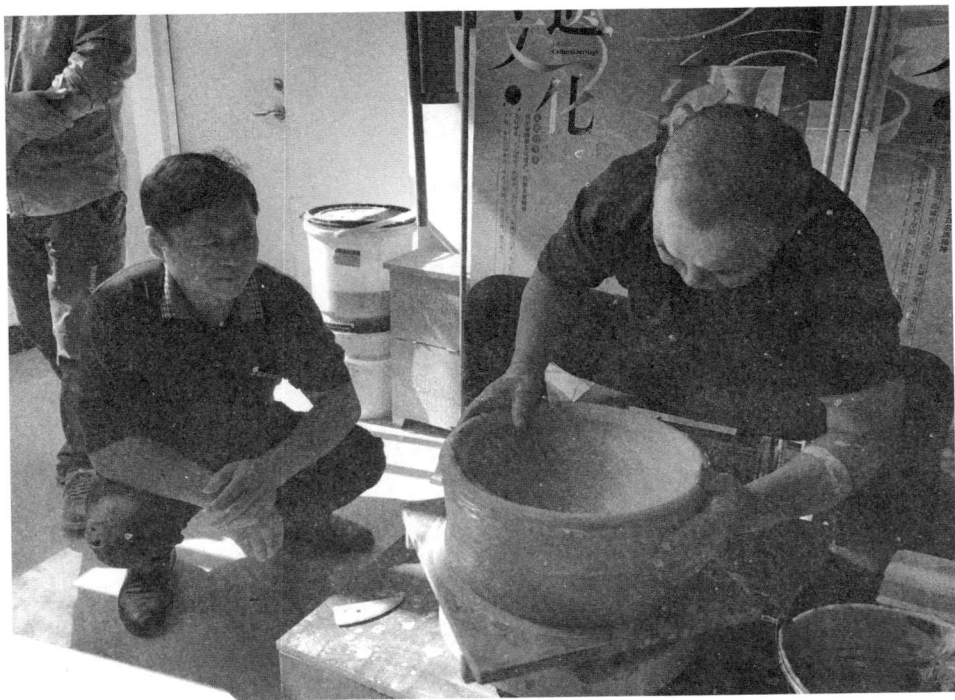

肖：是的，但是下半年水都干了、枯了，我们就会将上面的泥去掉。

何：我们会将上面的一层泥扒开，去掉。

笔者：是去掉上面一层烂泥，浮出来的泥吗？

肖、何：是的。（同时确定，事后师傅们补充说，上面一层是熟土，属于耕种层，有太多的腐殖质，不适于做陶器）

笔者：那开泥要开多厚？

肖、何：那得看具体开在哪儿？（同时确定）

何：有的开泥要开50公分、60公分，说不清楚。

笔者：颜色是？

肖：颜色是白颜色，把上面的黄泥都去掉，底下才是白色的。

肖：如果只用那种泥（白泥）是不行的。第一，它的收缩率比较大。再次，它的黏性不行。

笔者：你们的泥用什么挖出来？

肖：用锄头挖，用扁担挑，用小船运到我们的那个湖边的场地放着，让它们风化。那一年制作有两种泥巴，还有一种是山泥红土，兑在泥（白泥）中，窑厂专门制作原料

麻城蔡家山窑 蛤蟆盖罐

的人最清楚。

笔者：赤西湖湖底那一层厚的白泥巴还有吗？

何：赤西湖里还有很多泥，几乎是一湖泥巴，现在都还在，没有去使用。

笔者：是国家不让去用还是没有人去开采使用？

何：没有人去开采使用。

笔者：泥开采之后，还会有一些什么样的工作？

肖：开采出来再加工，就是把土粉碎了，用筛子过滤等方法，粉碎泥要经过好多设备，过去就是凭借人工。

何：过去是在湖底挖出来，然后挑到我们厂里的空地上放着。经过红泥与白泥两种泥巴兑在一起，用水泼，然后，一担一担地挑到我们村里的厂房去。这么一团泥，加水后用脚去踩，用大力气去打。

肖：经过人工挑进来，把它练熟，又经过人工去踩和翻晒。

笔者：挖起来的时候是干泥，经过人工挑、踩、翻的。泥一般放好长时间？

肖：冬春季采泥，到下半年用，采回来的泥放一下，就是使泥巴融化了。（其实就是一种自然氧化的过程）。只要下半年有时间，就去搞。大约到春耕时节，没有人，也没有时间去采泥、挖泥了，都是先去备着。这个泥土陈腐的时间越长越好。今年到明年都是可以的，过去它是当年准备当年用，因为过去没有多少场地。我们的土地也是很少的，几年的泥巴要好大的位置来堆，一个窑口一年需要的采泥量不是一点点。

笔者：泥是你们那个湖里挖出来的白泥和山上的红土兑着使用？

肖：山上的泥红红的，是个土红色的。

第二次访谈。2018年11月3日上午，关于开泥，笔者前往管窑赤西湖李窑王亨法厂长家里，还邀请了万正福老师傅，进行了访谈。

笔者：前些时候，我们拜访肖启高和何良法两位师傅，他们提到，在改革开放以前的那个时候，制窑的泥巴是到赤西湖里面去取的，叫做开泥。您记不记得当时的那种情况呢？①

万：我记得，是在附近，没有去窑那边去取，就是那个湖的矶头上取。

笔者：你们在挖泥巴的时候，对于面上的部分如何处理呢？

王：上面一层称为黄土，第二层是白色带一点红色，第三层是白泥，第四层手挖掉没有用。第一层红色的泥是不要的，第二层黄泥都要，第三层白色的要。

笔者：主要是要用的是哪一层？

王：白色的和黄色的。

笔者：它的厚度大概有多厚？

王：按照我们这个地方的话来说大概有15米深。

笔者：就是到白土的地方有15米深，那么上面的一层红色的土壤有多厚。

王：3—4米，有东西在里头。

笔者：那中间的那个黄土大概有多厚？

王：中间的黄土大概1—2米。

笔者：接下来往底下走的白土要挖到哪里？

王：慢慢挖到4米深，下面夹杂着猪肝泥，最底下的就是猪肝泥。

笔者：主要说的就是15米深4米厚的白泥。这个白泥是不是咱们现在住的地方往地下挖？现在还可以挖得出来吗？

王：现在基本挖不到了，因为在我们住的地方下面全部都挖过一遍，没有挖过的地方很少。比如，现在我们做房子挖地基的时候发现，李窑地底下结构都是松的，不是原生土，地下全是以前做窑剩下的瓦渣子。现在地底下主要是废瓦片、废砖堆在里面。

---

① 2018年11月3日上午，关于开泥，笔者前往管窑赤西湖李窑王亨法厂长家里，还邀请了万正福老师傅，进行了3个小时的访谈。为了叙述的方便在以下访谈中，王亨法称王，万正福称万。

我家做房子时挖地基，七米深里面塞的全是废砖和瓦片，七米以下的地方有一些可挖的泥，这些就是标志这里已经挖完了的。

笔者：我过来看到这个龙窑，我觉得龙窑地基下面好像没有动过泥的，在它下面的泥应该是没有动的。

王：按道理说，这个窑底下，会有一个小山包，但是没有现在大，都是逐年慢慢堆放，窑慢慢升高的，是慢慢加到这么高的。其实现在看到堆起来的全部都是废瓦片、废砖。

笔者：往赤西湖的南面去，就到了江边。您听说过在赤西湖的底部取泥吗？

王：光在湖旁边取，不在湖底取。水干了之后在湖边取，一般在上半年枯水的季节去湖边去取。

笔者：别人都说到了枯水季节，把上面一层剥开，在底下取泥，那就叫做开泥。

王：按我们这边来说的话，湖底的泥就没有用了，温度低。所以，我们一般会在湖边取，不会到湖里面去取。

笔者：您刚刚说的湖底取泥，它温度低一些？

王：是的，温度低（烧造的温度低），去湖底取泥是不行的，嫩了一些。您刚看到湖边有泥，一般我们是不用的。

笔者：您刚刚说的湖底泥"嫩了"，制陶不行，这个如何讲？

王：这个泥不行，爱破。它没有李个咀（地名）的泥巴纯，这个只有米把深，正品率达到40%。过去厂里实验了，山上的泥正品率80%。

笔者：在不烧制之前，这和水底出的泥有什么区别呢？

王：那是看不到的，看起来都一样。湖边的泥和湖底的泥不一样，湖边都是黄沙泥，白泥不多，也不知什么时候挖的窑，都是比较浅的。文字记载了的窑，也只有我的厂里这个，才有一些文字记载。

万：传统是做大缸的，我是做大货的。做大货的事，一是要泥好，二是手艺也好，不然就做不了。

王：做大货的泥和小货的泥要求不一样，越做大了就越难烧。

万：一会儿我们去看他那个窑，有多高，我们就有多高。

笔者：我想再问一下，您这个做大货的和做小货的泥拿起来看是一样的？

王：是一样的。

笔者：但是要捏到手上做的时候，是不是也一样的呢？

王：就我们这个地方是这样的，做的时候并没有讲究，是挖出来之后。去晒晒了，就去人工筛选。你像那个下河的泥有沙，基本上做不了。

麻城蔡家山窑 姜太公钓鱼罐

万：它细腻一些。

王：有些里面如果有沙就不行了，那么我这个里面有沙子也可以做。我这是手工制作的泥，它在那里完全是靠拉出来的。

万：它的泥巴要细腻一些，加工出来会更精美一些，手工活儿出来会更加细致一些。

第三次访谈。2018年11月3日下午，前往蕲春岚头矶陶艺厂拜会了刘厂长、肖春姣师傅、叶新华师傅，就开泥的事儿再次和两位师傅做了访谈。[①]

　　笔者：上午在李窑王厂长那边，和万师傅一起聊了些泥巴的事情。我还想进一步了解，两位师傅对于管窑这边的泥巴，有些什么样的经验和记忆。

　　叶：泥巴的事情啊！这里的泥巴能够盛得了货物的，在泥巴里面掺入沙，在白泥里面要掺红土、掺沙和猪肝泥。

　　笔者：是所有的器型都要这么去掺沙吗？

　　叶：原来我们把这里一些泥巴做的叫大货。做缸、大石头缸、大水缸，都要用那泥巴来做，它不掺入沙子就烧不出来的。

　　肖：爱炸。

　　叶：沉不住。

　　笔者：你这个掺沙的泥是哪里的呢？

　　叶：就是我本地方，李窑的泥，就是他那个盆后面的山头里挖，就是连港大队。[②]

　　肖：那个山上的泥挺不错的。

　　叶：那个泥可以的，过去李个咀的泥巴也可以，要掺和那个红土。

　　肖：那是做大货用的，我是做小货的，我记得我做小孩的时候，用手工拉的泥巴不是这样的。

　　叶：你们用泥巴和我这个地方的不一样啊。

　　肖：要那个白泥，那个里面的泥巴都不要，把白泥拿回来，要用水涨着。以前是人工做的，用手去拉，我以前做小孩的时候，去开泥面，上面一层土都不要。

---

① 2018年11月3日，下午，参加的人员有蕲春岚头矶陶艺厂刘厂长；肖春姣，67岁；叶新华，64岁。在以下的访谈中，刘厂长简称刘，肖春姣师傅简称肖，叶新华师傅简称叶。
② 蕲春管窑镇连港村，官窑制陶业红火的集体时代叫大队。

叶：上面的土不行。

叶：上面有一层浮土是不要的。

肖：里面的泥有两种，一种是红泥、一种是白泥，红泥不要。

叶：上面有猪肝泥，有白色的、有红土。

笔者：像您这样说的话，那个白泥里面掺不掺沙？

肖：我用手工做的，是不掺沙的。

叶：我的要掺沙。

肖：他们做的是大缸，大缸蛮高，起码有1.2—1.3米。

叶：我是六窑的。

笔者：你们这里的沙是从哪里来的呢？

叶：都是本地来的。

笔者：上一次听肖师傅和何师傅说这边的泥巴是要往底下挖，哪一层才有用？

叶：面前的那种泥就不需要了，那如何知道是不需要的泥了？那看得到，我们认得那种泥巴，它蛮细腻，我们做这个的都知道。那种泥巴好多年都没有去做了，它在山边、田里面，我们要在里面挖好深好深呢，然后，还要去晒它，用机器打。挖出来之后，堆起来，过去不是车，是用船拉过去，把它堆起来，接着再晒它，晒干了之后，把它打得细细的，接着再用水去泼它，再来涨，再用脚去踩它。在堆泥外面场地上要踩，接着再拿到里面去，还要再踩，很多个程序。把泥巴要盘到手上，盘得要特别的顺滑熟练。

肖：做那种细坛子的话，我们一般在外面购泥，做大泥的话，这种泥盘不起来的。用手工制作那种特别大的坛子。

笔者：您现在正在做的泥是在这里挖的吗？

肖：不是，采用了好几种泥巴制作，里面没有那个红泥巴，也没有那个黄泥巴，这是原来在外面采购回来的，也和进一些其他的泥巴。

叶：混合了一些高温泥，高温泥还是从外面购买的。

肖：高温泥好像是从外面弄回来的注浆泥，真空机压的。

同行者：注浆泥就是石膏模型，就是那种成型方式，不是传统的盘轴和拉胚。它是注浆模型。

笔者：这边的泥巴烧出来一般是什么颜色呢？

叶：烧狠了的话，就是铁黑色，如果烧一般，没有烧得特别厉害的话，就是黄色、猪肝色。

笔者：烧狠了？是指温度？

肖：温度烧高了。

笔者：这是釉的问题还是泥的问题呢？

叶：以前烧大货的时候用的是江泥，烧得不干不湿的时候，再上一点泥，那个带反光的性质，它就会呈现一种泛黄的感觉，有点光度。我就是晒干、锤细，再放在水里面涨着，放着之后再制作成糊状的，然后再对着货上面去制作。

笔者：现在还在用吗？

叶：现在没有再用了，我们原来做的都是当地的原材料，就是那个江泥，就像连港大队那个山地。

肖：以前有两个位置，一个在湖光那边、西湖那边，西边那也有。

叶：你说的泥巴在湖脚那边，我们要到连港大队的山上，挖山泥干些。

肖：山泥结实些，山泥砂性要强一些。

叶：湖边的泥要"嫩"些，抗不住火候，砂性要少些。

笔者：山上的泥巴做大货，靠近湖底下挖起来的泥巴一般制作小货，那原因是什么呢？

叶：湖底的泥巴，它要嫩一些。

肖：黏性重、砂性多一点。

笔者：湖里的泥是湖水里的泥呢？还是湖旁边的泥？

叶：湖泥不是在水里面的，都是在岸上的。到湖旁边去的土要浅些。一直往下挖，挖到越下面就越好。

笔者：拿起来要做大货的时候就要兑入沙子是吗？

叶：呃，做大货有的时候是土面上的，有的时候是土里面的，有多深这个是确定不了的事情。

笔者：你们是通过什么来判断这个泥巴的嫩与老？

叶：那我知道，哪个硬度，我用手去摸它。我的手到一定时候有那份敏感性，还有一点就是看颜色，那个猪肝泥，它就非常硬、非常老，这是制作大货的。

笔者：这个不需要掺沙吗？就是挖了底层的猪肝泥。

叶：还是要掺沙的。它有的泥，它本身就有沙子，我一看就知道，那种泥显得沙黑，就少掺一点，那种泥沙子少了，就得多掺一点。这种事情自己用就可以看得到的。我这边的人总习惯把泥打碎。

肖：在我做娃的时候，和老师傅一起挖，那个时候就知道那个泥性，嫩点儿拿回来制作的器物爱炸，成品就少一些，正品率就不高；那个泥巴老一些，拉回来就是又发釉又烧得好，正品率就高些。

笔者：发釉？

肖：意思就是釉烧得光些。光釉底子烧得结实些，又不变形。一般的，烧破了，没什么用，烧着就烧炸开了。

叶：破了，这种坐缸破，而且容易炸了、承不住火。不烧它的光度又起不来，你烧它就炸了。

叶：烧好了盛水也没什么用，我们过去使用它来做泡菜坛子，别人拿去做泡菜，那个菜装的时间久了，如果坯体没有烧好的话，泡菜的盐水出来，菜就变味，就不好吃。如果烧好了的话，腌菜就香。原因就是不走气，菜不变味。

笔者：你们这边的泥都要掺沙吗？

叶：做大货的泥料需要掺沙，做小货就不需要了。

笔者：制作小货，比如像烘炉，这种就不用掺沙。你们刚刚说里面漏气、走气、走水是不是跟釉料有关系？

肖：做泡菜坛子里面有砂亮，砂亮里面有空气就不行了，通用手工去盘它、打它，打它后制作成型的效果要结实一些。水缸是要用来装水的，如果有砂眼，就不能装水了。

叶：过去有一句老话说，新缸没有旧缸光。意思就是，新缸它没有旧缸能盛水，旧缸你长期抹洗，它的泥已经把墙洞闭住了。过去唱戏的也曾说过，新缸没有旧缸光。后来那几年缸比较俏，甚至有人用铁打缸。那几年缸几（非常）俏销啊，简直做不赢（完）。刚刚八十年代，改革开放，人们都要缸。那是八几年，1983年，1984年，1985年。

笔者：缸装粮食？

叶：粮食、水什么的，自从那个塑料袋出现，缸就要差好些。结果1998年的时候，我们还在做，之后就没有做了。到今年，有大概一二十年没有做了。

笔者：您从什么开始做窑工的呢？

陶瓦工具

叶：我上学十几岁的时候，一放假就开始制作。

笔者：当时您做什么呢？

叶：那种就叫做烟囱的东西。然后再做独子娄，独子娄是什么用的呢？装货的，就是这么大。接着做碗、痰盂，接着做一些细货，酒盅。

笔者：那时候人多？

叶：人多得很啦，家家凭这个业务吃饭，芦窑当时有一百多户，那时候有几百个人。

笔者：几百人呢？

叶：三四百人吧，以那个为生活，后来效益不好的时候，人都出去打工去了，这后来就不行了。

九几年的时候更差，之后就没人学了。当年叫小孩学，那一般都是关系户。我想，现在没有小孩愿意去学。为什么没人学呢？第一个，就是这个货做了之后没人要，没人要就维持不了生活，孩子们要吃饭，要有钱用。这个东西它不能够变成钱，他就不学了，做了干嘛呢？其实准确的说，不是没有人学，而是赚不了钱，维持不了生活。做窑这个事情呢，它是相当不容易的，学这个东西也是相当不容易，那一两年的话呢，你是学不会的，制作的东西蛮有艺术性。

笔者：一个徒弟学会需要多久呢？

叶：边做边学，最低要3—5年。

笔者：做大货需要多长时间？

叶：做大货需要4—5年。嗯，具体看孩子专不专心，有些孩子他很聪明，但他不愿意学，这种孩子，他也能学得容易一些。或者两年左右就可以做，这个事也不好确定。他不愿意做这个事情的肯定没办法了，做小件的时候容易点，做大货之前要先从小件开始做起。

肖：你爹原来做窑你没有看过吧？

同行者：我看过，我小时候还是偶尔四点钟起来帮他们刮一下泥。

笔者：你也刮过泥吗？

同行者：给他们上点釉，帮一点点忙，端些坯子去晒，就是做这些事情。

叶：做窑是特别麻烦。

笔者：你们现在做的这一块泥巴，基本上都是这本地产的吗？

叶：做的泥巴本地有一部分，另一部分是加工泥，少量还有原来剩的一些泥。

笔者：您刚刚提到了，肖师傅也提到了，那个挖泥得开泥面是什么意思？

肖：就是上面一层土，上面没有用，把上面的一层山土泥去掉，那没有用。

叶：上面的土，它不是泥，它没有用。这个在我们那个时候指的就是开泥面。这是我们这里的土话，如果现在，来形容的话就是废东西。把上面一部分挖走刮开之后搬走，挖出泥面开始挖泥。开一点挖一点，如果挖的时候这个地方挖了一部分，没挖到再往里面再挖一次。

笔者：那就意味着要挖很深似的，取废土这大概要挖多少米呢？

叶：两三米的高度。

笔者：您刚刚说的，是河边和山上的泥，请问哪边的要厚一些呢？

叶：山上的。

肖：好像到万宝咀有个细山，一般泥有两三米，那边像一个山脚一样，挖平了就变成田了。

叶：是的，那湖就变成了田边。

笔者：那如何去找那个泥？

叶：老师傅他晓得，有专门的家族。比如像我们家，我公公、我爷爷、我爹全部都是做窑的，这是一代代传下来的，告诉我们哪里有泥。我们过去做要求是在李个咀挖，后来为什么没有在李个咀挖呢？就是因为在你李个咀挖到了别人的田，别人不高兴，他们也不卖，过去人们不要你挖他的田地，后来挖窑泥调到哪里去了？到黄玉田去挖，过去找泥要到河边去挖挖看，看一下要挖出洞儿，如果山底下面有泥，那么山里面也会有泥的，所以必须先决定山底下是否有泥。先到山底下去挖一个洞儿再去判断山里面是否有泥。

笔者：挖多大的洞呢？

叶：挖一个人能下去的，人们会一直顺着挖，慢慢下去了。

肖：起码要挖好大的面积（双手比划着）。

笔者：地下的泥巴是沉积的，还是原来那些原生土？

叶：它是原装土，不是河床沉积的那一种。它是原装的土，不是由河床冲积扇堆积成的。

笔者：今天上午在李窑那边听到王厂长说，就是开了泥之后有三层，最好的一层就是白色的泥，你们挖的是这样吗？

叶：那也不一定，有的时候，第四层第五层好一点，他指的仅仅是他那一块的土地是第三层的比较好。这个土啊，它长得也不一样，有的地方高、有的地方低。他这个事是固定不了的，这是自然的。

肖：这个就跟煤矿一样，上面存在着煤，下面就有泥。例如对面（黄石大冶，出煤矿）出来就是出煤炭，我们这里就出的泥。

叶：泥巴也值钱，但没有他那么值钱了，它那多值钱咯！

笔者：煤炭行业目前也不景气。

叶：那我们做窑还是赶不上他们。

笔者：找到这个泥是你们老祖宗传下来的，你们能挖到好泥和赤西湖有什么关系吗？是沿湖周围找还是沿着山找泥？

叶：沿山，挖山里的泥，挖湖里的没用。

笔者：湖里的泥把上面一层去掉，往底下挖挖不到？

叶：湖里面有渗水挖不到，它里面有水。都在湖边挖泥，我跟李窑帮忙，李窑通常是在山上。

刘：他们做的是大货，我们做的是细货的，靠近湖旁边。

众人：山泥砂性重些，山泥适合做大货。

刘：我们制作细陶，比如泡菜坛子，它不能漏气，漏气的话容易菜就坏掉，所以我们的泥要细腻。

笔者：这几个窑做大货和小货是一直这样分开的吗？

刘：一直是这样分开的。

叶：是的。他就好比就是做房子的，砌匠跟木工他们是分开来做的，每个人各做一部分，各有各的工序。你让他来做我这个大货盘条，他做不了，让叫我来做他这个细坛，我也做不了，分男女做。你做不了我的盘条，我做不了你的拉坯，各做各的一道手艺。

笔者：这和泥也有关系。你这边是可以做细陶，李窑和芦窑是做粗陶，这和泥有关系？

叶：粗细陶单位还是一个，为什么这么说？这是一个轻工业单位管的，一个单位分几个轻工业来管。

刘：以前改革开放，分手工业，分几个不同的行业，现在将不同的手工业的艺人集合在一起，成立了手工业社。五几年的时候，有木工的、漆器的、陶器的，我们这里

马口窑 刻花八仙罐

就是做陶的。后来又成立了一个机构——陶艺社合作社。我们这是原汁原味的管窑老厂。1954年这里是个孤岛，当时进入这个赤西湖，它是和长江连在一起的。改革开放以后，把这个湖围起来了。外面的人怎么看，这一块的人们呢，都要生存，要吃饭呢，过去陆路与水路分开了，于是就把技术分流过来，慢慢地分流到这边来了。

这个地方是解放以后，1958年才建厂，原来是江里面的一个岛，把长江大堤修建了以后，这个地方就成了这样，就办了一个厂。

笔者：真正的历史上的老厂在李家窑？

众人：芦窑、管窑。

笔者：1958年的厂是在这个地方开的吗？就相当于这里是一个总厂？

刘：这边还是一个分厂，后来这边的势头越发展越好，就变成了总厂。首先是一个管窑的工艺车间，五几年的时候，发展势头特别的好，这里就成立了一个联合厂，于是就到我们这里来了，它就管理芦窑、李窑、管窑几个，联合起来了。

笔者：这个外面有码头？

众人：有。

笔者：所有的货都从这里出？

众人：是的，老旧码头还在，原来所有的货从这里用船向外面装。

刘：六几年成立联合社，七几年成立陶瓷公司，我们当时就有先例了。

笔者：这些是30年前的事，后来这些都没有？

刘：九几年时又有，现在又没有了。

笔者：当时这个制陶技术有多少人会？

刘：我们这个在五几年时，还成立过管窑镇。我们这里由棚子区管，下设的一个元丰公社，有一个管窑镇，这个管窑镇专门管理四个厂。那时候就成立了一个管窑镇，管窑镇就在管窑厂。以前这个镇应该还是有一点名气，当时有四个窑厂。

五几年时候，有千把两千人，当时比现在热闹。当时的条件别人很羡慕，农村女孩进不来，拉坯的都是传儿不传女。

肖：拉坯的都是传给男孩，女的不让做。

笔者：在力气方面男孩有优势些。

肖：拉坯是最吃苦的。

笔者：管窑这里以前的时候，有没有什么像戏台、庙宇等娱乐的地方？

众人：以前就有的。

笔者：原先是在哪一边？

刘：在解放前，芦窑、李窑、管窑都有戏台。在解放后，四清运动的时候全部都烧光了。当时还有唱戏的，我们当时制作陶瓷是有季节性的，那个时候就盘泥巴，冬天就不盘泥巴了，因为它很冷。

肖：每年青年活动、老年活动就到那边去自娱自乐，过去做泥巴都到那边去表演。

笔者：你们什么时候挖泥？

叶：过了二月、三月开始挖泥，上半年就要准备原材料。慢慢暖和的时候，开始进棚，做窑就进工棚。到清明时候进工棚，那时候天气暖和了。到车间，我们习惯了叫棚，等于到了三月、四月、八月、九月、十

陶工制陶

月，到了十月以后，冬月二十号，一年可能可以做了七个多月。霜冻那天可能不能做，你就把窑停下来不做，把窑一闭，天气变冷了，冬季然后就去挖泥，挖泥就去拌，然后放到山上去飚着、堆着。过年又放干了，下雨的时候就在家里玩，天晴就做。下半年就可以在家玩，往年过年在家有唱戏。

笔者：一直玩到二月？

叶：玩到暖和的时候就可以做窑，整天就玩那些事，玩点把泥，玩点把"彩"。（带彩头的娱乐活动）

刘：盘泥吧现在还要好一些，慢慢变好，一是气候，还有因为有那个气窑。

笔者：你们一般做那种大器件，哪个季节做最好？

叶：做大货的时候，只要暖和都可以做，你看现在做陶也可以。

笔者：春季潮湿的时候也可以做陶器？

叶：也可以的，要是烧窑的话，就是过了八月中秋以后，八、九、十月，这三个月烧窑是最好的。

笔者：烧窑一般放在八、九、十月，做窑呢？

叶：只要不结冰都可以做窑。现在不受季节限制，原来陶的销路很俏，白天黑夜都要做，人家白天黑夜都在做，不这样的话，没有货给别人，做起来卖力一些，钱也要高一些，做夜窑。

肖：我八几年做烘笼，销路好，手冷了烧滚水做。

叶：烘笼手冷，水放在里面，手就不冰人，用冷水做它就冰人，放滚水去做。

肖：过了年的泥巴弄到手上去又很容易"皴手"，那个都是手工操作的，你要把那个滚水泡它就不冷啊，就再做一下。

第三节

管窑赤西湖的恩赐（二）——刮泥与选釉

赤西湖对于蕲春管窑的制陶业来讲，那是大自然送给当地人的福祉，是上天的恩赐。如果揭开了赤西湖在泥料上的谜底就是揭开了管窑窑火千年不衰的原因。手工制陶的事业已经慢慢离我们很远了，老一代手艺人逐渐老去，逐渐带走了关于这个行业的文化与技艺最珍贵的记忆。赤西湖周边还有几个窑口，至今还在坚强地延续着传统陶业的烟火，李窑、芦窑、岚头矶窑、新陶园等。李窑、芦窑最传统。李窑区还保留一条龙窑，如今成了重点

蕲春陶罐

文物保护单位。听老人讲，龙窑旁边的那棵古树至少有九百年以上的树龄，古树一直见证人们坚守着这份古老的手艺。

岚头矶窑是建国初民族民间手工业社会主义改造过程中的产物，虽然当下的制陶业举步维艰，但建国后近三十年的繁荣与发达，至少给两代管窑人留下了幸福而美好的记忆，也为鄂、豫、皖、赣等省乡村社会日用器留下了大量温暖可人的器物。

管窑千年窑火不灭的秘密藏在管窑传承人记忆的深处。从2018年到2019年，围绕制陶的核心陶泥，笔者对制陶手艺传承人做了一系列访谈，以期为他们的记忆留下一份文本资料。这里记录的内容与上一节《开泥》密切相连，访谈对象、时间和地点上文已有交代，这里不再赘述。

蕲春官窑刻花罐

刮泥

第一次访谈。

刮泥是每一个窑工必须熟知的基础性技术。在没有机器粉碎研磨陶泥的手工制陶时代，自初入陶业学徒开始，就要熟练掌握。它实际上是选泥备料的制陶初始环节。

笔者：你们用泥的时候对那个干了的泥巴还要做什么？

肖：泼水，再换个"平台"，把水一润、一踩，再挑到我们的那个厂房里，我们拉坯的人还要有流程，我们那个拉坯的工具将放好的泥巴放成一大堆在我们的车间，然后我们再用泥刮子把它刮下来。我们过去调泥巴，经过人工一揉，揉匀、揉得比较熟，揉到墙壁厚。必须到现场去看。

笔者：刮泥？

肖：泥巴和石头子应该是分开的，板子上是细腻的，石子比较少，然后那种泥巴才能拉坯，就是这样的。

笔者：泥巴和得比较稀，但又拉得起来，往墙上一搭，石子的重量比较重，跑到前面去了？

肖：那不是这样的，它就是将泥巴揉成很薄的片，慢慢用一块我们农民屋角上的木板子，慢慢地刮石子，木板子上面就是我们需要的泥。慢慢刮石子就下去了。搭在上面慢慢地刮，就像泥板一样，刮了再用手指把它挦下来。

肖：对。好泥巴上手些，搭在手上。

笔者：那一天刮不了多少？

肖：刮不了多少，以前我们拉坯时，只要泥巴里面不藏石头。

何：刮500—600斤泥。

笔者：一天要刮500—600斤泥？

肖：一般今天要做50个盘子，就要刮50个盘子的量。我们是手拉，我们的拉坯机又重，如果轻的话，一下子就停了，他就是依靠惯性慢慢地拉出东西。

笔者：我为什么对这个非常感兴趣，就是我小时候见到有一个窑厂是洗泥的。

肖：不是洗泥，那是叫裱泥（飚泥）。

笔者：啊，我也不太清楚。

肖：它就是围一个池子，将一个网子兜在前面，将泥巴倒进去，水从网子进去，再放到另外一个池子里，沉淀，这边没过去就是泥渣子。

笔者：赤西湖里挖出的泥是否需要裱（飚）？

肖：赤西湖里面的泥巴不可能纯，里面含有石子。但是这个泥巴耐高温，经过太阳烤也不会裂，这个泥巴经过人工加工后可以使用。比如，我们农民种田的那个烂泥巴就不行。我们的泥，如果有采原料的人看到的话，这些泥会比网上的优质泥料更好。如果能亲自去采泥场那里看看会更好理解。

笔者：现在有了机器加工后就不需要再经过这些步骤，现在的工业制泥是怎样的？

肖：它把泥巴分细，打成粉末，经过筛子筛，打开之后再泡，用练泥机一练。

笔者：还是要晒泥巴吗？

肖：现在可以有烘房，以前农民依靠去田里晒、场地里晒，我们会将外拿到的原料和我们的原料分开。

第二次访谈。

笔者：我接下来想问一下关于刮泥的事儿。①现在还有没有场合可以看到刮泥的，能不能跟我说一下刮泥有什么作用和它的过程？

王：人用木板把泥搭上来，再用另外一个木板子来刮它。刮好了泥巴就放在旁边，留下来。

笔者：刮的作用是在哪里呢？

万：一般刮的时候有沙子和泥垃圾，要抠掉，要处理掉。

王：再就是做熟一点。对于现在来说叫加工，不然那个泥里面有粗沙子，有泥坨和泥子，这样就做不了。他（万正福）是做坛子，我是做缸，做缸一般不用刮。

---

① 关于刮泥的问题，2018年11月3日，我们再做了一次访谈。访谈对象是李家窑厂长王亨法师傅，年纪70多岁的万正福师傅。

笔者：刮出来的泥一般是做什么呢？

王：做小货，大货没有，我们大货都是用脚踩泥。里面有一点点沙子，用手去抠出来，但不影响我做，有沙子和石子马上拿出来。

笔者：现在这道工序用什么来取代呢？

王：炼土机，以前是人工，现在是机器。

笔者：机器把里面的石子全部都磨细了，你刮泥的目的就是把它一层一层地刮出来，然后再把泥巴练习熟一点，那么这些刮出来的泥呢？

王：放到旁边，然后再去揉它，用手去揉，就像那个和面一样的揉它，把里面的坨子都揉出来，之后就可以上机器拉坯了，再做成坨。你要是愿意做大的你就做大的，你要是愿意做小的就做小的。

笔者：他这个一次性需要刮多少呢？还是当天用完的量？

王：当天刮当天做。一个早上其实刮不了多少的，一般是做多少刮多少，刮泥这道工序还是有点费力气的。

同行者：我们小时候看到别人四五点钟就起床了，开始刮泥。

笔者：一次性要弄多少呢。这个泥是一开始就要刮吗？

王：是先把它踩了，之后再刮。

笔者：从事挖泥、刮泥之类的工作是怎样的一些环节？

王：如果按照我们这种方法的话，首先是晒，晒了之后还要把它风化，存放了一些时间之后，还要泼水在上面，泼了水之后再把它盘。前一天下午就开始盘，把所有的都收起来，用水把它涨好了，泡得好好的，第二天早上就把泥进到屋子里面去，再用脚踩，把它放到一起，用手掐成一坨一坨的，然后堆到墙上去，再用东西去刮。

笔者：现在如果做粗货的时候，就不用经过刮泥，踩完之后直接切，然后做成泥墙，一层一层的，随着程序做。

万：但是，还是要像和面一样的多揉和几次。

王：这个准备泥也是很麻烦的。一般来说，如果你是八岁来学的话，那你就八岁开始做，从小就学，哪怕是到了六十岁，也是自己刮自己做，没有专门刮泥。

釉料

第一次访谈。

笔者：管窑这边的釉料有些什么传统？

肖：要到我们那里去找农民烧柴火的灰，即山上的松树和稻草的灰，经过制作后的釉，还有我们长江的那个泥土也可以做釉。

笔者：江边水冲下来的那个泥？

肖：不含沙子，沙是沙、泥是泥。从江里挖出的泥可以直接上釉，你只要把它一过滤。我们之前有许多坛子和罐子都是江泥制作，这些泥做的釉还是无毒的，这些坛子和罐子里面也要烧釉，外面上好点的釉，里面就是上江泥。

笔者：里面就是江泥？

何：它烧出来是个青颜色，青黑色。

肖：它没有其他的釉好看，是附属釉。

笔者：江泥一般作为什么器物上的釉？

肖：一般用在器物的里面。你想，现在很多作品里面都没有釉，就是外面一层有釉，我们那个时候很多油壶、菜坛子，里面一定要荡一层釉。这样上了里釉的罐子泡的菜不容易坏，水缸里面如果没有釉，装水也许会渗漏，这层釉就是起这个作用。

笔者：长江中所有的泥都有这样的作用？

肖：长江两边的泥都是可以的。

笔者：就我所见，黄州长江两边的泥都是沙呀。

肖：有泥巴，我们这边有人专门找泥，泥巴也是含有一定的沙性，泥巴占

刻花工艺

到60%—70%，沙子可能也有30%。

笔者：它刚刚打捞出来，在湿的时候是什么颜色？

肖：也是个青黑色，烧出来的时候也是青黑色的，它烧出来有一定的光泽。我们做的那个产品里面也要上釉，那个泡菜坛子里面也要涂抹，红丹和黑坨①。我们只懂拉坯，拉坯是拉坯的，采原料的是采原料的。烧制的是烧制的人，各自管各自的一行，我们不是全能的。

肖：过去的思想比较传统，无论学什么手艺都是传男不传女的，不会有人

————————

① 现代陶瓷化工化妆土。

将姑娘送到这里来学拉坯，女性一般在产品上进行刻花。例如，我们那个泡菜坛子上面有雕刻的花朵，一般都会有女性来创作，拉坯在那个时候女性也做不下来，这是一个体力活，非常辛苦。

过去妇女一般的闲暇时纳鞋底儿，上面有画的花儿。像我们过去用的烘笼这个工具，从最简单的画开始画，开始上釉，那些烘笼上的花朵都比较简单。

笔者：都是女性吗？

何：有男性，过去的都是女性。

笔者：您指的过去是在国营企业时期吗？

何：你画一朵花大约三五分钱，按照计件算价格。

笔者：建国前画花的人是男性还是女性？

何、肖：女性。

肖：刚开始就是按照普通坛子来画，后面画熟练了，就开始有了一些想象和创新。我们这边是按计件计算工钱的，你画的越简单越快，那么你赚的钱就越多，你画得复杂，一天画不了几个。

肖：贴花原来做得很多，就是用纸剪成花，再往产品上贴。我们的产品要上两层

蕲春刻花罐

釉。第一层就是上白色没有光泽的那种，纸掀掉贴纸的地方就没有釉，里面没有釉的就是花，接着制成半成品，赶紧把釉一上。还有一种就是用橡皮签子制作的工具，在化妆土未干之前①，用橡皮签子把它快速地划开就是花，那叫水画。这种手法画出来的花的确挺漂亮，而且完成速度快，只要几秒钟。

我们做完一个器皿之后，会放在太阳底下晒。画花和贴花的道理是一样的，必须趁器物湿的时候，把那个釉料给划开。划好之后放太阳底下晒，让它全部都晒干在外面施用透明的釉，这样里面是有花纹的，外面却是光滑的，它是上了两层釉的，外面这层釉主要是起光滑作用的。

笔者：这釉料主要是用什么做出来的呢？

肖：红丹釉，红丹釉会烧红了，这种釉的价格会比较贵。灰釉这种釉是我们当地人自己提炼的，就是那个松树枝烧制的。

何：这灰釉现在非常流行，就是用江泥、柴火灰、草木灰配的。②

肖：就是卖的那个瓷泥，瓷泥的颗粒比较细，一般的釉拉出来不见得会很漂亮，如果没有上那个江泥的话，罐子和壶的内侧肯定就会漏水，所以在里面要上一层，外面就是用比较好的。那种釉就是起遮盖作用，我们的那个釉料的颗粒会比较大，用那个釉的话可以把很多小颗粒给蒙住，让一些水或其他不会露出来。

笔者：那个灰是收购来的还是你们窑厂专门烧的？

肖：过去我们每家每户都烧灶，这种釉料在过去用得多。灰釉的配方只有配釉的人才知道配方，有许多釉的配方，我们都弄不清楚。过去柴火灰的那种

① 陶瓷釉料的俗称。
② 同行者：以前我们在原始彩陶里面看过，它是没有釉的，但后来人们从草木灰里提出了釉，配釉的人慢慢地发展，就有了各种釉的颜色。其实这个灰釉可以罩在任何的釉的表面来增加光亮感，这个釉它是一种基本釉。草木灰是主要的成分，他们刚刚讲的那种江泥是我们烧制瓷器，每一种釉料必须要有一种和它能够烧到一起的釉料进行相配合，这个里面必须要有一个和这个釉料相近的成分在一起，估计这个江泥就和当地的泥料相似，所以才能和这个融合在一起，不然它们就不能够结合在一起了。

原料，里面的成分挺复杂。原来我们就是买农民的，收购之后把它放到一个屋子里。生火做饭灶里的灰，一般都是扔掉的，或者做肥料。如今有人出钱收，他们特别高兴地往这边送。

实际就是这些和化学原料红丹性质是差不多的。现在我们做的泥巴产品如果有可以烧到1000度（℃）的泥，就买1000（℃）的釉，买到的泥巴烧到1200度（℃）的，就需要买高温釉，需要烧低温的就买低温釉。

笔者：草木灰是配低温釉还是高温釉呢？

肖：应该是低温釉，它的温度并不高，估计是800度（℃）至1000度（℃），我们那个龙窑是烧柴火的，窑头有一个烟头，靠风力往上面吸。窑的每一个阶段都有一个孔，用来装产品，孔里装柴火，首先烧到800（℃）到1000度（℃），烧窑的师傅一看这个釉发光，他能辨明出已经烧好，就将柴火往前移、往前烧。靠里面装的东西要大些，烧的是大缸。里窑烧的时间是要长一点，它温度要低一点，只是到了窑的顶格时，是些没上釉的东西。例如，烟筒之类泥巴做的管道，柴火灶的烟筒，窑的顶格就装那些东西。温度在600度（℃）到800度（℃），它是几个火往顶上冲一下子。

笔者：烧窑一定要是松柴吗？

肖：松柴拉火，容易烧，火又旺又好控制，其他柴不好控制。龙窑一般是过去用的，现在我们那里一般是烧煤的，火大，好比这个桌子这么宽，产品是堆起来慢慢往上走，只要中间一部分。为什么窑炉会在这个中间？慢慢地预热，把半成品烤得差不多，到了这个火堂的时候就几乎很硬了，不这样做的话，烧出的东西容易破，为什么它需要这么长呢？是因为他需要烧好之后慢慢冷却，突然一下子冷却了容易破，慢慢冷却的东西就是好的。

何：那个装窑的气孔里面至少会有八九十度（℃），温度特别高，进去几分钟就必须要出来。

肖：里面也没有电扇，也没有灯光，夏天窑洞里面的温度相当高，只要有产品每天一个窑。

何：今天装，明天放窑，后天出，两个窑平均每天出一个窑，两个窑换着烧。

笔者：那炉膛等于还是热的。

何：那个温度让人直接受不了。夏天穿棉絮进去，因为穿棉絮进去就不会很烫，那个温度待着让人害怕。有专人负责，装窑是装窑的，烧是烧的。

何：我们叫抢窑。

肖：这样外面人注意力也会集中一点，喝茶都是大碗喝，现在装窑有一个窑车，塞好了之后往里面推，如果再要往里面装，还是有一点温度的，我们的窑现在使用耐火器材。

肖：它装的过程是这一节烧，这一节烧完之后，再下一节烧，上完之后，马上将柴火转移开，有一个专人把洞口封好，封了之后就会起到保温的作用，如果没封的话，冷风进去之后产品就会烧坏，没有用了，会炸掉。烧大一点窑的时候，一般今天晚上烘一个晚上，明天烧，这样的坯就不会坏。

第二次访谈。

笔者：我想继续了解一下这边的釉。[①]

王：我们这里的釉料很简单。因为，我们做缸，是陶器里的大件，里头的釉料纯粹就是用江泥。其他用氧化铜、氧化铁，我们这里只用这三种东西。

万：包括白泥，里面有沙子的，用其做成浆，用那个氧化锰、氧化铜和着色剂放在一起。

王：江泥就是长江旁边采的，水退了之后的江泥。一般找江泥要到滚水湾子，沉淀没有沙的地方。这也有讲究，也是看能力的，是沙的地方不要，有沙

---

① 关于釉料，2018年11月3日，我们在蕲春管窑李家窑王厂长家做一次深入的访谈。王亨法厂长、万正福老师傅参加了访谈。

的烧不好。

笔者：捞起来的泥巴是什么样子？

王：一般江旁边的沙是不行的。用于釉料的江泥整个长江里都有，而且里面是带了一点点红色的，江泥也有带了一点点红沙的。黄州有，我们这里也有，整个长江都有，只要用手一试就知道有没有沙啊。江沙我们好几年都没用了，打在坯体上一点儿都不好，沙不发，又不好，也没光泽。

笔者：掏出来是什么颜色的呢？

王：有红色的，但一般是乌黑色的，就像深咖啡色、灰色。

笔者：把江泥捞出来以后呢？

王：把它做成一坨一坨的，晒全干后，像陶泥一样用水去涨。要用的时候把它捏碎，变成糊状。要掌握一定的浓度，基本上要用手伸进去手上沾有泥浆能提起来，而且均匀看不到泥坨子。当然，如果手一放到泥里提起来看不到手上挂着的泥，那就是太稀了，给陶器上釉的时候也会挂不住，那是不行的。

笔者：湖里有没有这种泥呀？

王：没有，都是江泥，从过去到现在都是一样，主要是江泥。

笔者：你听说过别的地方用江泥吗？

马口窑 八仙罐

王：也都是用江泥的，江泥的温度可以调高，它可以加溶剂。

万：江泥烧得好的，色泽很匀净。

王：看那个黄坛。黄坛就是江泥制作的，江泥和红土，就是那个红泥。

笔者：江泥加红土。

王：就是那个红泥烧，用一点氧化锰，原来的配方主要是江泥和红土。

笔者：一般像这样的，江泥的温度应该是多少度呢？

王：1100多度（℃），不然就烧不化。

笔者：红土兑江泥烧制的是什么颜色呢？

王：棕红色。

同行者：您刚刚说在江泥里面可以放玻璃粉，这个江泥是做釉，还是做什么？

王：做釉。

同行者：您刚刚说的是把它做成釉，不是揉在江泥里，对吗？

万：玻璃的温度要低一些，八九百度（℃）吧。

王：他们是混合的。

笔者：混进去之后，它的温度是不是低一点，要比烧制的时候低一些？玻璃起什么作用？

王：是的，溶剂，它是降温的，现在没有用那个东西，现在用一种化工原料。

笔者：我听有人说用草木灰来做釉料？

王：有草木灰釉料。一般把草木灰用窖藏着，放在缸里用水浸着。

万：草木灰的温度高。

王：温度也不高，也就江泥的这个温度吧，1100度（℃）。

笔者：什么植物的草木灰呢？

王：不管什么灰，只要是植物烧成的灰。

笔者：柴火、稻草，窑里面烧柴的灰也可以？

王：窑里面的灰是不行的，它带有一定的颜色，它脏得很，里面有沙子。需要灶炉里面的灰。灰拿到之后用水去涨它。去窖藏一段时间，一般个把星期就可以了。目的是把它涨融化了，和那个江泥是一样的，灰也要窖藏。窖藏的时间越长就越好，之后它就会有黏性。

万：与草木灰相同，有的人用树叶堆上去，使树叶子青色的部分烂掉。

王：草木灰又叫灰釉，烧出来是个灰色嘛，就是和他本身一样的灰色，烧出来就是这个灰色。

笔者：树叶窖的？青绿色叶子窖的吗？

万：烧出来是黑色，用的就是那个青叶子，弄烂后成坨子。

王：实际上是让它陈腐掉。

笔者：什么叶子都可以吗？

万：对。然后把它放到水里面烂成菇子（指水体发酵，长出了菌类），接着用筛子过滤，过滤之后虫子不要。越黏越好，太清了也没有用。

王：但是这个东西我得告诉你，这个需要试，不可能马上就能成功。这个在某种情况下还需要有浓度，清了没效果，太浓稠了，涂上去会一坨一坨的不均匀。

笔者：这种树叶釉料是烧了之后涂，还是干了之后涂？

王：半成品。

笔者：那跟烧釉有什么关系呢？

王：烧釉也有诀窍，这个坯体是干了烧呢，还是半干半湿地烧？有的泥，全干烧没问题，但是我这里有些泥不能全干烧，需要半干半湿地去烧，这就是控制。你自己去看，用手去摸，要估计、试验，包括这个江泥。江泥都是全干了不行，半干半湿最佳，这里有许多模式。外面也有一种泥，全干可以烧，但是我这种泥却不行，一烧它就会趴了。

麻城蔡家山窑 狮子钮罐盖

笔者：是什么原因？

王：吸水的原因，从简单来说，他那个泥的可塑性和我这个泥的可塑性是不一样的，性质不一样，它不是一个性质。他的泥好些，我们的泥是个软质的，它们的基本上是石头加工的。

笔者：没有经过风化？

王：石头风化不了。那么像这样的泥温度高些，它做出的产品肯定要比我的软质陶强一些。外面的泥1000—2000度（℃）都有，加工费也不高。

笔者：像这样的硬质加工泥，它好上釉吗？

王：好上，1000度（℃）、2000（℃）的都有，但是我的泥必须深度加工。

笔者：您刚刚说的灰釉能不能和其他的配呢？

王：应该可以配，你想研究这个东西，完全可以引用其他方法，使这个釉烧得更快一些。比如江泥和红土，过去人说江泥和红土烧火要出口，红土和江泥烧得更不如意，温度控制不好。可能它烧到1100度（℃），没有达到，飚的泥浆没有发起来。

越泡灰越好。但是李个咀的灰我估计不好，它那个灰是油菜秆儿烧倒。有人兑上一些氧化锌起到保护作用，氧化锌把住底子。

笔者：在窑里烧的时候它不流？

王：不流，会好些，它保护这器物。

笔者：那个灰就是油菜须儿烧的？

王：我估计氧化锌本身好贵，灰就便宜多了，氧化锌过去还不好买，云南人制作氧化锌。

笔者：釉里面还有没其他东西呢？

王：多得很，几十种至上百种。

笔者：有没有用塘泥做釉料的呢。

万：没有。

笔者：为什么没有？

王：塘泥的温度不适合制作陶。

笔者：会出现什么效果呢？

王：烂泥糊不上去墙嘛。就像它搭不上墙一样，烂泥进入陶土的时候容易脱。

笔者：怎么脱了？

万：一干了就脱离泥胎。

王：这是必然的。收缩率方面，一个往里收，一个往外收，自然就掉了。那个塘泥没有用，随着坯底一起掉，它们不吻和，塘泥不能用。但到底能不能用没有人去研究它。

笔者：江泥不存在这个问题吗？

王：江泥上厚了，也会脱落。

笔者：厚薄如何来看呢？

王：一般是分析，通过我们的眼睛，烧的时候会看到，有的时候特别薄，烧的时候底子就掉了，露出来。

笔者：露出来，泥不掉？

王：不是泥不掉，而是上厚了可以保护它，上薄了全把底子掉出来，一烧出来更不能保护它。

万：江泥上的时候你看到它蒙住了就可以了，如果你看到底子露出来就不行了，那就是清了，再就是上在上面，流不动，那就是厚了。

笔者：你们这里现在主要用的是什么釉料？

王：主要用的还是江泥，内外都是江泥。

万：实际上江泥时间放久一点好些，刚刚挖回来的江泥，最好不能直接使用，要窖一段时间。

笔者：一般你们放多长时间？

王：一个月。这个时候江泥的可塑性和黏性都比较好一点。江泥堆在那里也是臭水，个把月后把臭水放掉。

笔者：这个江泥是江底下河床底子泥，还是江水冲击沉积下来的泥呢？

王：不是底子上的泥，还是通过长江的水冲洗过来的，不是底子泥。

笔者：不是老土，是干了，退水后留下来了，会干裂了的泥。

王：自然成为这个样子，到了后来晒干发裂，就是那个泥巴。

笔者：那它跟塘泥不都一样吗？

王：性质不一样，所谓长江是个流水，慢慢流下来，从山上、河里慢慢流下来的，有一些矿物质吧，这是大自然冲下来的，和塘泥不一样。

王：塘泥是周围有腐殖质，垃圾弄下去，那个泥也就不同。江泥都是从长江流下来的，有矿物质和灰沙，那沙还可以做釉！

笔者：怎么做釉？

王：像我们原来用的一种彩釉，也用。

笔者：那怎么用？

王：这个也是通过试出来的，那沙很细。

第四节

纸艺人生：扎彩的生计与禁忌

乡村民间手工艺是民俗生活的一部分，是农耕文化的高级形式。它的文化内涵有三个维度：手工技艺——本体维度，手艺人——主体维度，文化记忆——社会维度。手工技艺本体包括技艺的各个要素，如手工产品的材料、手工工具、工艺程序、表现手法、技术、行业规范等客观性传承性要素；作为技艺拥有者人的主体维度关涉手工艺人情感成分与工艺文化的个体认知；关于手工艺作为社会生产形态它的文化记忆与社会历史背景，即社会维度。在深刻的社会变革中，手工艺作为一种生产形态，或者一种经济生活方式时，总会受到技术变革的冲击，成为该时代科技水平的晴雨表。而就具体的工艺形式来说，手工艺的口述史则更多专注于传承人个人记忆和区域社会记忆，以个人记忆为基础建构社会记忆。在一种原生性的情境中呈现手艺传承人日常生活结构以及技艺在生活中的现实逻辑，进而发现和解释隐藏其后的意义和规则。老艺人是工艺文化最有说服力的持有者，他们的记忆即是对文化的记忆。

鄂东地处大别山西南丘陵，是长江流域中部地区东出的孔道。自宋明以来，这里已经形成了发达的农耕文化传统，民俗文化的历史积淀深厚。千百年来，生活在这里的主人书写了史诗般的手工艺文化记忆。民间织绣、竹木器、制陶等与日常生产生活相关的精彩"百工"手艺十分丰富。然而，随着整个社会技术体系、民俗文化价值体系的急剧蜕变，民间手工艺的原生形态正经历着不可逆转的衰变。更加紧迫的是，由于1949年以来社会变迁的原因，许多手工艺传承断档了，那些掌握了原生性技艺的传承人又多为20世纪40年代之前出生的，如今大多年届耄耋！

每一个手艺传承人的离世不仅带走了他或她一身经由几代人传承下来的精巧绝活儿,更带走了关于传统生活文化的丰富记忆,并让我们失去文化传承创新中那份宝贵的资源!下文以鄂东民间手工艺代表性传承人李秋波的多次访谈为中心,记录、整理民间扎彩手工艺这份农耕文化中的珍贵遗产,为其保存一份文本记忆。

在黄州,舞龙是春节期间大家喜闻乐见的民俗娱乐活动。有舞龙的活动,就有扎彩这个手工艺行当,有这个行当就一定会有制作龙灯的扎彩艺人。黄州远近闻名的扎彩艺人李秋波是文化系统评选出的非物质文化遗产保护传承人。2019年7月30日上午,笔者前往老人家里,准备约他做些采访。到他家的时

李秋波扎彩请龙

候，家里人说他已经出去了，到街上找人拉家常去了，估计要等到中午饭时才能回家。老人今年86岁了，令我吃惊的是，大家说是骑着电动车外出的。八十多岁的老人，骑电动车到街上找街坊串门！这是何等健康的身体，是何等悠闲的心态。前些年去黄州唐家渡村接龙神的时候与老人多次打交道，但这次老人给我留下的印象更加深刻。

天气很热，气温近40℃，烈日炙烤街面，灼烧着人们的皮肤和眼睛。老人所在的社区是一个典型的城中村。二十年前，这里还是阡陌纵横、苗木葱茏的耕作区，如今这里已是高楼林立的街区。下午3点，我如约而至，老人在家等着。老人开了大门，打开大门外边自制的半门，这才把我让进家里。李秋波的老伴儿徐凤英老人也在家，简单寒暄之后，老人记起来笔者前些年和他们打交道的事情来。我们开始围绕舞龙扎彩的事聊起来，慢慢地，我们就把主要话题集中在老人将扎彩作为生计的亲身感受以及从事手艺所体验到的禁忌这两个方面。

受访者李秋波，1934年生，属狗。老伴儿徐凤英，1939年生，属兔。在以下的访谈中，为了方便，将李秋波简称李，老伴儿徐凤英老人简称徐。

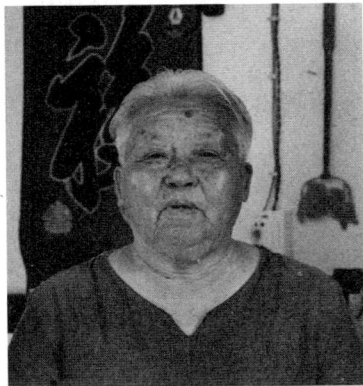

李秋波夫妇

笔者：李师傅、徐师傅，你们好！舞龙是个敬神的活儿，那么扎彩一定也有很多禁忌吧，我看每一年黄州唐家渡的"五龙奉圣"灯会，一定要在他们村三官殿寺庙里举行盛大的开咽喉仪式，庙里的师傅还为龙神唱诵经文。

李：是的，为舞龙开咽喉了就要用讲究。什么原因呢，这里有些讲究，不可不信，也不可全信。我们做这个东西也是个谜，就是说有时候应该相信。但是你们农耕博物馆购买的舞龙是没有开咽喉的，问题就不大。

笔者所在学院建有大别山农耕文化博物馆，筹建时在李秋波老人处订购了龙灯，老人以为我们这次访谈是要了解如何祭祀这批龙灯，所以二位老人反复强调没有开咽喉的龙灯是没有神性的，是不必讲究什么禁忌的。实际上，在老人的意识里这是宽慰笔者的话，在后续的访谈中，我们能够看得出，一个做了一辈子龙灯扎彩的手艺人，对于龙灯的禁忌是十分清楚的，也是十分讲究的。

徐：那就没有什么规矩。（看得出，老伴儿也出于同样的心理）

李：（没有开咽喉的龙灯）就不讲究这些，那些没有开咽喉的东西呢，就是作为工艺品，不是作为敬菩萨的。当然，你要是接了道士，开了咽喉呢，为它开光了，就非信不可，那么这个时候就有些讲究。有些时候呢，你说不信吧，他又碰到一些事，又使你要相信。

譬如说，丰衣大队就出了这么个巧事儿，（丰衣大队）在黄冈大桥的那个位置。当年丰衣大队在我这里扎了一条龙，开始歇了两天，那一条龙玩得蛮顺利。从年初四出行，一直玩到初九，六天当中难道没有滚灯吗？六天当中从他们村一、二、三、四小队，一直玩到了五队来了。一进湾子，有个人把龙抢了去，这个人一手就把龙脚滚断了。断得也巧，人家说如果断榫头那个最弱的地方还好说一点，可偏偏断在下面最结实的那个地方。人们都起了禁忌心，认为舞龙断了脚是不吉利的。于是他们村舞龙的一些头人，共五六个坐车来了，找我算账，要解释清楚。哎呀我的天呀，群众都在那里说三道四，说些不好的话，我算是受尽了窝囊气。大家埋怨说：这么一大把年纪，做事不负责，你看咋说，龙脚还玩断了。等他们说完，我说：你们别急，这里一定是有原因的。我回敬他们说：哪有这么巧，你们玩这么多天都没有断，可今天一到这个队上就断了，而且还是第一手断了的，还没有开始滚，可见这个举灯的人不干净。有人反驳说："怎么叫不干净呢？哪个人脏就去迎灯？"后来，旁边的人记起来了，说这个人的父亲才去世了三个月，还在戴孝。舞龙有个规矩，戴孝不能玩灯，也不能接灯。龙灯到他家门口，还得把门关着，龙灯走了以后，只能放个炮子送一下，那是表示他对龙神的礼节。

等我把这个一说破后，不得了，大家都认为我有仙分。这家接我去看门向，那家接我去看屋基，还有人接我去看疑难杂症，都被我婉言拒绝了。其实，我只是信口开河，找不到别的原因，只能那样说。可没想到那个人真是孝家，有孝在身。回来我细想，你说我是信口开河吧，为啥说中了，所以说，有些东西还是有些讲究。

徐：开了咽喉就有讲究。生了小孩没有过一百天的家庭，也不能接灯，也是有"厌气"的。

李：我的师傅说过，我们扎龙灯，要有讲究，要有些规矩。你们还年轻，他嘱咐我。

笔者：你的师傅？

李：我的师傅就是我们这个塆的爹爹（爷爷辈的人）。姓李，我叫他李二爹，住在六甲街，现在的七一商场后面。当年他开了一个扎匠铺，做了一生的手艺，就是做这个专门手艺。80多岁后做不动了，儿子都在台湾，没人照顾，那个时候我们家很穷，又没有读书。我十二岁砍柴的时候，经常去看他扎彩。他看中了我，看我们家没钱读书，就收我为徒。

笔者：这是哪一年？

李：解放前。在他们家学了三年，师傅说，学这个东西有禁忌，要清净，不能说脏话，不能打邪的，不能有邪淫的想法。我说那将来不能结婚？师傅说，结婚是可以的，清净不等于说不能结婚。水洗为净！

徐：我们扎灯的日子，不让别人进这个门，隔壁左右的邻居都不能进来坐，怕他们身上不干净，怕坏了我们的事。你应该看到，我们在自家门口做了半门，是拦着外面的人不让进来。周围邻里街坊好多人都知道，一般都不进门。我只是把这个规矩和过程说给你听一听。信则有，不信则无。但是你们博物馆的这个东西不用信，没有开开咽喉，只是作为工艺品。这个敬菩萨的也好，修神像的也好，不经过开光就是工艺品，不称为神仙。菩萨开光和道士开光了之后都是有讲究的，我们也参加过，他们还有蛮多咒语，我相信他们那个事。

笔者：你后面跟着李二爹学了几年？

李：学了三年，不是长期在那里学，只是每年夏季开始扎龙灯。他是我们垸的一个爹爹（爷爷辈的人），他看中我蛮爱好这一门，也倾心教我。从师的日子不仅仅扎龙灯，学的东西还蛮全面。当时黄州城做这个扎彩行当的人不多，只有两三个，目前只剩下我们。

徐：迷信的说法，我们家这个屋前面的那一间临着马路的房子，就是个老扎灯的地方。先头没有人在前面睡，到夏季要是一扎灯，我就会做一个梦，梦中那龙灯直接从前面村口进到屋子里来，像活的一样。每当我们要扎灯的日子，就提前半个月用艾叶将屋里一熏。菩萨就要来了嘛。说信迷信的话，先头要做个梦，要接灯，灯就到这个屋里来了。这也就是神的基地，年年在这个屋里扎。我们还是去年搬到那里去睡觉，现在扎龙灯在儿子那里。

笔者：刚才您说学了好多手艺，又做了哪一些呢？

李：各种各样的东西。反正有一次庙里要我做的牛头马面、菩萨玉带、扎船等。

笔者：刚才听说您给庙里面做的蟒袍玉带呀、佛像呀，那是在一些什么样的活动上才做这些呢？

李：一般是庙里做庙会的时候。他们要什么样的东西，我们按照他们说的做。当然，有的东西还要看书上的，我还有好些资料。

徐：（老伴儿夸奖自己的丈夫）我爹爹蛮聪明，好多东西一见如故。没有资料也难，古代的东西不知道啥样，所以顾客说出大致要求，我们则按资料来看。

笔者：李二爹师傅帮你画个样儿吗？

李：我们三四十岁时他就走了。当时黄州有四个扎匠，他是其中一个，手艺都很好！鼓楼岗街有个陈扎匠，六甲街七一商场附近有两个，三台河有个姓张的，均是解放前的。后面有的人学过没有成功，真正棒的没有几个。

笔者：一般扎这些东西哪些地方用的多？

李：用途蛮广泛。玩龙灯，这个是传统节日，还有采莲船呀，别的地方还要扎狮子。我扎"迷信"的东西，譬如说扎龙凤船，一米多长，扎的龙头凤尾，中间是菩萨，两面是划的水手。扎得蛮巧妙，是敬菩萨用的。他要送鬼，道士就念经文。还有经楼阁，上表，彩状什么的，这些东西他们用得多，菩萨和道士这两样东西用得多。我这一辈子好像还没有什么做不了的，不管要什么都做出来了，只能说是像那个样子，说很精确的话是不可能的，人上还更有人，做工艺品学无止境。

笔者：你们做的最多的就是扎龙？

李：对，扎龙，以扎龙为主。

笔者：解放以后一直在扎吗？

李：不。停了一段时间，1978年又开始时兴敬菩萨，玩龙灯。当时有龙灯会，我找过去，说让我扎试试。他们不相信，只是让我试试。第一年扎的我没有要钱，权当敬菩萨。我也是喜欢好玩的一个人，也不要钱，他就把我拉进去（加入他们），就这样慢慢地把扎龙灯的活儿做开了。后来方圆几十里的村子都找过来，有的年份一年也扎到三十多条。

笔者：一年？

李：一年三十多条。三十多条就是接近两三万块钱嘞。

徐：那时候很便宜。

李：再加上各种东西，道士用的，菩萨用的，一年可以有三五万块钱。现在年纪大了。我今年85了，再做不动了。我们家的老大（大儿子）又中了风，虽然只有轻微的不算很严重，但是现在不能大出力了。我就让他做，趁早让他做，我要一走就失传了，所以就卸给了他。

笔者：你们每年开始扎龙的时候有些啥讲究？

李：从农历七月份开始，过了农历七月半就是开始把房子一暖，香一敬，洗过澡，艾叶一熏，放个炮子，再来开工。把竹子拖出来，统统用黄纸燃着，围绕竹子熏一遍，去一去"厌气"再开工。开工之后就要讲究了，不能乱来。

笔者：讲究主要是体现在哪一些方面？

李：无非就是清净二字。外面人不能来，上个厕所回来要洗手，就要当成和菩萨打交道一样。我们是受了师傅传教的这个话，如果不是受了传教，糊里糊涂的，谁懂这个道理呢？现在一般的人就不知道这个事，不讲究这些事情。我们受了这个传教就必须遵守这个纪律。你放心，你买的龙灯没有开咽喉，绝对没有其他事情。

笔者：我只是想问一下，这个行业以前的讲究，不仅仅是我们购买的龙灯。

李：不过说是不用讲究，做了这个东西，还是讲究点为好。一般的不清净的人，别靠近，别去摸它。虽说他是篾扎纸糊的，看不到什么东西，万一一个人运气低了，碰到了，巧了呢？所以，你们自己还是用些讲究，不需要去劳神。

徐：特别是女人，不干净的手别去摸。

李：譬如说，龙放在那里展览，一般人脏手别去摸。将来要销毁，不要了，也不能乱丢，要送到干净的地方把它烧掉，不能到处乱丢。这些东西还是要尽量用点讲究好。

笔者：你每次把龙灯做起来了，别人接走的时候有什么讲究？

李：没什么讲究，要是开了咽喉就讲究。送龙灯走的时候，一般就是敬菩萨，摆个香案，相当于喝个彩，举行个仪式。你们的这个就没有摆香案，工艺品就不用敬菩萨。春节舞龙灯的各村各队来接灯，我们就摆香案。他们接回去有道士开光，就是开咽喉。你们的属于工艺品，不开咽喉，而他们接回去开光以后就成为菩萨了，具有了神性。

笔者：如果那些接灯的大队过来，你们摆了香案，他们那里有什么讲究？

李：有的讲究一点就是带点纸和香，大家就在接灯的地方化了它，随后，接灯的头人上前磕个头，其他就没什么讲究。做龙灯的日子，后生都不让进我这个扎龙的屋子里来，结了婚的人也不能进来。我们周围的人都知道，也怕有

请龙出窝

人不知道，所以我们就在大门外做个半门拦着。干净为好！

笔者：我想把扎龙的规矩记下来，留个记忆，所以想了解从开始备料，到接龙、送龙中一些规矩？

李：我们备料挺讲究。开始去买各种各样的彩纸时，我总会向售货员强调这是扎龙灯用的东西。听说是敬菩萨的东西，要清净，有些营业员不敢拿。他们都知道，不发货，要么找人帮忙，要么让我自己拿。他们不摸这个东西。当然，在工厂难道工人不摸？眼不见为净！这是人的心得，是这样讲的。

当然，到外面买竹子，我自己会亲自到别人竹园去砍。搬回来之后放在楼上，用的时候要架着做，不直接放在地上。我们从进材料开始，讲究一直要贯彻到产品成功。以心为主，受了这个传教，才知道这个规矩。

笔者：你原来的师傅二爹特别强调这一点？

李：他特别强调这一点。他只带了我一个徒弟，过去大多数人不学这个手艺。这个行业没人做，生意不多。你看，黄州就这么大个位置，只有几个。

做这个行当要求接受能力强，又要发挥能力强。各种各样的妖怪，各种各样的菩萨，还有没有见过的，别人来了要你做，你必须要做出来。这就需要有发挥能力。譬如说，做个玉皇大帝。没有见过玉皇大帝怎么做？这就要在书上去看，想象这个样子，能逼出来。脑袋想，手上要发挥，没有发挥能力就做不出来。各种各样的东西都是需要发挥能力，要有接受能力，看到什么能一见如故，然后在此基础上发挥，做好做像。

有一次，我帮别人做牛，说是治病用，要一个牯牛。牛背上要有个孩子，孩子要拿个鞭子放牛，好像"牧童遥指杏花村"诗里说的那样，我白天想，晚上做，一次性成功。牛的神彩在哪里表现呢？哦！突出两只角，做突出的东西和特点。

做菩萨、人物等，我掌握三点：一服装，二头盔，三道具。这三样东西抓住了，不像也像。譬如说关公，红脸，大、小、方、圆你都不清楚，就做红脸，绿袍，长胡须，手上拿着大刀，头上戴着披巾。只要把人物形象掌握了，就能做出来。再譬如说，我做八仙。八仙有男有女，有老的有年轻的，掌握三点就能做得像：服装、道具、头盔。我们就掌握这三条，这就是做手艺的诀窍。别人就没有这个想法和能力，他们平常不注意，不观察。我们羡慕你们的手机，又能录音，又录像。我婆婆不让我玩，说我年龄大了，记性不好。

笔者：我看你们身体都很硬朗，心性修行得好啊！

徐：这个敬菩萨，扎龙灯，还是有用呀！保护得健健旺旺的，还是菩萨保护。

笔者：您跟着爹爹一起做了几十年？

徐：是跟着做了几十年。爹爹什么时候开始做，我就什么时候开始做的。扎彩中的花草部分全部都是我准备，爹爹负责搭架子。

笔者：扎龙的规矩里面关于龙灯的组成部分有什么说法吗？

李：那就是说一样不能少，要扎全咯。

笔者：全套包括哪些东西？龙头上有哪些部件？

李：譬如说龙身上，头上有角、冠子、耳塞，口里的牙齿、舌头，眼睛，鼻窟窿，样样不能少。七窍要通。为什么要开咽喉呢？开咽喉之前，咽喉部位这里还没有通，还是用纸糊着的。开咽喉就是在咽喉这里烧个眼，做的时候把咽喉这个地方留着，还要贴个花在这里做标记。为啥要留着呢？就是告诉他们要开咽喉，为啥要留着呢？有的不是敬菩萨，是工艺品。我们糊着的就不通，不通就是七窍不通，那就是不开咽喉。

以前居士做神像，庙里做神像，他们的七窍都是通的。如果你往这些神像口里炊烟，神像七窍到处出烟，这就说明七窍是通的。内行人接菩萨，就是用这种方法验收。七窍不通，做扎彩的人就有罪过，那就不行。做这个事情做的人有讲究，做七窍通是蛮简单的事情。道士接回去后开咽喉，一开开他们还有咒语："开眼光，眼看千里，开耳光，耳听八方。"他们开光的时候，扎彩的几个部位都要念到。

笔者：我看你们做的龙头里面画了八仙的像，那是个什么样的讲究？

李：龙头两边是八仙。上面是三星，头上写着福禄寿三星，三星在头上。两边还有四个，一边两个，雷公电母，风伯雨师；天兵天将，四大天王；尾巴上面还有观世音，一共这几个菩萨。

笔者：您做的龙里面有没有大小讲究？

李：没有讲究，都是同一个尺码。

笔者：是什么样的尺码？

李：龙的篓子规定是六寸半的，可以做六寸的或五寸半的，大一点的做七寸的。基本是根据别人的需要，大小按比例缩放，各龙灯会自己决定。

笔者：龙须里面有什么说法吗？

李：没什么讲究，各是各人，你看胡须不一致对吧，有的蛮长有的蛮短，各种各样，这是随着各人，胡须由龙灯会自己做的，他们自己做自己安的。他们到了玩龙灯，滚动的时候扎着，滚完了就放下来了，走的日子就放下来了。

笔者：从您这里走的时候，胡须就放下来了？

李：从我们这里走的时候没有安装，他们烧烟火的时候再装，胡须不是我们做和安装。

笔者：这个里面有什么说法？

李：胡须是龙灯会做的，没听说有什么说法。你们的龙没有胡须，你们没有请人做，你们那个是工艺品，不做，菩萨不怪。当然，做了胡须更像一点。

第五节

英山缠花:两代手工艺人之间的"非遗"传承

　　"大山沟里飞出了金凤凰",常用来比喻好东西深藏在大山里面,一旦出现就会让人刮目相看。英山缠花就是这样一只藏在深山中的"金凤凰",借着非物质文化遗产的时代热潮,它从大别山深处飞出来,成为鄂东民间美术中的一朵鲜艳的山花。如今,"非遗"热潮已过近二十年,在两代人的努力下,2006年,经社会各界评选,英山缠花获批进入湖北省非物质文化遗产

非遗展览上的传承人

名录，2019年正式申报国家级非物质文化遗产项目，成为人们竞相收藏的民间艺术珍品。①

英山县地跨鄂豫皖三省，地处大别山腹地，是湖北省东部边界的一个山区小县。它东边、北边分别与安徽省的金寨、霍山、岳西、太湖地区接壤，南部与湖北蕲春、浠水相连，西边与罗田县比邻。历史上的英山县地处吴头楚尾的特殊历史地理位置，因而它的隶属关系更迭频繁，极为复杂。春秋战国时期，属楚国；西汉至唐代属庐江郡。宋咸淳六年（1270），分罗田以东的直河乡，始建英山，时属六安州，后历元、明、清三朝。1912年，属安徽省，不久改归淮泗道。1932年以前属安徽省六安州所辖，1932年后划归湖北黄州。如今的英山县下辖11个乡镇：温泉镇、南河镇、红山镇、金家铺镇、石头嘴镇、草盘地镇、雷家店镇、杨柳湾镇、方家嘴乡、孔家坊乡、陶家河乡。县政府驻地温泉镇。②

从地理上看，英山全域以中低山为主，北部大别山主脉向东北延伸，构成了云峰顶、石鼓寨、五峰山、黄梅尖等一系列山峰。主峰再向西，分支为三大山脊，夹着东河、西河两条河流，贯穿全境，构成由东北向西南逐渐倾斜的多山丘陵地势。英山县属长江中下游北亚热带季风气候，全县气候温暖湿润，雨量充沛，四季分明。全县主体民族为汉族，散居少数民族人口不足100人，民族成分8个，分别是土家族、苗族、回族、侗族、壮族、彝族、朝鲜族、傈僳族。③

虽然地处大别山的腹地，但这里一直是江淮文化、吴楚文化、南蛮文化的交汇地，成为湖北、安徽、河南三省几十个县市通达江淮的交通要道。千百年

---

① 此文的完成要特别感谢黄冈师范学院胡晓洁老师，以及2008级王红艳同学的前期采访，还要感谢英山县文化馆在采访中提供资料。文中的一些民间艺人资料除了注明外，悉笔者采访得来。采访时间：2011年7月、2017年11月、2018年9月。
② 资料来自英山县政府网。
③ 资料来自英山县政府网。

来，同在大别山生活的人们，沿袭了世代传承下来的古风古俗，并在生产、生活中交往密切，风俗人情相互影响，民俗礼仪相互融合。在勤勉向善、积极厚朴的民风中，舒缓的农耕生活方式养育了一种安定祥和的生活基调。

一、缠花与古代荆楚戴胜习俗

英山缠花流传于英山县，当地习称缠花。目前，英山县内还保留着缠花的乡镇有温泉镇、南河镇、红山镇、金家铺镇、石头嘴镇、雷家店镇、杨柳湾镇、方家嘴乡、孔家坊乡等。英山自古家家种桑养蚕，盛产蚕丝，这种生产习俗为造就缠花成为一种传承悠久的民间艺术提供了物质基础。在传统农耕社会中，缠花属于民俗生活中的一种佩饰或装饰性艺术。作为人生礼俗中重要的民俗物品，也作为传统家庭生活中的女红形式，缠花一般出自妇女之手，在家族内部传承。平凡的民俗物品，包含了丰富的文化信息，在一件件丝线缠绕的精

英山缠花龙和麒麟

美手工艺术品中，各色缠花承载着人们追求幸福生活的美好愿望，揭示了人们积极乐观、趋吉避害的人生态度。同时，风格独特的缠花工艺所表现出来的情感寄托、审美意蕴、造型观念也表征了人们在日常生活世界里的艺术智慧。

英山缠花由古代春日戴胜习俗演变而来。它原是古代宫廷一种迎春纳吉的装束节俗，后在士大夫、上流社会家庭中流传开来。据文献资料显示，缠花一词最早见于北宋诗人宋祁的《春帖子词·皇后阁十首》：[①]

其一

暖碧浮天面，迟红上日华。宝幡双帖燕，彩树对缠花。

这是一首关于宫廷妇女在春日里头饰装扮习俗的诗歌。诗里的"帖燕"与"缠花"对举，都是一种妇女头饰，在春天到来的日子里，是有着某种特别意义的装束。明代太监刘若愚在《酌中志·饮食好尚纪略·卷二十》中把明代宫廷立春之时的穿戴习俗写得十分清楚，或许能让我们约略知道一些这种民间风俗源头的线索：

立春之前一日，顺天府于东直门外"迎春"，凡勋戚、内臣、达官、武士，赶春场跑马，以较优劣。至次日立春之时，无贵贱皆嚼罗卜，曰"咬春"。互相宴请，吃春饼和菜。以绵塞耳，取其聪也。自岁末正旦，咸头戴闹蛾，乃乌金纸裁成，画颜色装就者，亦有用草虫蝴蝶者。或簪于首，以应节景。

作为迎春宴胜的习俗，头戴"闹蛾"，或"画草虫蝴蝶"，都是为了以应

---

① 宋祁（998—1061）北宋文学家，字子京，开封雍丘（今河南杞县），后迁居安州安陆（今湖北安陆）。后徙居。

春日的节景。宋代宫廷里的"帖燕""缠花"与明代宫廷中的"闹蛾""草虫蝴蝶"都是有着特别意义的应节饰品。其实在更早的时候，人们就有了同样的风俗。南朝梁代的宗懔在《荆楚岁时记》描述人们春日的佩戴习俗：

> 立春之日，悉剪彩为燕戴之，贴宜春二字。或错缉为幡胜，谓之春幡。[①]

在立春之日，行"燕戴"的装束，贴上"宜春"的字样，都是一种趋吉避害，祈求平安的信仰习俗。"燕戴"之"燕"，是一种祥瑞的形象。《辞源》上说，"燕"字有"安"的意思。在春日戴上象征平安的祥瑞之物，祈求一年的吉祥。宋祁的《春帖子词·皇后阁》的十首诗里还有两首相关的诗，进一步写出了春日宫廷"戴花、燕胜"的习俗。[②]

其二

春前已岁换，岁后始春来。彩燕随宜帖，缯花斗巧开。

其三

迎春宝胜插钗梁，拂钿裁金斗巧妆。上作君王万年字，要知长奉白云觞。

彩燕就是彩色的燕子。彩还有五色文彩的丝织品的意思，佩戴彩燕是旧俗，指立春日剪彩绸为燕饰于头部，可见彩燕是古代立春日的一种剪彩装饰品。

缯花，丝织品的总称。缯在方言中还有绑、扎的意思。"彩燕"与"缯花"都是类似用于春日"簪于首"的春幡这种应节之物。唐代诗人李远《立春日》诗中就说：

> 暖日傍帘晓，浓春开箧红。钗斜穿彩燕，罗薄剪春虫。

---

① 〔梁〕宗懔：《荆楚岁时记》，中华书局，2018年，第14页。
② 北京大学古文献研究所编《全宋诗》，北京大学出版社，1991年，第2578页。

巧著金刀力，寒侵玉指风。娉婷何处戴，山鬓绿成丛。^①

清词人纳兰性德《浣溪沙·庚申除夜》也有类似的描述：

收取闲心冷处浓，舞裙犹忆柘枝红。谁家刻烛待春风。

竹叶樽空翻彩燕，九枝灯焰颤金虫。风流端合倚天公。^②

可见，女性立春之时佩戴春幡、幡胜的习俗自古就有，而它们的目的都与"宝胜"相类，或者就是宝胜本身。戴"胜"是古代妇女燕戴的习俗，也应是上层社会的雅俗。学者研究认为，这种传统或许来自古代西王母神话故事的传说。《山海经·西山经》上说："玉山，是西王母所居也。西王母其状如人，豹尾虎齿而善啸，蓬发戴胜，是司天之厉及五残。"《后汉书·舆服志》也有载："太皇太后、皇太后入庙服……簪以玳瑁为擿，长一尺，端为华胜。"戴"胜"成了西王母服饰中最鲜明的一个特征，由于西王母被视为长生不老的象征，其所戴的饰物也就有了吉祥的意义。从汉魏时期，一直到唐宋，妇女戴胜的现象十分普遍。^③

研究发现，历史上，"胜"有多种多样的变化，它起源于妇女在古代社会生活中的身份象征，其视觉原型由纺织的纺锤形象演变而来。后世的胜作为吉祥的象征物，以质料不同来划分有玉胜、金胜、银胜、宝胜、织胜、花胜或称华胜、彩胜等。织胜是以硬纸、金属、木架为胎衬，用丝织物编织而成。不同材料做成的织胜被赋以不同的名称。例如，用丝罗织绣的胜就称为"罗胜"。

---

① 丁方晓、曾德明、杨云辉编《全唐诗》，岳麓书社，1998年9月。
② 闵泽平：《崇文馆中国古典诗词校注评丛书 纳兰词全集 汇校汇注汇评》，崇文书局，2015年7月，第242页。
③ 李凇：《论汉代艺术中西王母图像》，河南教育出版社，2000年，第249—252页。

宋代贺铸的词《临江仙·雁后归》：

巧翦合欢罗胜子，钗头春意翩翩。艳歌浅拜笑嫣然。愿郎宜此酒，行乐驻华年。

未是文园多病客，幽襟凄断堪怜。旧游梦挂碧云边。人归落雁后，思发在花前。①

花胜是在制作好的"胜"上再缀饰花纹，并用金箔、彩帛、色纸等制成花朵，缚着于簪头之上，古汉语中花又称华，故也称"华胜"。彩胜是用彩色的绢或纸剪成的双燕、小幡、人形、花朵等头饰，统称彩胜。②

南朝梁宗懔在《荆楚岁时记》中记载：

正月七日为人日，以七种菜为羹；剪彩为人，或镂金箔为人，以贴屏风，亦戴之于头鬓；又造华胜以相遗。③

"作胜"与"剪彩"不仅是特殊节日的纪念活动，还是寓意丰富、图案精美的吉祥符号。

古代荆楚地区这种迎春戴胜的风俗在时代的演化中成为一种稳定的区域性节日习俗。唐代著名诗人李商隐作有《人日即事》诗，诗中就说用镂刻金片制作宝胜是荆俗之一：

文王喻复今朝是，子晋吹笙此日同。舜格有苗旬太远，周称流火月难穷。

---

① 黄勇：《唐诗宋词全集》，北京燕山出版社，2007年，第2995页。
② 以上资料参考冯盈之《"胜"，由纺织机具到首饰的演化》，《汉字文化》2011年第2期。
③ 〔梁〕宗懔：《荆楚岁时记》，中华书局，2018年，第11页。

缠花 凤凰

镂金作胜传荆俗，剪彩为人起晋风。独想道衡诗思苦，离家恨得二年中。①

《湖北通志·风俗卷》也记载了湖北地区立春之日的燕戴之俗：

立春之日，悉剪彩为燕戴之，贴宜春二字。小儿以五色丝缠钱或作小囊……②

《英山县志》载：

五月五日为端午节，饮菖蒲朱砂雄黄酒，啖角门悬蒲艾，缠制彩色囊猴等

---

① 叶葱奇疏注《李商隐诗集疏注》，人民文学出版社，1985年，第558页。
② 《中国地方志集成·湖北通志（一）》，1921年刻本影印，凤凰出版社，2011年8月，第576页。

无论是春日还是端午，剪彩燕戴，缠制彩色囊猴，这是一脉相承的古风古俗。当然，从上述古代戴胜的习俗看，缠花也许该称作织胜了。总之，缠花的源头是古代荆楚民俗的演变，是古人戴胜求吉习俗的孑遗。这种从古代妇女佩戴春幡的习俗中沿袭而来的手工艺，经过一代又一代手艺人的创造，精研细作，愈做愈精美，日臻完善。不过，从今天我们对于缠花的调查情况看，这种艺术形式作为民俗生活的一个具体内容，不再只用于迎春之日的燕胜，而被广泛用于节日民俗以及人生礼俗中，如人生几个重要时期——出生、成长、寿诞、婚丧的仪式上都有缠花的身影。①

二、传统缠花的民俗背景日渐式微

社会记忆通常与社会仪式紧密相连，仪式是社会记忆的方式。有关社会历史信息就以仪式的结构为记忆框架把信息沉潜在仪式的深层结构里。人们只要熟练地操演着这些结构模式相对稳定的仪式程序，附着在其中的知识、信仰与

---

① 在今天福建闽南、台湾一带及客家等区域的过年习俗中，人们除了吃"年年高升"的年糕、"甜蜜长寿"的甜面线、"蚶壳留过年，来年赚大钱"的血蚶外，妇女们头上还会戴上用红绸缠制的"红春仔"花。春仔花是福建闽南特有的发饰吉祥物。妇女戴上一朵春花，期望风调雨顺，五谷丰登，年年有余。"春仔花"按习俗用途分为常年各种场合可用的普通"春花"，新婚时用的"新娘花""婆婆花"，祝愿用的"孩童花""寿花"，丧事用的"答礼花"等。这种传统习俗还流传于漳州、泉州、港澳台地区和东南亚闽南华侨华人聚居地，具有特殊经济和社会价值。中国文物网，2014年10月08日。

　　缠花作为台湾桃园、新竹、苗栗地区客家人的一种传统女红工艺，在过去日常生活中使用非常广泛，传世作品包括新娘发簪、箱形桌供、绣灯装饰、童帽装饰和新房挂件等等。客家缠花工艺主要的制作技法是以丝线缠绕纸板，所制作出来的造形作品又以花卉最多，所以习称为"缠花"，制作材料简单，无需耗太多金钱，全赖巧手慧心即可做出精美的作品，充分显现出客家妇女勤俭聪慧的天性与独特的艺术涵养。郑惠美：《缠花：台湾客家女红工艺》，东华大学出版社，2015年。

观念都会一代一代流传下去。尽管当今社会，特别是1949年以来，中国农村社会生活方式发生了翻天覆地的变化，在现代化的驱使之下，传统农耕社会中人们的物质观念、文化观念一步步从传统中走出。但是，人的生命节律还是有着它自身的节奏，在生命延续节奏的底层关于人生礼俗的仪式还会一如既往地进行着。虽然仪式变得简单，或有各种变通方式，但还会进行着。缠花作为区域社会人生礼俗的一部分，它是支撑起人生礼仪程式不可或缺的事物，只要条件允许，它会在人们的生活中顽强地存在着，还会保留其丰富的文化内涵。在人生礼俗仪式相关活动的展开中，有关制作与传承、文化与象征上还会形成完整的文化结构形式。作为标志性文化事项，英山缠花可以被看作乡村社会中的一个意义结构。

田野调查发现，今天的英山缠花一般被用于人生的几个重大时刻，即出现在出生、结婚、祝寿、治丧四个阶段的民俗活动中，各类缠花分别表达了深刻的寓意。刚出生的小孩要洗三朝，一周岁时要举行抓周仪式。这个时候人们会缠上一些小老虎头、小蝙蝠、小鱼、小花，缝缀在鞋帽上，寄托着虎虎生威、健康成长、前途似锦等含义。当然，最隆重的仪式应该是小儿周岁，乡里人都要举行"抓周"仪式，即在祖宗神位前的方桌上摆上松、柏枝、葱、笔、墨、书、算盘、尺、秤等物件，让小孩坐在桌上任意抓取。抓到葱意味着小孩聪明，抓住算盘表示就要发财，抓住笔墨就说这小孩将来要读书做官。善于缠花的家人或亲戚，在这一天给小儿拿来精美的缠花童帽，还有缠成长命百岁的雏菊、缠着鲜艳彩线的笔和墨等表示庆贺，有的还在缠花上用红、绿、黄三色线缠绣出"一长二大""读书进学"等字样。

在婚庆仪式上，礼盒中往往会装上缠有十枚铜线和十朵美丽的花的缠花，喜庆图案象征着十全十美，铜线缠上蝙蝠表达福在眼前，一串用丝线缠好的桂圆预示着团团圆圆的良好期望，将红枣和花生缠在一起则通俗地表达了早生贵子的愿望。总之，在英山缠花的象征语汇中，中国传统婚嫁情境中的吉祥成语如喜鹊咏梅、鹭子戏莲、凤戏牡丹、恩哥戏菊、蝴蝶闹金瓜等都可找到。

当然，富贵人家寿筵寿庆也会用到缠花。用丝线缠出金玉满堂、福禄双全、福如东海、寿比南山等形式表达祝福。据老艺人回忆说，英山缠花也应用与寿终正寝的白喜民俗活动，但由于缠花制作工期较长，成本较高，一般局限于富贵殷实之家的应酬场面。丧礼的礼盒中间放着挑绣结合的四方手帕，手帕四角为梅兰竹菊等图案，手帕中央为一特制缠花，是九、千、百、万的组合，用大数寓意死者将来的生活富足。缠花应用的场合虽然不同，但它都寄寓了人们对安定、富裕生活的向往。[1]

缠花菊花

据英山县文化馆工作人员回忆，20世纪80年代中后期，为了响应国家关于保护民间文化的号召，英山县文化馆专业干部在民间美术普查中重点对"缠花"进行挖掘、整理。[2]然而，在实际的调查和征集过程中仅

---

[1] 冯俊《"小""巧""缠""活"—英山缠花略介》，载湖北省群艺馆编《湖北民间艺术探源》，湖北美术出版社。

[2] 据现在留存资料介绍，发掘英山缠花的有伍希贤等人。伍希贤网络资料：1935年12月生，湖北英山人。书法、篆刻、工艺、文学为艺术专长。收藏艺术品"英山缠花"在中央电视台、湖北电视台作过专题介绍，并在武汉、北京、意大利、苏丹展出获奖。

仅收到了几件原作。后来放宽要求，才征集到一些缠花的复制品，包括虎枕、虎头鞋、缠花八卦、帐吊及节日装饰品、粉彩、油榻等。20世纪80年代中期以后，英山县曾在群众中掀起一股学"缠花"的热潮，新人新作迭出，取得了可喜成绩。1987年秋，民间艺人彭桂英创作的"牡丹""荷""菊""梅"，张仕贞、冯毓南创作的"缠花八卦及帐吊"参加了由中国政府在北京举办的首届中国艺术节。彭桂英创作的《四季缠花》被中国美展馆选中赴意大利参展，中央电视台在新闻节目中作了特别报道。老艺人张仕贞四十年前制作的英山缠花《龙》《凤》也转藏于市群艺馆文化遗产展厅。①

据民间老艺人介绍，英山缠花盛于清代。建国之后，曾有一些缠花工艺流传，但存世的实物极少。由于社会发展急剧加速，现代工业技术、快速发展的商品经济深入到社会生活的方方面面。现代社会大生产与商业社会的逐利生产模式使得民间艺人的报酬与一般生产者的平均收入距离加大，缠花的继承与传播后继乏人。年轻的姑娘们也因社会的发展带来的巨大冲击，尤其是审美观、价值观的改变，对这门民间手艺不屑一顾。近年来，许多民间老艺人带着一身精湛的缠花手艺陆续谢世，还健在的艺人仅十几个人，平均年龄都在古稀之上，年轻人愿意学的极少。英山缠花面临青黄不接的局面，加强保护迫在眉睫。

在小农社会生活中，男耕女织是社会基本分工模式，家庭妇女多从事相夫教子，承担家庭织绣等手工性劳动，如纺、织、挑、绣、缝纫等活动，人们习惯称为女红。英山缠花深深植根于传统农耕社会之中，作为英山境内主要女红类型，曾经是富家女必须掌握的一门技艺。在过去，缠花曾是民俗礼仪中的主角，它的制作与使用是地域民俗生活的一部分，在红白喜事以及家居装饰中人们都习惯用缠花来衬排场。英山县金家铺镇叶锦章老人回忆了她年轻时所见

---

① 《湖北日报》，2013年10月19日。

过的缠花的鼎盛状况，那时她家是当地的名门望族，她的一位姐姐出嫁，为了置办嫁妆中要用的缠花，家族中特意挑选二三十名擅长缠花的女性出来缠嫁妆花，足足花了大半年的时间，缠出来的花用米筛或者藤栲（用藤条编制的日用器皿）盛放，摆在每一件嫁妆上，足足摆了三里路，方圆四五十里的人都赶来看她们家缠的花。英山缠花老艺人张仕贞也有类似回忆："解放前，（英山）西河一户大地主的女儿成亲时嫁妆摆了三里路，每一件嫁妆上都放上了缠花。所以在英山，最能抬高面子的嫁妆就是缠花啦，哪怕金银首饰都比不过缠花让人看得上眼！"[①]

三、英山缠花的特征

缠花，就是用丝线缠出来的花，与织绣、绘画和雕刻不同，缠花用多色丝线在坯架上缠绕出各种所需的形象。目前从资料上看，除了湖北英山以外，福建闽南地区，以及受它影响的台湾地区至今还保存有缠花的习俗。闽南及台湾地区较为流行的缠花也叫春仔花，与英山缠花相比，它主要用于年节时分妇女头上佩戴。从工艺上看，三地的缠花都是在固定的坯架上缠绕丝线做出一定形象的手工艺。英山缠花的坯架可分为两类，一类是现成品，如铜钱、果核、笔墨、花生、红枣等实物，艺人就直接在上面缠绕五色花线，做出所需形式；一类是人工坯架，即事先以纸板剪刻或用铜丝扎成各种形状的坯架，然后在上面缠绕出好看的形式来。每个缠花既可独立成品，也可根据需要把几件单品组合成一幅更大的缠花作品。通过观察老民间艺人的完整制作过程，我们可以把缠花总结为八个步骤：备料—派丝线—剪样—缠制坯件—备齐坯件—组装坯件—安装定型—整理成品。

---

① 《湖北日报》，2013年10月19日。

左图：缠花竹叶
右图：缠花荷花

　　有人将英山缠花的特点概括为四个字："小""巧""精""活"，这很有道理。"小"是指缠花的体积小。"巧"是指缠花的构思寓意深刻。"精"是缠花的技艺精巧。独立单件的缠花虽然体量小，工艺性却非常强。一件巴掌大小的缠花作品，往往需要民间艺人专心致志花上一到两个星期的时间才能完成。他们会把造型与色彩完美结合，也把具象结合抽象的艺术表现形式运用得非常娴熟。"活"是指缠花艺术的形式活。缠花可以作为独立的作品直接观看，无需依附于其他的艺术形式，而缠出的牡丹、雏凤、春燕、蝴蝶、梅兰竹菊四君子等则多用于小孩、女子的头上的装饰。英山缠花是多种美术的结晶。它汲取多种民间美术的工艺的特点，创出一种高雅的表现手法和艺术形式。区别于刺绣、染织、剪纸等女红形式，缠花是立体的艺术，作品具有立体雕塑的生动感，有人们称它为立体绣花、线艺雕塑。[①]

――――――――――――

① 冯俊，《"小""巧""缠""活"――英山缠花略介》，载湖北省群艺馆编《湖北民间艺术探源》，湖北美术出版社，1981年，第141—145页。

"缠"是缠花艺术最特别的制作手法，"缠花妙不妙，全在手牢靠"。老民间艺人讲缠线时要做到四个统一：一是颜色的基调要求统一，一幅作品在色彩上是很有讲究的，虽然颜色对比比较强烈，用色也很丰富，花色各异，但要具有统一的主调；二是形体的风格要统一，缠花造型有很多都是采用夸张变形的手法，如在"缠花八卦"中有一片荷叶，因为制作需要必须想办法，即在不影响其形象的前提下对其进行变形分解成几部分来缠绕完成，包括蜻蜓、蝴蝶等的翅膀都是需要变形来达到生动的效果；三是线的粗细要统一，缠花用到的线都是用蚕丝加工而成，由当地的人对其浸染各种颜色，所以从线的制作到最终作品的完成完全是用纯手工的；四是缠线时手的轻重的统一，用力一定要匀，注意用力的技巧，挂线角度要小，这样缠出的花才精细平整。[①]

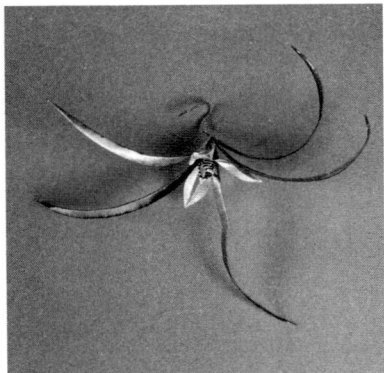

缠花兰花

缠花所使用的丝线均由蚕丝加工而成，染色也是村民们纯手工浸染，故丝线的色彩还是十分丰富，而且具备极强的民俗性特征，表现出质朴淳厚和优美高雅的气息。从

---

① 冯俊，《"小""巧""缠""活"—英山缠花略介》，载湖北省群艺馆编《湖北民间艺术探源》，湖北美术出版社。

我们的调查来看，英山缠花的色彩艳丽协调，搭配丰富，过渡和谐自然，精到微妙。主色调多为暖色，采用大红、黄等色系，运用其活泼的特质，充满喜悦欢愉的视觉特征，显示出吉祥喜庆而庄重的文化内涵。同时为了打破单调的视觉效果，也会运用到一些色相级差大的补色来增强画面的效果。在题材上，缠花在造型上以花、动物及实物为主，以具象与抽象相结合的形式抽离了生活的现实意义，使之进入了文化象征的情境当中，具有形象联想的连锁性与缠花内容的丰富性。[1]

缠花制作材料简单，但制作过程繁杂，需极大耐心和细心。在过去，缠花曾是人们生活中最靓丽的点缀，寓意着人们最美好的祝福。可如今，受到现代工业技术和市场经济的冲击，还有现在的妇女都参与到了社会工作中，她们认为在家缠花不如外出打工赚钱快。街头巷尾已很难寻觅到缠花的身影，年轻一代甚至已不知道有这样的形式存在过。英山缠花的生存、发展、保护，现在面临着严峻的形势。

四、两代人之间的传承

历史进入了20世纪80年代，民间文化迎来保护发展的新机遇。这一历史变化既是中国近代以来追求现代化逻辑过程中的产物，也是世界进入20世纪，特别是第二次世界大战以后关于保护民间文化思潮传播的结果。在联合国教科文组织的不懈努力下，从1966年通过的《国际文化合作原则宣言》到1972年通过的《保护世界文化和自然遗产公约》，再到2003年通过的《保护非物质文化遗产公约》，非物质文化遗产的概念与观念世界性传播成为一个标志性

---

[1] 胡晓洁：《英山缠花的艺术特色》，《装饰》2012年第6期。

的事件。①1989年11月15日，联合国教科文组织大会第25届会议，在巴黎通过了《保护民间创作（或译传统民间文化）建议书》，建议要求各会员国充分意识到大量包含丰富的文化特性和各地民族文化渊源的口头遗产正面临消失的危险，应当采取法律手段和一切必要措施，对那些容易受到严重威胁的遗产进行必要的鉴别、维护、传播和宣传。同时，告诫遗产国政府及遗产的拥有者，重视遗产的重要文化精神价值，拟定保护措施。

与世界民间文艺思潮同步，20世纪80年代的中国开展了全国民间文艺普查工作，整理出版了民间文艺资料，发掘了大量民间文化艺术样式。更为重要的是，许多民间文化形式就是在这一阶段被挖掘、保护并开始有效传承。同全国许多地方的民间文艺保护形式一样，英山缠花就是在这个时期被发现，开始了它在新时期的传承与发展。由于1949年以来乡村社会变迁的原因，这个时期的手艺人大多是40年代以前出生的，他们是生长在传统农耕社会结构还未变化的乡土环境里，作为一种传统技艺的见证人、传承人，在80年代正当盛年。2009年前后，英山县文化馆在对全县非遗传承人的调查中，统计了还健在的缠花传承人，一共14位，其中有13位传承人是1937年以前出生的，有的还是1911年生人，已是近百岁的老人。这些手艺人是这项非物质文化遗产的重要传承人，是优秀民间文化火种的保留者。如果不是80年代的民间文艺复兴社会氛围，也许他们再也没有拿起针线去做缠花的可能。这是英山缠花得到传承保护的第一次契机，也得益于这代传承人薪火相传。随着非遗问题研究的逐步深入和保护制度设计的逐步完善，乡村社会中代表性传统民间文化形态都被纳入到非物质文化遗产序列，非遗逐渐取代了民间文化成为乡村文化生产的主流话语。循着近三十年的社会变革，英山缠花迎来了第二次重要传承与发展机遇。

---

① 巴莫曲布嫫：《非物质文化遗产：从概念到实践》，《民族艺术》2008年第1期.

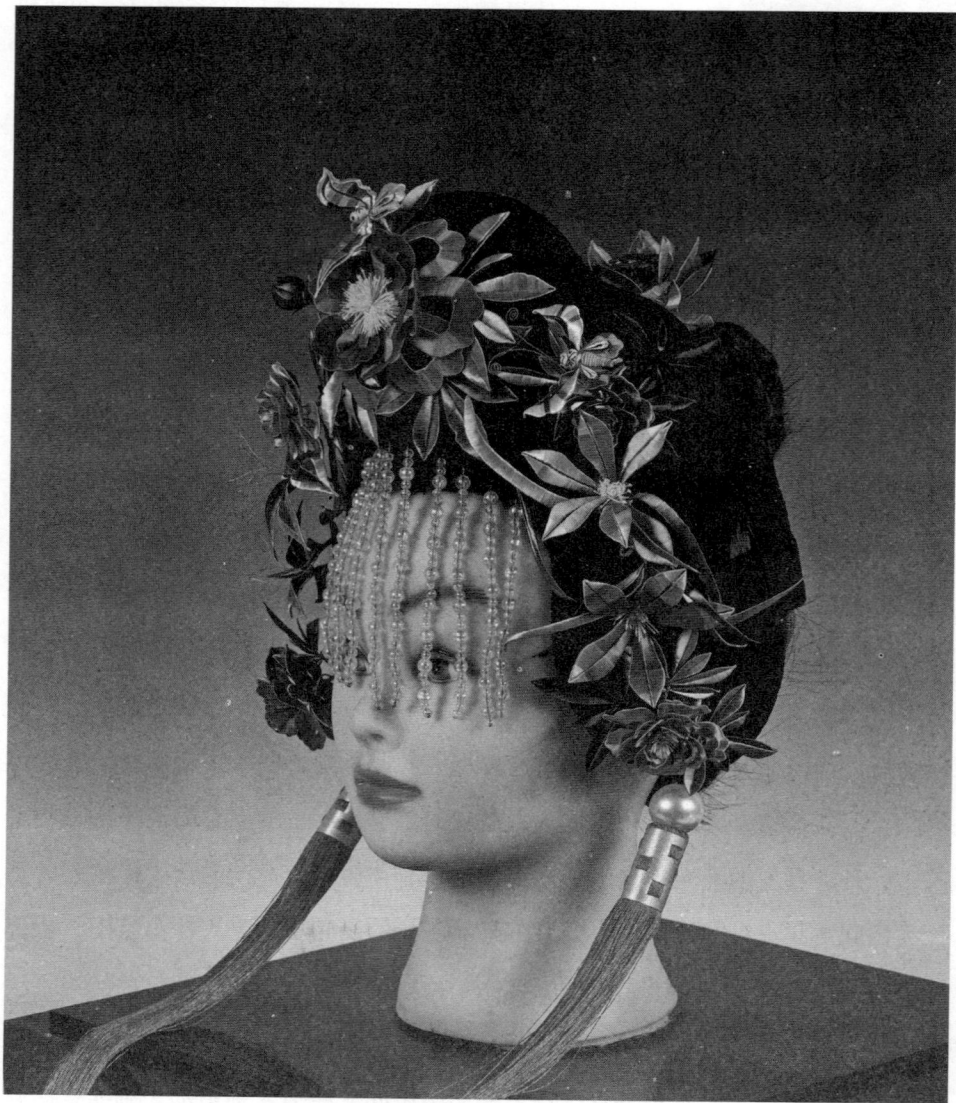

英山缠花 新娘头花

英山县南冲畈村的老艺人张仕贞和她的徒弟陈广英见证了这次传承的机遇。英山缠花申报非物质文化遗产主要是依赖她们师徒二人的传承展开的。陈广英是英山县缠花非遗传承人普查中唯一一位年轻人，也是传统非遗项目在新时代的"二传手"。[①]缠花技艺在陈广英手里得到了发扬光大，作为新时期的缠花艺人，她所缠出的作品更适合欣赏，也就是说她更倾向于把缠花打造为一种观赏性的民间艺术品，而不是作为人生礼俗仪式上所使用的民俗物品。她的努力取得了成绩，这些年制作了大量缠花作品，也为英山缠花赢得了社会声誉。但是，作为新时期的第二代传承人，我们也可以看到，她的传承与创作已经完全脱离了缠花所拥有的那个民俗文化语境。而且就英山情况看，这个优秀的传承项目其实只在张仕贞和陈广英师徒之间展开，显然在这种状态下，缠花能否得到良性发展是值得我们深思的。

---

① 陈广英介绍说："5年前我读到了关于缠花的资料就迷上了它，得到家人的支持后，放弃了在上海的工作，回到家乡拜师学艺。"她自小便对缠花痴迷，缠花做了很多。陈广英介绍说，做缠花要求艺人的手柔软纤细清洁光滑，不能有汗，不能有死皮，因此家务事也要尽量少做。尽管这样，家人都一如既往地支持她。她的母亲也表示支持女儿传承优秀的民间艺术。这是缠花这个民间艺术形式对传承人的苛刻要求。也正因为这样，把很多人挡在了传承活动的门外。她自己也讲述了缠花制作技艺中的艰辛："缠花的主要材料有各种颜色的丝线、细铜丝、硬纸板和实物坯架等。制作方法是首先在脑海中整体构思，再设计作品的整体图案，然后在纸上绘制各部件的轮廓图，接着在硬纸板上剪出部件的形状，之后用铜丝将这些硬纸板部件拼接固定掐形，接着用各色丝线缠绕上去，最后将各部件再次组装成一个整体。完成一件缠花作品费时费力，线的缠绕交叉部分最难，力度角度不能有丝毫偏差，有时一个地方做十几次都做不好会很烦躁。"《湖北日报》，2013年10月19日。

第三章

农民画
手艺人的另类创造

第一节

村落、家庭的社会转型: 黄州现代农民画的"深描"

对民间文化艺术的研究从来不是停留在一个线性系统之上的。这种艺术形式的直接意义要比纯艺术或精英艺术丰富得多、复杂得多。民间绘画的图像风格与社会历史意义是与之作为社会文化层次标志的文化艺术相互契合的。黄州现代农民画是仿拓于鄂东具有传统楚文化风格的民间艺术而产生的。近二十年来，创作繁盛，形成了自己独特的地方风貌。在欣赏这些作品时，我们不仅能体会到农民画中丰富而细腻的情感和艺术审美价值，还能通过作品的三个类型的划分，读出社会、家庭、村落的当代转型在民间绘画里的清晰记忆。这种艺术学和社会学相结合的图像释读思路有助于我们理解民间艺术的创作，有助于了解农民画的社会意义。

"深描"是西方文化人类学家克里福德·格尔兹引入人类学的一个重要概念，也因为他创立了文化深度描述的理论，他的著作成为"解释人类学"的核心文本。关于这一理论的描述他是从马克斯·韦伯的论述出发的：人类悬挂在自己所编织的、并仍然在编织着的意义之网上。[1]而这些意义之网在人类学中被认为共同构成了文化。在对"深描"进一步阐述过程中，他认为：一个文化的成员以其符号体系，诸如衣物、食物、图像、文字等作为语言来阅读、解释、表达，并共同分享着这些文化符号所体现出来的意义。有了上述关于文化描述的认识，对于黄州现代农民画的解读我们就不仅仅是停留在把农民画当作一个独立而封闭的艺术文本，或是针对文本的视觉要素展开静

---

① 奥弗林：《社会文化人类学的关键概念》，鲍雯妍、张亚辉译，华夏出版社，2005年，第304页。

灯节（汪天才）

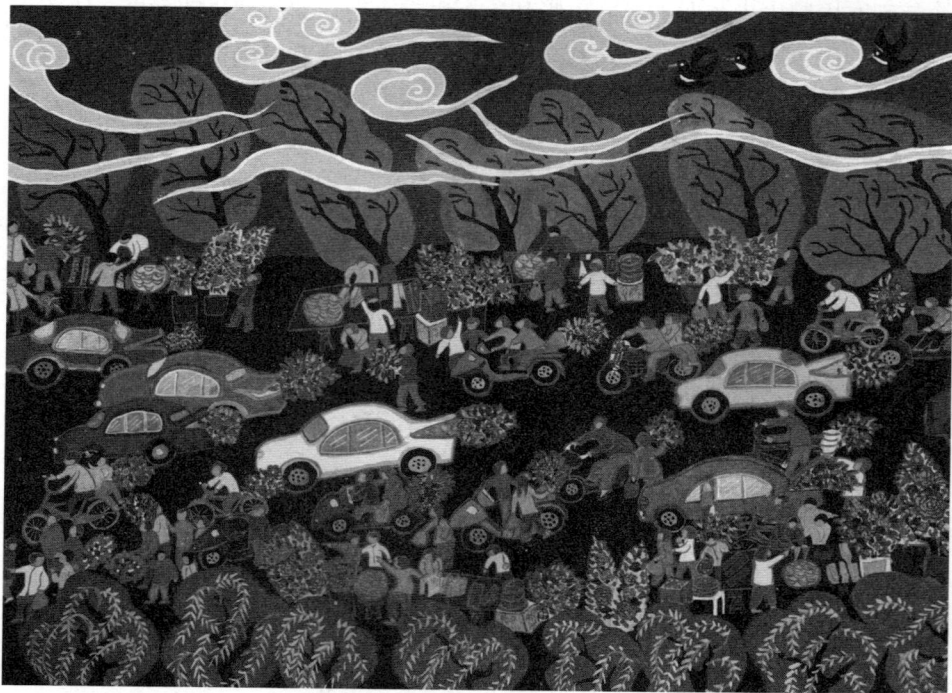

清明时节（邵桂凤）

态的艺术学研究上，我们还可以将农民画作为一种艺术形态与生成这种艺术的村落乡土语境联系起来研究，进而关注社会历史演变过程中心态、习俗、组织、村落、家庭等对民间绘画的影响。民族民间艺术的本质是乡民为了生活的有序与精神的完满而主动进行的一种文化创造，其意义和价值也一定是在特定的社会情境中实现的。

黄州是鄂东长江北岸的一个文化古地。现在的黄州就是原黄冈县分划出来的两个行政区之一，因此，实际意义上的黄州现代农民画的范围，其实还应该包括原黄冈县下属的另一个行政区划——团风县。1988年，现在的这两个区作为原黄冈县的整体部分被文化部命名为"中国现代民间绘画画乡"。[①]

黄州自古民风淳厚，士大夫文化、乡绅文化、民间群众文化在这里雅俗兼容，生长于这块历史文化土壤之上的艺术气息十分浓厚。1985年，群众文化艺术馆开始组织力量，挖掘群众文化的深厚资源，召集了一批在农村中从事民间手工艺的能工巧匠，辅导他们进行农民画创作。这支创作队伍一直保持着旺盛的创作激情，更可宝贵的是，在他们长期所从事的实用性和自娱性的艺术活动中积累了丰富的平面意象造型经验和审美知识。

一、作为艺术文本的黄州农民画

现代意义上的民间绘画是以地域性为基础，以时代政治、文化为背景，以传统民间艺术为原型，在中国传统农业向工业社会全面转型过程中出现的一种新型文化现象。"现代民间绘画发源于1958年的北方农村，是以宣传'大跃进'为宗旨的农民画运动，而后经历了近二十年的沉寂，随着改革的春风，在陕西的户县，特别是上海金山的影响下，全国各地的农民画如雨后春笋，纷

---

① 中国美术家协会、中国文联国内联络部编《中国农民绘画调研汇编》，人民美术出版社，2010年，第325页

纷破土而出。"①基于以上认识，我们至少可以清晰地梳理出黄州农民画的现代性及其意义，进而明了这一地域性绘画在黄州乡土环境下的发生发展过程中"乡""民""艺"三者之间的互动关系。

首先，作为一种现代民间艺术样式，不仅仅是它的表现内容是现代的、贴近时代生活的，而且每一幅作品的审美价值均独具意味，是唯一性的，没有其他民间绘画样式那种类型性和集体性的特征。虽然，黄州农民画是一个地域性画种，但在具体的创作和作品风格中却表现出很强的个性化倾向。在这个创作群体中，吴春娥、龙旭光、陈继光、吴世民等老一辈农民画家与以冷华为代表的年轻一代画家有事实上的师承关系。但是，他们的作品有明显风格上的巨大差异：72岁的农民婆婆吴春娥画的《鸟窝》富有天真稚气的艺术味道，也展现了女红功底中织绣剪纸的艺术方法和惯用的民间艺术题材；冷华则显示了年轻一代对于现代装饰风格的敏感，于自然形态在平面上的编织中有专业画家般的抽象与归纳。

其次，就黄州现代农民绘画整体风格而言，基本上没有偶像式构图，即以单个人物正面形象出现，也没有群组人物组合的纪念碑式的构图。人物在画面中出现多以配景形式来描述一定生产生活场景。分析这种创作形式背后的原因，除了农民画家出于对人物造型语言的生疏而故意回避这类题材外，我们恐怕还要深入理解现代民间绘画的象征性特点和农民画家的创作心态。现代民间绘画起步晚，还没有形成如精英艺术或是宗教艺术那样一套成熟完整的象征体系和手法。纯人物画的创作或以人物肖像为主要形式的创作是把人物作为一种象征符号来表达抽象化、理性化的情感，这种方式无论是在艺术创作中还是在审美接受中都是复杂而高级的心理活动，它的完成需要一套成熟的审美经验。现代农民画虽然是在传统民间美术诸种成熟的造型体系上发展而来的，但是，

---

① 曹振峰:《黄州现代农民画集·序言》，2002年。

双抢（马艳荣）

在新的社会背景下，它的创作几乎抛弃了那种家族伦理、宗教习俗、神话故事、道德教化的象征旨归。民俗生活的程式化表现也不再占据主导地位，取而代之的是一种鲜活、欢娱的劳动生活场面。在一幅幅充满幸福感的现代生活图景中，我们体会到的不是农民在生活富足之后需要多么深刻的象征表达，而是一种实实在在的生活场景的再现和喜悦心情的表达。

黄州现代农民画就其内容与形式来讲大致可分为三个类型，与之清晰相对

则是前后更迭的三个历史时期，体现出一种明晰的历史与文化逻辑关系。而这种逻辑是把农民画作为中国社会变革的文本，让人读出传统农耕文明自给自足式的恬淡、社会主义乡村改造后大生产运动的激情、改革开放后农村生活方式的多元化等意义。

第一种类型的作品在黄州农民画中占的比重较小。主要是老一辈农民画家偶有创作，因为他们的艺术气质基因深深地扎根在刺绣、挑花、剪纸、染织、雕刻等形式中。62岁的陈继光，是黄州德高望重的农民画家。他祖辈都是农民，小时候学油漆画，在走街串巷卖艺中搜集了丰富的民间故事和传说。20世纪60年代，附近村民婚庆嫁娶，案边床头上栩栩如生的油漆雕花，是陈继光最初的作品。他创作的首幅作品《鱼鹰捕鱼》入选中国第一届艺术节，并被中国民间绘画馆收藏。

第二种类型是直接描绘人民公社大生产运动和关于集体生产运动的记忆。这一时期的农民画家身份是乡村文化宣传工作者和乡民的兼容，亦农亦文。他们的身影广泛活跃在乡村农田水利基本建设的各种工程以及各种节假庆典的群众集会上。在墙头、板报、厅堂、工地等公共场所描写社会主义建设初期工农业生产的新面貌，表现风格也多采用现实主义的纪实手法，注重三维空间表达。团风县但店镇的华贻和创作的《山村赛车》是这一类型作品的代表，他以稚拙的表现方法，饱满的生活激情，在表露了对于三维空间表现的生疏的同时，也给我们留下了那个时代火热的乡村生活的记忆。该作品荣获国家文化部举办的首届全国农民画展三等奖。龙旭光的《归》则是关于集体生产的鲜活描述，暮归的农民三三两两，在夕阳中与飞鸟相和，牧童横骑牛背，烘托出田园牧歌式的情调。

第三种类型的农民画是专注于表现改革开放后农村联产承包责任制二十多年来的巨大变化。作为一种自娱性的艺术样式，表达了他们对于这种社会变革的深切体认。随着社会和科技文化水平的不断进步，大量工业生产的日用品、半成品进入到人们的生活中来，传统手工艺日渐衰落。中国的传统农业社会即将大规模地向工业化社会、都市化社会迈进，以家族为中心的村落文化和以耕读传家的观念受到巨大冲击。亦工亦农亦商的经济生产模式成了农村社会主要景观。这时具备专业训练基础的文化管理工作者以一个乡土文化他者的身份出现，敏锐地发现农民画在这种社会背景下的审美意义。一方面，这一类作品表现了农民对现代农村多元生活的认同，另一方面也表现了都市化环境下对农耕文明的眷恋。当然，这种情绪包含了农民画家自身视觉上的审美体验，也反映了刚刚从泥土中走进城市的文化馆工作人员牧歌式的审美倾向。因而，品读一件件情感烂漫而绵密的作品时就像欣赏一首首农耕文明的赞美诗。雷秋红的《放鸭图》描绘的是一个美好的早晨，白鸭从鸭棚里鱼贯而出，藕塘中的鹅与鸭上下扑腾，其自然形态犹如剪贴在平面上，憨态可掬，稚拙动人。冷华的《梨园》把农村庭院经济表现得热火朝天，同时也展现了他较于年长者在表现上的灵活。

当然，回到黄州农民画整体风格上来分析，在与其他地方风格的比较中，我们还是能十分清楚地辨别出它作为一个地方大众

温馨的港湾（龙旭光）

画种独特的面貌。陕北安塞农民画把黄色和蓝色这一对对比颜色表现得灿烂夺目，这是因为陕北那深厚的黄土在蓝天下所昭示的勃勃生机养育并吸引着那里的人们，而鄂东地处副热带高气压控制地带，火热的太阳和苍翠葱茏的植被构成了这里的地方特色。曹振峰先生说："我首次接触到黄州农民画是1987年筹办第一届中国艺术节民艺展览期间，给我的印象是黄州画风不同于户县的秦川风，也不同于上海金山的吴越风，却带有一些长江中下游楚文化的风韵。"[①]楚风的浪漫和热烈在这些民间绘画中得到了尽情发挥和展现。

二、作为社会意义文本的黄州农民画

现代农民画是一种新型艺术样式，虽如此，但其在图像学上三个层次的意义同样构成一个丰满的系统。那么，对民间艺术的理解理应强调对于农民画家和社会历史的贴近，在关注民间绘画的艺术文本的同时注意对这个文本意义的整体性把握。不过从这个意义上来说，它所表现的是社会发展和制度变迁中的一个极有限的时间片断，而这一片断却清晰地反映了当代农村社会转型中的一系列表征。在一个非工业化的社会中，人和人、人和社会的互动关系建立在村落、邻里、家庭等这些具体的组织结构中，其规模小、组织结构简单而紧凑。这种特征成为黄州现代农民画意义描述的起点。

20世纪中国农村经历了两次大的且有持久影响的社会变革，持续了几千年的中国农村自给自足的自然经济解体。80年代初，建国后实行了近三十年的农村集体计划模式又再一次成为历史的记忆，这些社会经济生产方式的前后更迭都保留在乡土知识和民间智慧里头。梳理它们同样可以把黄州农民绘画作三个时段来划分。

---

① 同上。

第一类，保留着传统农耕社会文化信息。中国传统小农经济是以家庭生产为中心，具有兼业化特征的经济模式。在黄州区域早期社会中，家庭父子、兄弟协作的劳动形式在灌溉农业条件下是农村最基本劳动组织形式，以宗法血缘关系为基础的家庭生活是农村主要图景，保留着这一记忆的作品虽然不多，但还是能从少数几幅作品中形象地读出上下尊卑、男女有别、男耕女织的社会角色意识和家庭观念。龙旭光的《九牛二虎》表现方法保留着传统织绣的记忆，同时还体现着农耕社会期盼生子的乡村习俗。在这类作品中，丰本生的《纺线》很有代表性，画面描绘了鄂东村妇掌灯夜纺棉纱的场景，少妇新房中的嫁妆还鲜亮如初，朱红的木漆上画满了象征吉庆寿喜的花纹图案，主人公的装束也是地道的鄂东民间妇女打扮：月白滚边的满襟褂，黑色剪贴绣的兜肚，精致的绣花鞋，还有那古老的木立柱式油灯，把人带回到一种如诗般男耕女织式的田园耕织生活图景之中，并为我们保留了中国农村转型过程中可信的视觉见证。

第二类，对应的是大集体生产时期农村热火朝天的劳动场面。大集体互助生产的方式刚刚逝去，但在集体生活中的情怀仍在农民画家心中挥之不去。当时的农业生产是在生产大队统一组织下，以生产小队为单位进行的，而小队又是以一个个小的村塆组成。一种新的集体劳动协作关系促使传统村落文化逐步解体。与传统村塆相比较，以小队为生产单位的村塆组织，全员皆农，血缘宗族观念也显得松散得多。这方面的代表作品有回龙镇吴世民《收芦苇》、龙旭光的《干鱼塘》、雷秋红的《嗑芝麻》、陈春花的《车水》等，而曹旺生的《春风又绿江南岸》则向我们展现了交通水平改善、农田水利建设之后农村移民建镇所带来的新的村落文化现象。

第三类，作品反映改革后农村生产协作关系再一次转换到以家庭为主的形式上来。乡镇企业的兴起、农产品商品化、农村都市化倾向逐步加深，使农村出现了前所未有的勃勃生机。冷华的《梨园》表现了新时期农村的一种新经

济生产方式——庭院经济。这种意义上的庭院再也不是封闭的、自给自足式的，而是以社会交换为前提，是以实现社会价值和农民自我经济价值为目的。社会文化结构的改变是以社会基本组织结构的改变为前提。消费文化、通俗文化经由以电视为代表的大众传媒深入农村，加剧农村社会的多元性和流动性。吴厚忠创作的《急雨》构思巧妙，描绘了乡镇集市上农民经营的小买卖在阵雨中抢收摊的场景。以家庭为单位的小摊铺，夫妻合手经营，配合默契，在这一特殊时刻被表现得淋漓尽致。

鹅嬉（冷华）

苏东坡当年第一次踏上黄州这块土地的时候，曾写下《初到黄州》的诗句，"长江绕郭知鱼美，好竹连山觉笋香"，于今这块古老的土地依然鱼米飘香，散发着新的活力，而这一切在新时代的农民画中都有朴实而形象的记录。在陶醉于一幅幅具有丰富想象力的画作之后，我们也看到了社会变革打在他们作品中深深的烙印。

第二节

手艺人的另类创造：黄州现代农民画三十年的创作

　　中国农民画是建国初全国性农村改造运动的伴生物，最初是作为一种政治宣传性的农村壁画形式出现的。中国农民画又称中国现代民间绘画，不过人们还是习惯称它农民画。在20世纪六七十年代的社会语境中，工农兵是人民大众的主体，工农兵大众文艺是先进的文艺。因此，当时的农民画被赋予了先进的、革命的、社会主义新文化的含义。20世纪80年代，以上海金山农民画为标志，原本是国家意识形态主导下的农民画开始走向了民间文化的回归之路。1988年3月，文化部正式命名陕西户县、上海金山、四川綦江、湖北黄州等45个地区为"中国现代民间绘画画乡"，并把这些地区的农民画创作经验推广到全国，再一次把农民画的运动推向了高潮。20世纪90年代，中国农民画有过短暂的沉寂，之后又在商品经济大潮的裹挟之下，转身"下海"，成为地方旅游文化市场中的特色商品。如今，农民画被各级政府作为高扬地方文化的旗帜，在非物质文化遗产保护与开发的热风中飘扬。

　　回顾中国农民画的发生发展历程，我们看到，这个孕育于特殊社会背景下的文化形式，在社会、政府、市场、专业辅导员以及农民画持有者本身等五种因素的合力作用下成长发育。它已然成为一个完整的艺术社会学文本。而今，它"花甲重开"，正好走过了六十年的变迁历程。然而，我们应该注意的是，中国农民画自诞生开始就表现出政治意识形态话语规约下的艺术特色，体现为一种输入式、嵌入式的文化生成模式。六十年的发展历史显示，在它的文化属性、艺术语言、画家身份等三个层面逐渐体现了出原生性的悖论。黄州现代民间绘画画乡三十多年的创作实践，也在一定程度上揭示了中国农民画原生性悖论的内涵。

一、文化记忆中黄州农民画

20世纪70年代后期，"文化大革命"极"左"的文艺思潮结束了，从此传统民间文化不再被认为是落后陈旧的东西。为了抢救和保护遭到严重破坏的民间文化，关于民间文化艺术的普查工作在全国展开。1983年，黄州区文化馆在对全区民间美术的调查中收集到大量刺绣、雕刻和绘画作品。这些作品内容丰富、形式别致、手法质朴。当时文化馆的管理干部敏锐地感觉到这些从农耕传统中生长出来的民间艺术大有挖掘、研究和推广的价值。在他们的组织下，挑选出一批长期从事漆画、雕刻、织绣职业的乡村手艺人，进行辅导培训。经过几年的努力，黄州农民画的创作逐渐形成规模，多次参加全国性大展。①1988年，自文化部命名黄州为"中国现代民间绘画画乡"之后，区政府加大了对黄州农民画的扶持力度。1990年12月，撤销黄冈县，设黄州市。当时的黄冈县还包括现在的团风县，所以这里讨论黄州农民画应当包括团风县的创作。2008年以来，在文化部三年一次的"中国民间文化艺术之乡"的评选活动中，黄州区三次获得了这一称号。如今，黄州农民画作为地方文化品牌建设项目已是区政府的工作重点之一。

在调查采访中，我们深切地感觉到，黄州农民画三十年发展的动力来自政府的强力推手。区文化馆直接组织与管理，并负责指派有美术专业教育背景的

---

① 历次黄州现代农民画培训班：1983年，黄冈地区群艺馆在原黄冈县举办首次农民画创作班，培训结束后，有两幅作品入选湖北省首届农民画展，两幅入选全国农民画展；1984年8月，原黄冈县文化馆举办第二次农民画创作班，参加培训的农民画作者10余人，完成作品15幅；1986年3月，原黄冈县文化馆举办第三次农民画创作班，参加培训的农民画作者20余人，完成作品30幅；1986年9月，原黄冈县文化馆举办第四次农民画创作班，参加培训的农民画作者13人，完成作品20余幅；1987年3月，原黄冈县文化馆举办第五次农民画创作班，参加培训的为12农民画重点作，完成作品15幅；1987年5月，原黄冈县文化馆举办第六次农民画创作班，为晋京展出准备作品，参加培训的为10农民画重点作，完成作品13幅；1988年4月，原黄冈县文化馆举办第七次农民画创作班，参加培训的农民画作者13人，完成作品15幅；1988年7月，原黄冈县文化馆举办第八次农民画创作班，参加培训的农民画作者12人，完成作品18幅；

人员作为辅导老师。黄州农民画在政府出面运作下播新闻、上展览、搞活动，确有耀眼的光环。不过，三十年的惨淡经营，除了迎接检查、参加展览等"应节性"的活动之外，黄州农民画的真实发展状况又是如何呢？

农民画是一个特定历史条件下的产物。在社会结构、生产结构、消费结构、文化观念发生变化之后，农民画的创作队伍、艺术价值、产业之路自然会在新的时代背景下凸显出难以排解的困境，而农民画的发展困境深深根植于它的亚民间性身份之中。

二、黄州农民画的文化身份

中国农民画在社会转型期不断被各种力量改造和重构，已经发展成为一个复杂的文化结构。与其他绘画样式相比，农民画的发展演变过程中所体现出的社会学意义大于美学意义。我们可以在原生性的民间艺术参照下从中国农民画的生成过程、历次命名的变更等角度考察它的文化身份。

1."他力"生成模式

文化的发展来自人类自身某种"深刻的需要"。马林洛夫斯基把这种因为需要而产生的文化推动力称为"文化的迫力"。[1] 也就是说，人的需要变为一种文化的迫力，而迫力使满足这些需要的行为与意识成为生活的常态。因此，关于某一行为和意识的常态就是结构到文化体中的单元——一个相对独立的文化事件。然而，同样作为一种民间文化单元，当我们把农民画与那些原生性民间艺术相比时，就会发现中国农民画六十年来的发展并非是出于农民自身的"深刻需要"，更不是源自农村社会物质与精神内需的"文化的迫力"，而是

---

① 〔英〕马林洛夫斯基：《文化论》，费孝通译，中国民间文艺出版社，1987年，第24页。

在他力的作用下所发生发展的。

就中国农民画而言，它的产生与发展大致经历了前后相继的三个阶段。农民画的第一阶段始于"大跃进"时期的江苏邳县、河北束鹿等地，当时这些地方轰轰烈烈的社会主义教育和农村改造运动把农民壁画推向全国乡村；第二阶段是20世纪六七十年代，这一时期有很多专业院校的美术老师被派往各地的农村，他们直接参与到农村政治宣传画的辅导与创作中来。农民画作为乡村文化革命的一部分被有组织地深入推进，陕西户县是这一时期的典型代表；"文化大革命"结束后，受陕西户县农民画的启发，上海金山农民画在专业人员的指导下，将创作模式转为对民间美术风格的追求，并借助刚刚改革开放的市场推动力，获得了较好的社会效应，这是农民画的第三个阶段。黄州农民画正是承继了这次变化效应，在区文化馆的积极组织下迅速兴起。应该说，到了这一阶段，中国农民画完成了"从政治宣传画到旅游商品"的转变过程。它的这次身份转变在与民间艺术的比较中体现得更加明显。

2. 原生性民间艺术的参照

从上述农民画发生发展的三个阶段看，中国农民画既属于农民又异化为他物，既是农民的艺术又大大丧失了民间性。它是主流文化与民间文化交互作用的产物，是一种"亚民间文化"。因此，它既区别于职业美术家们创造的精英美术，也区别于原生性的民间美术。[①]本来"亚民间文化"只是一种文化属性的定义，定义本身并无价值判断。但在与民间艺术的参照中，我们明显认识到农民画对于民间文化的附庸性。为了说明问题，可以把黄州农民画与鄂东本地的黄梅挑花、英山缠花两种民间美术进行比较。[②]

---

① 郎绍君：《论中国农民画》，《文艺研究》，1989年第3期。
② 黄梅挑花是黄梅县的民间织绣类艺术形式，属国家级非物质文化遗产项目；英山缠花是英山县民间线雕艺术形式，属湖北省非物质文化遗产项目。

黄梅挑花是当地人为了满足日常生活需要的一种刺绣行为。挑绣的内容是与人们福祉密切相关的象征性图案，刺绣的技巧也是本地世代口口相传的文化遗产；同样的，英山缠花是大别山人世代所珍爱的民俗艺术形式，是时令节俗、婚丧嫁娶的必备物品。生活需要和精神需要以审美的方式相互交织在这一物质形态之上。这两种民俗艺术都是以生活为基础创造出来的原生性民间文化形式，是农耕民俗文化的形象载体，让农民在人生与物候的节律中，自由地体验着艺术生活所带来的稳定与安详。与之相对的是，农民画从一开始就是由政府主管部门出面组织，美术专业画家辅导，由被挑选出的农民来创作三者结合的产物，从活动经费到最终的作品一切皆由政府买单。自始至终表现出政治意识形态话语规约下的艺术特色，一直与非民间性、非艺术性等因素交织在一起。

3. 农民画的名称变更

中国农民画的亚民间性是个历史性范畴。20世纪80年代中后期以来，当农民画逐渐演变为一种新型的旅游商品时，人们试图从国家层面将其重新解说或定义为当代中国农民的一种民间绘画艺术。于是便有"中国现代民间绘画""现代民间文化艺术"等概念的引入。[①] 从表面上看，命名的逐步规范好像是在寻找一个合适的名称，深层的含义则是人们对于农民画尴尬身份的认识，目的是为了在时代变迁背景下给农民画寻找一个文化立足点。

文化身份的认同与价值定位决定着文化的走向。农民画随"文化大革命"结束而走下了政治意识形态的神坛之后，便踏上市场经济之路。商品市场的力量暗含着一种强大的支配逻辑，就像水中的漩涡一样，利益追逐永远是那个漩

---

① 1988年文化把原来社会上俗称的农民画正是命名为中国现代民间绘画，并命名了45个现代民间画乡。2008年，文化部又将"中国现代民间绘画之乡""中国民间艺术之乡"统一为"中国民间文化艺术之乡"。

涡的中心。农民自己并不消费他们创作的绘画。它的欣赏接受者主要来自乡村文化之外的文化围观群体。在西方现代主义审美原则的参照下，他们好奇于民间艺术对于造型艺术的生疏与稚拙，也好奇于农民画审美中"土气"与"落后"等原始性边缘价值。艺术市场对于农民画的审美定位与农民不断追求生活现代化的现实之间形成了错位。农民的创作已不复来自自身的乡土体验和灵感，从而抹杀了农民画的艺术个性。显然，这与农民画的民间性相背离。

三、黄州农民画的艺术形式

1. 题材

从黄州农民画三十年来所积攒的代表性作品可以看出，农民画的创作题材主要有四种：农村场院小景、农业劳动生活场面、自然风光和传统图案。其中描绘劳动生活场面的占绝大多数。陈继光是黄州区多次表彰的农民画家。他早年跟随村社电影美工队画过幻灯片，与其他农民画作者相比，有较好的绘画基础。黄州区政府还专门为他出版了个人作品集，集子里的作品全是对于农村生产生活场景的描绘。如《鱼鹰捕鱼》《稻田养鱼》《牧羊曲》《皮影戏》等。老人已经70多岁了，有丰富的农村生活体验。在创作时，他自然而悠闲地展开如田园诗般的叙事性描绘，将个人生活体验和娱乐休闲结合起来。这本是一种令人神往的精神生活方式，也是一种感人的创作方式。但是，对于其他非农民来说，特别是年轻的后继者，这种田园牧歌式的图景只是一种模式，一种创作的套路。当农民画被生活环境和生计的压力抽离了真实情感之后，它还会打动人吗？从我们的采访中得知，农民画的作者的家里并不张挂自己的作品。当农民自己缺乏对于这种形式的感情投入时，农民画只能成为一种失血的文化样本。

可是，扎根在民俗生活中的民间艺术却是另一番景象。上述黄梅挑花中的

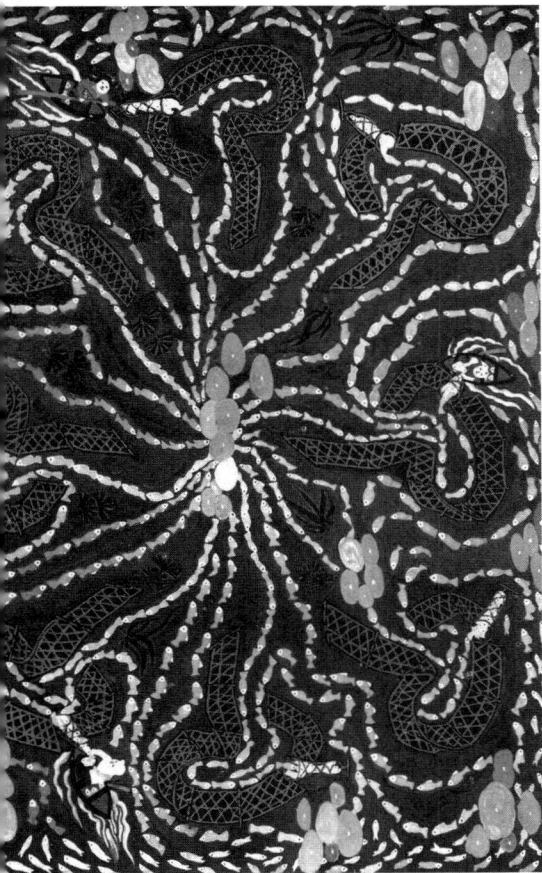

捕鱼（陈继光）

许多题材都包含着传统民俗文化中的象征主题。挑花图案中的"宗宝招亲"戏文故事是道德教化的需要；"五子登科""状元游街"是功名与福祉的追求；双鱼、龙凤、花草都是乡民们熟悉的趋吉避害的象征表达。它们首先是实用的艺术，然后才是审美的艺术。虽然这些民俗艺术也受到时代变化的冲击，但它们深深植根于生活之中，有较强的再生性。

2. 表现形式

精英艺术可以成为农民画艺术形式考察的另一个参照。精英艺术家的创作是创造性的，也是批判性的。每一位艺术家在继承传统的基础上都试图寻找一个排他性的语言风格来标识自我艺术王国的边界。尽管风格的师承关系和商品市场也会构成艺术风格的羁绊，但艺术个性是每一位艺术家不懈的追求。农民画作为民间文化艺术形式是基于艺术内容的民间性与艺术表现技巧的非专业性所作出的评价。

农民画的主要创作模式是对民间艺术形式的移植。[1]这种创作模式就是仿拓民间

① 郎绍君：《论中国农民画》，《文艺研究》1989年第3期。

艺术的特点，基本采用绘画平涂的方法摹拟剪纸、刺绣、皮影、年画等传统民间美术的风格，并加进一定程度的转换、拼接、综合等改造。农民画创作中的移植手法涉及民间美术的题材内容、艺术要素、表现手法等。而它与民间艺术最大区别在于：民间艺术的手法是象征性表现，而农民画则为叙事性描绘。因而，农民画缺少民间艺术背后那种深刻的文化内涵。在民俗艺术的创造传承中，文化象征是艺术形式承载物质与精神双重需要的内在逻辑。黄州农民画画家吴春娥老婆婆如今已经90多岁了。她早年的代表作《鸟窝》被中国美术馆收藏，其实她为生活所做的大红花刺绣被面可以看成这幅画的底稿。大红大绿的色彩，没有中间调，只用白色作为间色。这些民间配色原则被吴春娥直接迁移到她的农民画创作中。农民画馆驻馆画家龙旭光的表现手法也是从剪纸和皮影造型中借来的，只不过在他的画里多以平涂的形式表现生产生活场景。

四、主体的异化：黄州农民画作者的时代身份

在文化的创造与传承中，人是关键要素。20世纪80年代的初创阶段，黄州农民画队伍很快发展到了几十人的规模。三十年过去了，如今创作队伍中的主要成员仍然是那个时候成长起来的那批人。由于城乡经济生活的变迁，农民画不是生活所需，也缺乏市场经济的回报，新参加到创作队伍中来的后继者寥寥无几。据黄州农民画馆的统计，长期从事农民画创作的只有十几个人，其中被文化馆推介并签约的农民画家有16人，长期签约驻馆创作的1人。值得注意的是，这些人有四种身份：地道的农民、从事商业经营的城市居民、到城市打工的城镇居民、国家事业单位的职工。纯粹农民身份的只有两三个人。

时代变迁将农民画的主体异化为一个复杂的群体。黄州城市化进程很快，城市和乡村生活方式的趋同，导致乡土民俗的特点模糊。城市化不仅是居住环境、生产方式的转变，同时也是生活方式的变化，城市化进程中的农村也不再有滋养民间农耕文化的生态。主体的异化使农民画从一个民间艺术形式变为一种以身份命名的画种。面对农民身份的时代错位，今天的农民画是以农民的身份来定位还是以文化来定位呢？随着户籍制度改革，农民的社会身份终将是一个历史概念。即使保留农民的称谓，那也只是一个职业概念，要求农民保持千年不变的审美形态，并在一种落后、土气的文化追求上定位，显然是不合时宜的，时代的农民是不接受的。

五、结　语

黄州农民画是全国农民画发展的一个缩影。目前，国家大力繁荣民间文化，是彰显文化软实力的途径之一，值得提倡。不过在各级政府纷纷高调扶持农民画的发展之时，它的作者在那些热热闹闹的"大场面"中的身份是什么？这些活动对于农民又意味着什么？作为一种民间艺术样式，农民画在这些活动中的价值落脚点又在哪里？对于这些问题，我们应该追问。

中国农民画的原生性悖论和现实困境是政治性介入和商品经济胁迫合力的结果。发展到今天，在农民画持有者（农民）、专业辅导人员、学者、政府、市场五种合力作用下形成了社会学、政治学、美学、商品经济学四个层的意义结构。应该说，与其他绘画样式相比，农民画的发展演变过程中所体现出的社会学意义大于美学意义。

而今只有将农民画编织到画乡老百姓日常生活的逻辑中去，才能转换它现有的价值与身份困境，将其作为现代乡村精神文化生活的一个补充，引导它成

为农民日常生活中的一种娱乐休闲活动。积极提倡农民画进入农村社会日常生活，成为他们精神文化生活的一部分，让农民画成为农民的娱乐休闲方式是一种民本观念指导下的文化民生建设，它的实质是国家文化战略中提高文化软实力工程的核心问题。到那时，农民画才可能作为一种乡村文化，不显山，不露水，焕发出不竭的生命力。

第三节

回归日常: 农民画作为画乡民俗生活中的文化休闲

农民画不是一般意义上的民间艺术。它的早期是一种与社会主义乡村建设有关的文化事件和社会运动。在主流文化和民间文化的合力作用下，一些以县域为单位的农民画创作群体形成了各自相对固定的创作方式和组织模式。改革开放为上述方式的农民画画上了句号，此后，农民画回归民间文化阵地，在商业的墟市之间往来"赶场"，显露出了民间艺术所不该有的矛盾和"困顿"。学者郑土有和他的团队对全国12个省市的16个有代表性的农民画乡展开了为期五年的调查，并先后跟踪采访了150多位农民画家和专业辅导员。五年中，他们实地考察了这些地区农民画的发展状况，写下了两百余万字的调查报告。他和他的团队关于中国农民画有着非常复杂而深刻的认识。他在后记中写道："农民画正徘徊在十字路口，面临着方向性的选择。"[1]农民画的身份与价值取向决定农民画的发展方向，这是一个不容回避的问题。

自20世纪50年代的农村社会改造出现以来，农民画通过凸显农民这个特殊的创作身份，一直是农业集体化进程中农村改造的区域性宣传媒介，经过了农业合作化运动、人民公社化运动、"大跃进""文化大革命"等，得到了自我延伸与发展。这一系列社会运动为农民画的创造活动打上了深深的文化胎记，因此，农民画的健康发展应淡化非民间要素，将它编织到画乡老百姓日常生活的逻辑中去，转换它现有的价值与身份困境，使之成为画乡农民日常生活的一种文化娱乐活动。

---

[1] 郑土有、奚吉平:《中国农民画考察》，上海人民出版社，2014年，第1215页。

村头戏园（龙旭光）

一、提出问题：是谁的农民画？

中华人民共和国成立初期的那场农业集体化运动是一场改变中国几千年农业传统生产经营方式的深刻变革，也是中国共产党改造和重建乡村社会、经济结构的宏大社会实践与社会工程。广大农民既是改造教育的对象，也是教育改造运动的主体。农民的参与度是这场社会变革的特性、意义、成效程度的直接表征。[①] 为了配合这场宏阔的社会运动，在主流文化和民间文化的合力作用下，一些以县域为单位的农民画创作群体形成了各自相对固定的创作与组织模式。在那"激情燃烧的岁月"里，被挑选出来的农民作者以饱满的热情投入到文化和政治宣传创作中，他们的身份价值大于农民画的艺术价值。在这些农民作者的观念里，为了配合新生社会主义建设，画画已经不是一种自我消遣的艺术活动，而是等同于其他社员所参加的那些轰轰烈烈的农业大生产运动。怀着一种对新生活和新社会的向往与追求，他们表现出极大的参与意识与主人翁精神。陕西户县是全国代表性的农民画之乡。1965年，该县在城关举办了"新人新事作品展"。从《户县农民画研究》中提供的目录看，全部展品中的137件作品都与当时农村政治宣传和农业大生产相关，此时的农民画创作可以看作另一条战线上的大生产运动。[②] 无论画什么题材，无论采用什么样的表现形式，他们的画面都有一股扑面而来的激情。画作里表达了他们对新的社会制度的认同与期待。

20世纪80年代中后期，随着改革开放的深入，农民画被改为"中国现代民间绘画"，一些地方也被命名为"中国现代民间绘画之乡"。无疑，将民间的概念引入农民画的定义之中，不只是名称的变更，其深层逻辑是要给在政治

---

① 郭于华：《心灵的集体化：陕北骥村农业合作化的女性记忆》，《中国社会科学》，2003年第4期。
② 段景礼：《户县农民画研究》，西安出版社，2010年，第56页。

意识形态襁褓中成长起来的艺术形式转换身份，给农民画寻找民间文化中的立足点。民间概念的标签体现了国家关于农民画的文化策略，把它归还给农民自己，实现从强调农民画作者的身份到强调农民画的文化身份的转换。

最近几年来，国家关于社会主义新农村建设的号召再一次把社会各界的眼光集中到农民画上来。在文化软实力和乡村文化建设观念的驱使下，各种高规格的展览与论坛竞相举办。有调查表明，自2006年以后，每年全国性与农民画有关的论坛、展览活动均在20次以上。[①]这里只要简单梳理一下2014年主流媒体上关于农民画活动的新闻就可见一斑。5月21日，中国农民画在联合国总部展出，活动共展出了选自全国各族农民画家的108幅作品；7月25日，由中国文联举办的为期一个月的"青山绿水·中国梦"全国农民画展在杭州开幕，有来自全国22个省市自治区的135幅作品参展，据报道，展览还在杭州、西安和江西的万安等地设立了展区，同期，大会还在复旦大学举办了全国农民画作者培训班和作品研讨会；9月3日，"我们的中国梦·全国农民画展暨中国农民画学术研讨会"在江西万安举行，活动由中国文联、中国民协、中国文艺基金会、江西省地方政府联合主办，画展共展出来自全国28个省市自治区的300多幅作品；12月20日，由文化部公共文化司、中国农民书画研究会举办的中国农民画发展论坛在宁波举行，代表们谈画论道，共同梳理农民画的发展脉络，探讨其未来的发展之路。[②]此外，在2014这一年中，吉林、山东、江苏、湖南、贵州、广东等省的一些县市分别组织了不同形式的农民画活动。

从这些新闻里可以看到，近年中国农民画可谓好戏连台。但是，只要认真读这些新闻就不难看出，活动都是由专业机构精心组织，其背后都有各级政府作为强力推手。大力繁荣民间文化，是社会进步与自信的表现，是彰显"文化

---

① 郑土有、奚吉平：《中国农民画考察》，上海人民出版社，2014年，第56页。
② 中国新闻网，2014年05月22日；《中国艺术报》，2014年07月28日；光明网，2014年9月5日；人民网，2014年12月26日。

软实力"的途径之一，值得提倡。不过在各级政府纷纷高调扶持农民画的发展之时，它的作者在那些热热闹闹的"大场面"中的身份是什么？这些高规格的活动对于农民作者又意味着什么？对于他们而言，农民画在这些活动中的价值落脚点又在哪里？其实，我们应该追问。

二、困惑：市场的抑或是艺术的？

一开始，农民画就是由政府主管部门出面组织并委派专业画家辅导，由农民创作的指令性产物。虽为农民亲手创作的民间文化产品，在相当长的一段时间内它却只是一种"视觉化了的政治口号"，体现为一种输入式、嵌入式的文化生成模式。郎绍君先生曾撰文说，中国农民画既属于农民又异化为他物，既是农民艺术又大大丧失了民间性。它是主流文化与民间文化交互作用的产物，是一种"亚民间文化"。因此，它既区别于城市美术家们创造的美术，也区别于一般意义上的民间文化——原生性的民间美术。[1]本来"亚民间文化"只是一种文化属性的定义，郎先生这里也只用了城市的精英美术和原生的民间美术两个参照系，定义本身并无价值判断。如今，当我们考察它所反映出的农民画的文化身份以及由此产生的困顿时，就可窥见"亚民间性"真实涵义。近年人们似乎对农民画的这种尴尬的文化属性有所认识。[2]

20世纪80年代中后期，随着民间身份的回归，农民画逐渐演变为一种新型的旅游商品，人们试图将其重新解说或定义为一种民间绘画艺术，为农民画在市场中争取到一个合时宜的文化身份。然而农民画就像中国社会历史视域中的农民阶层一样，他们总是被置于伦理与道义的最高点，但从来只是一个被言说的对象。农民群体及农村社会往往被看成一个母体，知识分子与社

---

① 郎绍君：《论中国农民画》，《文艺研究》1989年第3期。
② 陆扬、赵娟：《金山农民画的困顿》，《马克思主义美学研究》2009年第2期。

会精英从母体中出走之后总会从道义与伦理上反哺农民和农村社会。但他们在观照农民问题时总不免带有一定程度居高临下式的同情，有时还夹杂着自我救赎般的复杂心绪。当文化部门关注农民画时，不自觉地对农民画展开专业规训。陈桥山是陕西的一位长期从事农民画辅导的优秀文化工作者，他就曾直截了当地说："没有辅导就没有农民画，有什么样的辅导就有什么样的农民画。"①上海金山的优秀农民画辅导干部吴彤章也表达了类似的感慨。无论哪种形式的专业化追求，都会使农民画走上精致化的道路。表现技术与审美问题使农民画成为少数人的专属，却让大多数农民敬而远之。这与它的民间文化属性相背离，还能叫农民画吗？

对利益的追逐永远是商业最核心的支配逻辑，来自市场的强大力量使得利益的输出与输入行为一定产生合目的的排他性，像水中的漩涡一样，追逐利润就是那个漩涡的中心。学者调查发现，当下的农民并不会在自己的环境中张挂农民画，日常生活中也并不购买农民创作的艺术品。而那些农民画的接受者主要来自于欣赏民间造型艺术中土气与稚拙味的文化精英，作为视觉习惯的补充与调节，他们看重农民画的是审美中原始性边缘价值。因此，艺术市场对于农民画的审美定位与农民不断追求生活现代化的现实之间形成了错位。农民的创作已不复来自自身的乡土体验和灵感，而是苦心孤诣地投合买方所好，迎合买主的趣味。他们投靠市场，背弃了自己原生态的生活方式，重复性制作那些在市场上被叫好的样式，从而抹杀了艺术的个性，逐渐形成了模式化的创作套路。这种同质化与趋同性的产业化生产加深了农民画的艺术危机，也体现了农民画家群体在市场转型中所面临的特殊风险。②

应该说，陕西的户县、上海的金山，还有今天浙江的秀洲等地的农民画曾

① 陈山桥：《安塞农民画辅导手记》，载许江主编《来自画乡的报告——全国农民绘画展文献集》，中国美术学院出版社，2010年，第419页。
② 陆扬、赵娟：《金山农民画的困顿》，《马克思主义美学研究》2009年第2期。

取得了不错的市场效益。这些地区成熟的农民画家借着当地农民画的名气或者经济发展前哨的优势，市场表现不错，但全国其他地区的农民画市场却举步维艰。从整体而言，过分倚重市场的力量，推行产业化的发展模式，使农民画的发展难以为继。艺术的商品化进一步加深了农民画亚民间性的身份尴尬，在与精英艺术与民俗民间艺术相比照时，体现出艺术和生存的双重危机。

中国农民画的亚民间性是政治性介入和商品经济胁迫下共同形塑的结果。而今应当远离美术学学科式的专业规训和过度开发的艺术商品市场，将农民画编织到画乡老百姓日常生活的逻辑中去，转换它现有的价值与身份困境，作为一种现代乡村精神文化生活的补充，引导它成为农民日常生活中的一种娱乐休闲活动。通观中国农民画六十年的历程，我们发现它经过了意识形态语境下的艺术创作形态和消费社会语境下的商品生产形态两个阶段。这是农民画的两种创作模式，同时也是农民画曾经有过的两种出路。其一，农民画在文化精英的指导下走专业化的道路，培育少数具有条件的农民画专业人才，以引领农民画的艺术创作，为农民画作为一种绘画样式探路保鲜；其二，毋庸置疑，在经济全球化的今天，对市场无法回避，因此，引导条件成熟地区的农民画走文化产业的道路，充分发掘它的市场潜能。

不过，通过上述农民画文化身份与市场际遇的讨论，我们知道，在专业化和市场产品化的观念里，缺少对于农民画持有者本位的观照，也是农民画发展困境之所在。笔者认为，我们应从文化民生建设的视角引导农民画向农民自我娱乐消费形态的转换。

三、出路：作为画乡日常生活中的自助式关怀

文化身份的认同与价值定位决定着文化的走向。农民画正逐步向现代乡村民间美术的一个品类转化，尽管"身世复杂"，但应看作是时代背景下社会对

于民间文化价值取向的表征，它与民风民俗之间若即若离的关联反映出农民经济与文化的生活状态。马林洛夫斯基在研究文化功能的结构时强调，"我们一定要把一切文化事实放入到他们所处的布局中"。①换句话说，我们应从文化生发的原点和文化的内需来思考文化的价值。

　　如前所述，精英艺术可以成为农民画价值思考的一个参照。精英艺术家的创作是自我的，是创造性的。每一位艺术家在继承传统的基础上都试图寻找一个排他性的语言风格来标识自我艺术王国的边界。尽管风格的师承关系和商品市场也会构成艺术风格的羁绊，但艺术个性是每一位艺术家不懈的追求。而民间艺术则是在地域和群体的集合模式中实现对生活体验、日常知识的表达和描述。日常生活是一个开放的系统。农民的个体生活体验、对未来生活的向往与选择，也会在彼此关联的状态下自由地生成与表达。长期依附于土地的中国农民对于传统农耕文化具有天然的认同感，民间文化是他们与生俱来的生活文化。农民画可成为乡村生活性的休闲艺术形式是基于艺术内容的民间性与艺术技巧的非专业性做出的判断。

　　从艺术与生活的关系来讲，农民画作品是对日常生活类型化的描述，有些像"嘉年华"式的农家乐。也许正是这种类型化的日常生活叙说，才有可能把它由一种嵌入式的社会性艺术活动，转变为扎根在乡土生活中的活的民俗休闲娱乐方式，让农民在人生与物候的节律中，随性而无功利地体验着艺术生活所带来的稳定与安详。上海金山是改革开放后发展起来的农民画创作代表性地区，在国际国内有很大影响。一个有趣的现象是，改革开放之后金山的女性农民画家比例很大，她们的作品多取材于身边的日常生活情趣，如农民画家曹秀文的作品《过年》《回娘家》《科技致富》都是这类作品的代表。②那些劳动

---

① 〔英〕马林洛夫斯基：《文化论》，费孝通译，中国民间文艺出版社，1987年，第59页。
② 许江主编《来自画乡的报告：全国农民绘画展文献集》，中国美术学院出版社，2010年，第82页。

场面和节庆欢愉被表现得细腻而充满感情，创作方式上的类型化手法就像通用语言一样带着温情与亲切，很容易被大家接受，成为日常语境中便利的休闲与消费对象。

从艺术创造与技巧层面上来讲，农民画作为日常休闲娱乐的方式，可以不拘表现手法、表现媒介，是随性的、天然的。一种非专业性的群体活动必定有很高的趣味性和普遍的参与度。其实关于日常生活研究的成果就已经提示我们："并非所有的行为（包括精神活动）均要求有创造性思维，或者只在一个很小的尺度上要求创造性思维。在日常要求和日常活动的多元复合体中，如果我们均要求创造性思维，那么我们简直无法存活下去。"①农民的文化身份的规定性注定了他们不会追求精巧的艺术表现力，也没有可能进入到高雅的艺术创造状态中去。它反而会像当下风靡全国的广场舞一样，成为多数人的生活性艺术形式。换句话说，提倡农民画作为娱乐消费不只是让农民生产专业的艺术品，而是强调其作为艺术的票友式、卡拉OK式的娱乐消费方式。农民画应该成为一个有限共同体的"公共民俗"，②是地缘、业缘共同体人们的文化娱乐习惯。享受农民画的艺术创作过程是一种为了生活有序与精神完满所从事的主动性文化消费活动。

近现代中国发生社会变革以前，民间民俗传统休闲娱乐的方式均以优秀民俗文化为核心内容。而在当代中国，民间文化娱乐的方式仍然是以民俗生活为主要内容的。它是普通生活作为审美观照对象的自足式关怀，对于那些质素厚朴、积极稳健的中国农民来说，内涵深厚的民俗文化符合他们在娱乐休闲活动中的精神需求，带给他们无限的心理自足与文化适应性。让新时代农民能够享受自己的艺术创造，特别是要体验民俗艺术的过程，让农民画从尴尬的社会活

---

① 〔匈〕阿格妮丝·赫勒：《日常生活》，衣俊卿译，黑龙江大学出版社，2010年，第11页。
② 周星：《从政治宣传画到旅游产品——户县农民画：一种艺术"传统"的创造与再生》，《民俗研究》2011年第4期。

动和市场的无奈中回归到民俗生活现场中来，是农民画的价值转向。

民生就是民众为了满足自身多种多样和不断变化的生活需要而摄取、利用和消费生活条件，用以维持自身生存和成长的具有直接消费性特征的各种活动。①老百姓的衣食住行是直接性的消费，文化、教育和卫生也是直接性的消费。因而，文化也是民生。文化民生，是指文化层面的人民生计。它事关人民群众的精神信仰、思想状况、文化权益和生活品质，体现国家的"软实力"，是民生之魂。没有文化的民生是不完整的民生，是不健康的民生。②文化民生建设解决了文化发展为了谁，依靠谁，成果由谁分享等基本问题。文化娱乐是人的精神生活的直接需要，应该说它是民生的高级形态。

民间民俗艺术休闲活动是农耕文化中特有的文化现象，是民众直接的低成本消费性行为。在一定区域内，特别是农民画画乡，它还是个历史性范畴。人的属性是社会性的，在一个群体中开展活动能够提高普遍的参与度，在这点上，政府、社会、学者是可以有所作为的。全国知名农民问题专家贺雪峰在湖北的乡村文化建设实践经验值得借鉴，那就是建立开放灵活的协会组织，在自由、便利、互惠的气氛中形成各种组织形式——类似如腰鼓队、广场舞队这样的民间绘画艺术组织。在社区、村镇的统一指导和管理下，将这些组织纳入农村社群文化行动中来，以绘画群团之间的交流比赛、展览观摩、游戏表演为中心开展活动。

四、结 语

中国现代农民画在短短的几十年的变化历程中，让人看到文化、个人、

---

① 陈洪泉：《民生需要论》，人民出版社，2013年，第13页。
② 柳礼泉、肖冬梅：《文化民生：改善民生进程中一个需要深切关注的领域》，《湖南大学学报（社会科学版）》2010年第6期。

社会、国家如此复杂地纠缠在一起，其实是在说明文化对社会改造的力量只能来自于人的内生力量，来自于人对文化的依赖。文化是生活中为自己建构的符号，它的目的是用来解决人的生存问题，一旦这种符号被移作他用，离开人最本真的需要，那么这个文化样式可能就离它衰落的日期不远了。

农民画在社会转型期不断被各种力量改造和重构。发展到今天，在农民画持有者（农民）、专业辅导人员、学者、政府、市场五种的合力作用下形成了社会学、政治学、美学、商品经济学四个层面的意义结构。应该说，与其他绘画样式相比，农民画的发展演变过程中所体现出的社会学意义大于美学意义。积极提倡农民画进入农村社会日常生活，成为他们精神文化生活的一部分，让农民画成为农民的娱乐休闲方式是一种民本观念指导下的文化民生建设，它的实质是国家文化战略中提高文化软实力工程的核心问题。

第四节

农民画与乡村社会:国家、地方和农民间的互动

农民画兴起于1958年"大跃进"运动中,是建国初全国性农村改造运动的政治伴生物。回顾其发生发展的历程,我们看到,这个孕育于特殊社会背景下的文化形式,在社会、政府、市场、专业辅导以及农民画作者等多种因素的合力作用下成长发育。今天,它已花甲重开,正好走过了六十年的变迁历程,已然成为一个结构复杂的艺术社会学文本。因此,我们不仅要着眼农民画美学层面的讨论,还应把视线从一般民间文化或民俗文化上移开,对它做一次社会学检视。通过对农民画六十多年创作过程的描述,考察在农民画运动中,国家、地方和农民个人之间经由农民画创作活动所展开的互动方式和互动机制,并藉此分析三者在不同时期关于文化的表述及其话语途径。

本着上述思路,返回到建国初乡村社会改造那个火热的情境中,考察国家如何通过农民画这个文化形式实现对农村社会的整合。也许我们还应该探讨在政府通过文化运动实现农村社会改造的机制中,如何理解国家、地方和农民个体之间的关系?农民与国家、地方与国家、地方与个人之间的关系是一种自上而下的单向关系还是双向的关系?

从农民画入手所涉及到的问题不只是民间文化的问题,也不是一个纯粹民间艺术的问题。自农民画出现始,六十年社会制度与农民画变迁的历史让我们看到,狭隘地将农民画当做一种艺术形式研究其美学趣味的思路很难解释农民画发展中的问题与现象。在以往的研究中,人们多认为农民画是国家为了配合农村社会改造运动嵌入农村社会的文化行为,这只是从国家对于地方和农民的单向关系来考察文化发生的历史现象。其实我们还要从农民对于地方与国家的

自下至上的关系来观察，才能从中找出符合宏阔社会背景下农民画运动的历史情境，进而揭示农民画兴起与发展过程中国家、地方以及农民的互动及其与社会制度变迁的关系。农民对于国家号召的积极响应反映在具体行动上，也表现在作品的内容和作品传达出的情绪中。

从表面看来，农民画的组织、宣传、发动都是由国家也就是政府出面执行的，农民作为行动的接受者，是一个被支配的对象。然而，从另一个角度说，农民作为农民画运动的实践主体应承这一行为，而且在建国后多次轰轰烈烈的农民画创作活动中以一种积极而高涨的姿态投入其中，这就构成了国家与农民之间密切的双向对应关系。① 尽管这种关系是在延时性的、隐形的，甚至是滞后的方式中展开，但我们不能否定这种关系的存在。② 尽管20世纪中国农村集体化运动中农村社会是一个正在建构的对象，农民个体也是被支配的。但是"被支配者不仅接受、认可了它，而且对它做了创造性的理解和解释。这可以说是一种支配过程中被支配者的主体性发挥"。③ "被支配对象的主体性"出现就是支配与被支配的之间的对话关系的建立，也是对话的开始。

从"大跃进"到"文革"，再到改革开放后，农民画一步步向民间文化回归。农民画发展的显性线索是时序与社会空间框架下的制度变迁逻辑，然而在这个框架中同时展开的还有国家、地方、农民三者在一个长时段中所进行的一种延时性的互动对话关系。

---

① 江苏邳县在跃进农民画运动中有这样一个记载：全县掀起了宣传总路线的高潮，20万人的宣传大军战斗在农村各地，美术组起了先锋作用，壁画、招贴画像一面战鼓，激动着人心，像一只号角鼓舞着斗志，很多地方的农民画家挑灯夜战，配合生产中心通宵画画。
② 国家和农民用农民画的方式进行对话，彼此的对话关系存在于一系列由政府主导的运动中。运动开展中的政策文件、指导性意见在传达与执行过程中的时效性、延续性决定了彼此对话的延时性，同时在农民画创作活动的执行与反馈过程也延续了对话的时效过程。当然农民画六十年的过程，彼此之间可被看做一个延时性的、持久的对话过程。
③ 郭于华：《心灵的集体化：陕北骥村农业合作化的女性记忆》，《中国社会科学》2003年第4期。

回顾农民画六十年的历程，按照它与社会政治制度之间的关系，并结合艺术风格分析可分为两个时期，每个时期又可分为两个阶段。从20世纪50年代中期农民画迅速兴起到"文革"结束，这是农民画的第一时期。这一时期的农民画在集体化运动和"文化大革命"中发挥不同的作用，也呈现出不同的风格，可分为两个阶段。1980年之后，无论是艺术风格、文化身份还是它与社会政治之间的关系都与第一个时期不同。改革开放之后，民间文化迎来了新的发展机遇，农民画以区域社会的民间文化身份出场，在全国许多县级行政区域蓬勃开展。此后，国家文化部多次授予了陕西户县、上海金山、湖北黄冈等全国几十个县市"中国现代民间绘画之乡"的称号。2000年之后，非遗热潮在中国兴起，农民画再次被地方政府重视。在市场巨大吸引力的裹挟之下，农民画凸显了它的民间艺术属性和地方性特征，各地农民画活动也风生水起。

六十年农民画历程，农民作者在前后两个时期的四个阶段中，始终处在国家、地方之间关系的不断调整中，始终以他们特有的文化表达方式与国家和社会进行着低调而执拗的对话。因此，只有将农民画放入到一个前后连贯的发展脉络中考察其演变轨迹，我们才能感受得到农民画持有者的文化主体身份与持久的创造力。一种文化形式只有在它的文化主体身份得到彰显时，其文化创造力才不会枯竭，这也是农民画作为一种"次生性"民间文化形态在经历了多次社会变迁之后仍然保持较强生命力的真正原因。

一、中国农民画原发性背景：建国初的农村集体化运动

今天看来，建国后面临着两个不同层面的任务。一方面，一个刚刚建立的新兴国家，一穷二白，百废待兴。因此，全面实施国家的政治、经济与文化建设，实现近代以来众多先行者的强国梦想，带领国人从贫穷走向富裕，完成历代仁人志士民族振兴的夙愿——这是总体的，也是长久的任务；另一方

面，基于对当时国内外形势的判断，特别是对发生战争的高度警觉，一个紧迫的现实任务就是国内各项建设一定要"随时能够成为反对帝国主义侵略战争的基础"。[1]就当时来看，夯实农村经济社会的基础是打赢这场战争的战略性任务。在这种背景下，农村全面实行农业合作化运动，聚集并有效支配社会资源，改造传统小农经济，提高农业生产率以服务国家安全战略需要成为当时中国政治生活中的重要任务。

在这一战略性思想指导下，1953年12月16日，中共中央作出了《关于发展农业生产合作社的决议》。为了进一步地提高农业生产力，中央决定党在农村中工作的最根本任务，就是要善于用明白易懂而为农民所能够接受的道理和办法去教育和促进农民群众逐步联合组织起来，逐步实行农业的社会主义改造，使农业能够由落后小规模生产的个体经济变为先进的大规模生产的合作经济。自此以后，各级政府相继抓紧了发展农业合作社的工作，全国很快掀起了兴办农业生产合作社的热潮。[2]

1956年，全国实现了初级合作化，很快又实现了高级合作化。经历了几千年的个体生产的农业生产组织方式，在短短的几个月"一下子就轰上去了"，[3]实现了合作化。在这种情况下，农村社会建设与组织所要解决的问题，所面临的困难就可想而知了。在今天看来，历史的跨度实在太大。但一种被充分调动起来的社会情绪激荡着所有人，社会各界怀着一腔热情和无限期望投入其中。

1958年8月6日，毛泽东视察河南新乡，发出了"人民公社好"的号召。

---

[1] 时任湖北省委第一书记的李尔重口述。转自马社香《中国农业合作化运动口述史》，中央文献出版社，2012年，第440页。
[2] 中华人民共和国国家农业委员会办公厅编《农业集体化重要文件汇编（1949—1957）》，中共中央党校出版社，1981年，第215页。
[3] 时任中央农村工作部部长邓子恢语。转自陈大斌《从合作化到公社化：中国农村的集体化时代》，新华出版社，2011年，第157页。

8月29日，中共中央作出了《关于在农村建立人民公社问题的决议》，9月30日，中共中央发布了《人民公社化运动简报》。在一个多月的时间里全国已基本实现人民公社化。①新生的共和国对这样一种新生的社会组织形式寄予了巨大的希望：农业合作化的展开和人民公社的成立会使中国尽早结束几千年来的小农经济落后形式，使社会主义的农村快速跨入集体经济，走上工业化道路。人们对这种制度的欣喜之情溢于言表："一种新的社会组织像初生的太阳一样，在亚洲东部的广阔地平线上出现，这就是中国农村中的大规模的、工农商学兵相结合的、政社合一的人民公社。"②

随着人民公社在全国的成立，为了迎接这样一种新生事物，全国性的农村社会宣传教育运动也成为社会改造运动的重要内容。1957年8月，中共中央颁布了《关于向全体农村人口进行一次大规模的社会主义教育的指示》，指示明确了农村社会主义教育的主要目标：要巩固合作社制度，加强贫农中农的团结，提高农民群众的更大的生产积极性，改进合作社的工作，巩固工农联盟，完成国家购粮任务，保证整个国家经济计划的顺利进行。③1958年8月29日，就在中共中央通过了《关于在农村建立人民公社问题的决议》的当天，中共中央再一次发出了《关于今冬明春在农村普遍开展社会主义和共产主义教育运动的指示》。的确，在这一社会运动中，声势浩大的农村教育活动和政治宣传起到了重要作用。1958年，江苏邳县、陕西户县、河北束鹿等地为配合社会主义农村改造组织了大规模乡村农民壁画运动。与此同时，《人民日报》《新华日报》《光明日报》《中国青年报》等一些重要的报刊纷纷加入其中，不约而同地报道了这些地区开展农民画运动的情况。农村轰轰烈烈的宣传教育运动把群

---

① 中华人民共和国国家农业委员会办公厅编《农业集体化重要文件汇编（1949—1957）》，中共中央党校出版社，1981年，第84页。
② 中华人民共和国国家农业委员会办公厅编《农业集体化重要文件汇编（1958—1981）》，中共中央党校出版社，1981年，第110页。
③《人民日报》，1957年8月10日。

众性的文化艺术变成新生中国社会主义改造运动的一部分，而且这种运动模式一直在逐步深入推广。

1961年，随着《农村人民公社条例》（俗称六十条）正式颁布，中共中央又一次向全国发出了"普遍地进行一次社会主义教育"的号召。在随后的几年中，以中央的名义出台过一系列关于开展农村社会主义教育的文件。农村社教、农村讲"三史"等等都是这一时期社教的政治任务。这些文件的出台直接推动了农民画形式在全国农村迅速展开并得到推广。对于这场持续开展的社会主义教育运动，王光美同志在当时的一个发言中认为"这次社会主义教育是一次伟大的革命运动，是一次比土地改革更为复杂的大规模的群众运动"，"是一次比土地革命更尖锐、更复杂、更艰巨的阶级斗争。"。[1]梳理农民画早期的发展过程，对照建国初期国家关于农村集体化系列政策背景，其实我们不难发现，农民画其实是紧紧围绕建国后农村合作社、人民公社这两个农村集体化过程中前后相继的运动而展开的，是社会主义农村教育的一部分。一种新生的社会政治、经济组织形式的产生成为了农民画兴起的决定性制度背景。所以，这个时期的农民画是一种政治行为，农民画创作的目标和主题就是要实施对落后的个体小农生产者农民的教育、宣传农业集体化的优越性，从而完成农村社会主义改造任务。

二、辅导者、县级文化馆："文革"及以前农民画的组织机制

"大跃进"时期，出于农村社会主义改造需要的明确动机，经由国家动员起来的乡村壁画运动蓬勃地开展起来。在这个运动的各级组织中，人们的情绪相互感染，火热的社会气氛与上下一致的社会动机之间互相满足，互相补充，

---

[1] 中华人民共和国国家农业委员会办公厅编《农业集体化重要文件汇编(1958—1981)》，中共中央党校出版社，1981年，第754页。

如此就将一个以农民为主要对象的农民画运动演绎成一个恢宏的仪式，承载着社会建设的任务。新政权的建立和巩固以政治运动作为基本机制与途径，大大小小的运动，一波接一波的高潮充盈着整个社会。运动在中国半个世纪的社会历史中已经成为常态的动员和运作机制。[①]通过运动机制，国家权力与政治力量深刻而透彻地嵌入普通民众的日常生活之中。

在20世纪初以来，以土地革命为代表的乡村社会现代化冲破了宗族、地方乡绅等传统乡村社会力量，地方政府作为国家意志的权力延伸，替代了传统乡村社会中的宗族和乡绅。急促的农村社会集体化运动让传统宗族系统中的血缘个体以平等的社员身份出现，与国家保持着直接的政治与经济关系。因此，在集体化运动中，伴随深入的土地改革，农民日常生活的空间、时间、信仰、生活节奏全部都在集体操作之中，国家权力与个人之间没有一个可以迂回的空间存在。广播、报纸、会议作为农民个人与国家的交流平台，其实只是单向的，是自上而下的。所以，作为乡村社会改造的一部分，农民画运动的发动及组织管理是经由国家体制下的地方组织和知识精英实施的。这也是新中国国家权力向农村基层社会延伸的基本模式。通过土地改革和乡村社会教育运动，很快建立起国家在农村的权力网络。

（一）农民画辅导者作为国家身份的出场

前文已述，"文革"及在此之前的农民画约有20年的发展历程，前后可分两个阶段：农业集体化阶段以及"文革"阶段。集体化时期包括合作化与人民公社化运动。两个阶段的划分主要依据农民画创作的目的、背景以及创作风格。当然，对于农民画运动在"文革"及以前20多年历程的划分，一方面是为了梳理农民画运动变迁历程，另一方面，为问题的讨论提供方便，即试图从农

---

① 郭于华主编《仪式与社会变迁》，社会科学文献出版社，2000年，第364页。

民画在农村社会运动的动态过程中揭示农民画作者的身份，在时代与人的一静一动的比较中突出文化创造中农民不变的主体身份，从而明晰社会运动的组织者与执行者双方之间的对应关系，以此彰显农民画组织者与农民之间存在的对话身份。

农民画运动是社会改造运动中一种被选择性的对象。每一个地区的农民画背后都有一大批辅导者，大型建设工程中的美术宣传培训班、农民夜校、专业院校与社会联合创作等等，都有专业骨干的身影。自始至终，西安美术家协会、西安美专（现在的西安美术学院）的教师对于陕西户县农民画的蓬勃兴起起到了至关重要的作用。1958年户县聘请了陕西省美协的修军来户县讲授壁画的创作方法，当时有200多人参加了讲座[①]。1958年至1959年间，户县先后在太平农田基本建设工地、秦岭甘峪口水库工地开办业余美术培训班。1958年12月20日，由西安美术学院和户县共同举办的"户县农民美术专科学校"在陕西户县西南的甘峪水库工地上成立了，教师由美院教师和县文化馆干部担任[②]。丁济棠是这些活动的见证者：1953年，丁济棠师范毕业，成为一名小学教师；1956年被户县抽调至县文化馆担任群众美术辅导员；1957年抽调至陕西省群众文化艺术馆干部训练班学习。短短几年，丁济棠从一个农民画被辅导者逐步变为一个辅导者。这种从专业技术的接受者到技术的输出者的身份转换，不只是关乎美术专业技术的学习过程，作为政府主导的群众性美术活动，辅导者是当然的管理者，是农村革命"文化战线上的指挥员"。建国初，全国上下大兴农田水利建设，一些大型工程工地把从各地抽调出来的民工都以准军事建制方式管理：生产小队为班，生产大队为连，公社或者区设立营，县为团级建制。农民画辅导者是这个准军事指挥系统内的指挥员之一，农民画宣传工作也就是工程会战中的一部分。

---

① 同上，第98页。
② 段景礼、王忠第主编《户县农民画春秋》，中国档案出版社，1999年，第12页。

陕西户县谢志安是全国闻名的农民画画家，他创作的《老书记》一度在全国家喻户晓。同是农民画的创作者和辅导者，他对于农民画辅导者的作用和政治意义十分清楚："文化馆是在党和政府领导下，宣传党的方针政策，开展群众文化艺术教育活动的重要事业部门。宣传工作要为群众作示范，带动全县宣传工作的开展。"①可以想象到，在早期户县农民画活动中，如果没有文化馆的业务干部、西安美专的专业教师的辅导，也许就没有户县农民画后来的成绩。

1958年前后，中央美术学院和中国美协许多艺术家们纷纷参加江苏邳县组织的农民壁画活动，对那里的壁画运动起了积极的推动作用。不仅如此，1958年5月初，江苏省群艺馆到邳县运河镇开办了美术培训班，把邳县壁画运动推向了高潮。②可以说，没有农民画的辅导者就没有这些地方农民画的兴起和发展。

由政府派下来的辅导干部实际上具有双重身份，一方面是社会改造运动和农村文化教育的管理者，他们是国家干部，代表着国家的意志；另一方面是专业技术的输出者。因此，被县级文化馆和公社推举上来的农民画创作者与这些干部之间的关系就不只是专业学习中知识的授受关系。当农民画创作者加入绘画活动中来，接受辅导者的绘画技法和观念，创作出符合辅导者意图的农民画，也就认同了国家的政治权威。江苏邳县在跃进农民画运动中有这样一个记载：全县掀起了宣传总路线的高潮，20万人的宣传大军战斗在农村各地，美术组起了先锋作用，壁画、招贴画像一面战鼓，激动着人心，像一只号角鼓舞着斗志，很多地方的农民画家挑灯夜战，配合生产中心通宵画画。③这种积极投

① 同上，第57页。
② 江苏群艺馆，《江苏邳县农民壁画选集》，人民美术出版社，1958年，第2页。
③ 中国美术家协会南京分会筹委会编《江苏省邳县农民画文集》，上海人民出版社，1958年，第15页。

村头围歼黄鼠狼（谢宝华）

入的热情本身表明对这一宣传形式的接纳和认同。

　　绘画不只是用作审美的对象，不只是摆弄几块颜色和几根线条的事情。绘画是一种有效的交流与表达的语言媒介。就农村社会来讲，农民画是一种社会各界喜闻乐见的、便捷的视觉表达与交流方式，接纳与认同是对话交流的开始。

　　辅导者代表国家派出的管理者与农民画作者之间的关系，在农民画艺术创

作活动中得到了整合。进一步说，农民画创作运动本身就是通过这种关系的建构将农民、农村社会整合进国家这个抽象的结构之中。农民画辅导者和农民艺术交流的互动模式成为一种重要的机制，不过这种互动关系，在这一阶段是自上而下的，有时还是强制性的。其实，农民画辅导者对于这种关系是有明确的认识的。当时全国美协主要领导王朝闻就说："党的领导对群众美术运动中起了决定性的作用，专业美术工作者（包括文化馆的干部）的辅导对这一运动的发展也有积极影响。辅导的目的主要是提高创作的质量，因为业余创作还需要提高，工农群众要求专业美术工作者的辅导。辅导对我们的辅导者来说，有自我改造的作用。辅导过程也就是向群众学习过程。向群众学习，主要是学习工农群众的思想感情。"[①]可以看出王朝闻在这里还强调了辅导过程中的双向关系。农民作为新社会的主人，工农兵大众代表着先进与积极的方向，农民的这个身份在农民画运动中至关重要，所以王朝闻强调了辅导者学习关注农民画的思想感情价值。

（二）县级政府和文化馆、站的力量

美国学者杜赞奇通过调查资料探讨了20世纪初中国乡村基层文化权力网络模式及其与国家政权建设的关系。在他所分析的基层文化权力网络模式中，文化与权力的资源来自传统乡村社会不同阶层，或者主要来自宗族、宗教等由乡绅精英构成的阶层。精英被乡村组织推选为权力与文化表达的代言人式的经

---

① 王朝闻：《工农兵美术，好！——在全国美术工作会议上的发言》，《美术》1958年第12期。《美术》杂志在农民画运动中起到了重要推动作用。在社会主义改造运动中，在美术界贯彻执行党的文艺方针和政策，团结全国的美术家，利用舆论工具为社会主义的新美术服务。新中国美术的核心价值观是社会主义，其指导思想是毛泽东的文艺观，其理论话语是社会主义现实主义，并逐步形成了大众主义的美术话语、民族主义的美术话语及具有科学主义倾向的美术话语体系。在具体的话语实践中，有政策性的引导、理论性的批评、组织策划的讨论、各种消息的报道。

纪人，这就是被他称为乡村权力建构中的经纪模式。[①]与杜赞奇所总结的国家权力建构中的文化网络相比，建国初农民画运动所采用的基层社会建构网络是一个正在建立中的社会权力网络机构。它完全抛弃了传统文化网络中所依赖的地缘与血缘的资源，这些资源在土地革命中受到了巨大冲击。农民画运动直接以刚刚建立的、代表国家意志的职能部门执行文化事务的管理——即以县级文化馆为主要组织机构主导一个县域的文化宣传活动。文化部门作为政府的职能机构代表国家直接管理文化事务，它区别于杜赞奇所说的经纪人管理模式，而是农民直接和国家打交道。这就是为什么，全国各地在集体化运动中迅速兴起的农民画运动只是在县一级行政区域中展开，各地均以县级行政区划名称来命名农民画，如户县农民画、束鹿农民画、邳县农民画等等，而不像民族民间艺术、民俗艺术那样取决于自然地理空间因素。建国初，县级以下代表国家的权力机构还在改造、调整与建立中，真正有全面执行力的基层权力机关还只停留在县一级政府。[②]所以，在这一时期农民画的创作实践活动所采用的组织机构是国家在社会主义农村改造运动中探索的一条新型的文化权力管理模式，它与杜赞奇所分析的近代中国国家权力建构的文化网络模式不完全一样。

在我国社会主义改造运动中，国家对于各级政府有着具体的责任要求。在合作化运动中对县一级政府的责任和要求是："应该成为领导互助合作运动的主要环节。"[③]新中国县级行政区域是什么？它的区域范围不是族群范围，不是社区民俗文化共同体，也不是承载着乡土记忆的乡村家园。县级行政机构是国家的"地方化"，是代表国家在地方行使权力的下级行政机构。县级行政组织

---

① 〔美〕杜赞奇：《文化权力与国家：1900—1942年的华北农村》，王福明译，江苏人民出版社，2010年，第21—23页。
② 建国初期一直到五十年代末期，县级政府设立文化馆，上级行政单位省、地区、专署设立群众文化艺术馆，在县级以下公社、区等设立文化站，早期还有俱乐部机构。
③ 中华人民共和国国家农业委员会办公厅编《农业集体化重要文件汇编（1949—1957）》，中共中央党校出版社，1981年，第226页。

是20世纪50年代初基层政治权力运作中最体系化的一级。它的国家身份体现在两种行为之中：一是对国家话语的直接输送，通过新闻、报纸、广播和会议直接将国家的意志传送到农民中去；二是对国家话语的操作，将国家意志与本地农村改造和生产运动结合。这两个任务都得依靠完备的政治权力运作体系来完成。在当时的中国，县以下刚刚建立起来的农业合作社以及后来建立起来的人民公社虽然有工农商学兵的组织成分，但其主要职能是组织农业生产，是完成农村建设的执行者。因此，县里的文化建设号召和组织行动都是国家行为，体现的是国家意志。由县里委派指定的管理者、辅导者都是国家的代表，可以看做国家身份的出场。从这一点上讲，农民画作者与管理者、辅导者的关系就是国家与个人的关系。新中国成立之后，对国民政府留存下来的民众文化教育馆进行了社会主义改造，仿效苏联称人民文化馆。截止到1953年底，全国共建设有县级以上文化馆2470多个，文化站4560多个，[1]这是建国初城乡文化建设的桥头堡。县级文化馆是县政府的文化职能部门，是县级权力机关的组成部分。

"没有工人阶级的领导，农民自己就不能搞社会主义，单靠农民的力量转到社会主义去是不可能的。有了工人阶级的领导和帮助，有了国家工业化才能供给农民大量的机器，然后实行土地国有化、农业集体化才有可能"[2]，县级人民政府是工人阶级领导的人民权力机关。建国初期的集体化运动中的农民画是各地县级文化馆、站、俱乐部直接组织发动的结果。

1958年8月18日，《人民日报》发表了《人人齐动手，村村是画廊，束鹿、邠县两县壁画化》的报道，大力倡导"人人当诗人，个个是画家"。这一口号当时风靡全国，国家媒体大力宣传，各地文化馆迅速组织美术骨干，办培训班，开讲座，检查指导和推动各地区的壁画运动。紧接在民歌之后，

---

① 李秀忠、李妮娜：《当代中国乡村文化建设问题研究》，山东人民出版社，2014年12月，第69页。
② 中华人民共和国国家农业委员会办公厅编《农业集体化重要文件汇编（1949—1957）》，中共中央党校出版社，1981年，第31—32页。

群众业余美术创作，又以排山倒海的气势，在新中国各地活跃起来。1958年8月中旬，江苏邳县全县有近百分之五十的乡村家家户户有壁画，全县共有壁画十八万三千幅。官湖镇一夜之间就画了壁画五百幅。[1]1958年，河北束鹿县县长亲自撰文在《河北画报》介绍束鹿县壁画运动。文章说，全县一个多月内有十五万余人参与了这一运动，画出壁画十一万余幅，出现了"家家诗歌户户画"的宣传局面。[2]"大跃进"运动中的陕西长安县韦曲文化俱乐部流传着这样一首歌谣：生产越紧张，宣传更加忙，生产到哪里，文化到哪里。[3]

农村集体化运动时期，县级及以下行政机构和文化馆对农民画运动组织管理实施过程大致分三个时期：

第一个时期，1953年至1957年。1953年，文化部发布了《关于整顿和加强文化馆、站工作的指示》，提出了当时文化馆建设中存在的问题，明确了文化馆（站）为群众服务的目标。1956年，又下发了《关于群众艺术馆的任务和工作的通知》，对群众艺术馆的性质、任务、编制、经费等做出了明确规定。为配合乡村社会主义改造的政治宣传，全国许多地方在文化馆的辅导下建立一批农村俱乐部，在俱乐部中设立美术宣传小组。1957年，江苏邳县农村美术创作小组发展到30个。从县级文化馆到社队俱乐部，从文化站再到美术组，一个体系化的农民美术组织机构建立起来了，并着手群众性美术的辅导培训，这为后来农民画的蓬勃发展在机构和队伍上打下了基础。

第二个时期，1958年"大跃进"前后。这个时期的典型应该是陕西户县、江苏邳县以及河北束鹿。这些地方的文化馆成为美术专业人员参与辅导的重要组织平台，在他们的组织下，一些省市和国家专业美术机构中的画家参与并开

---

[1] 王朝闻：《枝高叶大的群众美术》，《人民日报》1958年8月30日。
[2] 石熠明：《河北画报·束鹿壁画专号》1958年11月。
[3] 《活跃在农忙中的俱乐部》，载甘肃省文化局办公室《全国文化行政会议部分文件汇编》，1958年12月，第43页。

设备种美术辅导班，他们直接和农民合作或个体辅导，创作壁画、漫画等农民画形式，有力推动了农村壁画运动，培养了一大批乡村美术工作者。1958年9月，《美术·壁画专号》发表了编辑部主题词《促进美术大普及大繁荣》。题词号召广大美术专业画家贯彻毛泽东关于群众美术"普及与提高相结合"的方针，为促进群众美术大普及大繁荣献出自己的力量[①]。一些有成就的艺术家，如华君武、吴作人、古元、米谷等都参加过邳县的农民画辅导工作。这一名单还可开出一长串，他们的参与推动了农民画到北京、上海等地举行画展，出版画册。华君武、米谷还和当地农民合作完成作品，结集出版了《合璧集》。在这一时期，各级县委县政府与文化馆组织机构一道成为中国农民画运动的第一桥头堡，为农民画创作从普及走向提高培养了队伍，锤炼了艺术表现手法。这为农民画从漫画的语言方式转向一个更专业的绘画语言方式——年画、宣传画方式提供了可能。

第三个时期，1960年初至"文化大革命"结束。经过前一个时期宣传活动的积累，农村美术宣传队伍不断壮大、不断成熟，在专业美术工作者的辅导和帮助下，各地农民美术组的创作水平都有很大提高，他们活跃在县级文化馆周围，继续成为农村"三史"宣传和配合当时政治运动宣传的重要力量。"文革"开始之后，"农民画站到了阶级斗争的最前列"。[②]农民画的主题发生了变化，主要配合农村"文化大革命"宣传，其主题变为与"文化大革命"相关的红画兵、农业学大寨、大批判运动。

当然，这一时期农民画的创作者和辅导者的自由表达空间极为有限，地方文化以及个人关于文化的认知体验也在一定程度上被遮蔽了。乡土是中国文化的典型胎记，村庄是社会生活的基本单位，然而我们看到，在这个阶段农民画的考察中，似乎很难引入民间文化与乡土性这一视角。专业创作人员的大量介

---

① 《促进美术大普及大繁荣》，《美术》1959年9月。
② 段景礼：《户县农民画研究》，西安出版社，2010年，第109页。

入使"文革"阶段的农民画创作具有了学院情节、精品情节，农民画创作在一定程度上开始转向艺术本体的追求及对艺术语言和艺术表达方式的关注。①当然，对艺术阶级属性的强调使绘画语言形式退居第二，艺术的内容、目标与意义却是这个文化活动的核心。

文化馆作为各地农民画的重要阵地，在这一时期的组织功能发挥得更加充分。除了组织培训、创作活动之外，还推动了各地之间的农民画交流，举办了各地巡回展览，甚至出国展览，以及组织农民画的出版、农民画新闻电影的摄制等。文化馆作为全国县市农民画普及与联络的重要牵头单位，为农民画在全国推广起了重要作用。

三、文化身份转向：1980年以后的农民画

20世纪80年代，改革开放带来了民间文化的复兴。此时，国际视野中六七十年代以来关注民间文化的思潮也吹进了中国，文化精英主动将农民画从政治神坛引导到民间文化日常环境中来，大力提倡保护民间文化。这是全球化视野下关于民间文化复兴的一种表现。借着民间文化的整体复苏，政府一度给农民画改名，给农民画画乡命名。国家通过文化政策的及时调试，将文化表述的侧重点从农村集体化时期强调农民画作者的农民身份转变到强调农民画的民间文化身份。这一转变意味深长。

改革开放之后，农民画吸收了民间艺术的要素，实现了在全国20多个省100多个县市的普及。目前，全国有68万个乡村的数百万农民绘画者，但农民画创作组织模式依然依赖着第一个时期农民画的组织模式，即以文化馆为主导，精英艺术骨干组织辅导，农民参加。但有所不同的是，农民画的创作内容

① 农民画经过了普及提高之后，吸收了传统年画、版画以及宣传画手法，其表现风格由漫画式开始转向宣传画和年化风格，这个问题需另有专文讨论。

自此变为农民日常生活、民间情趣、民俗风情的叙述与表达。绘画的题材与情趣凸显了农民画家们对乡村文化身份的关注，即作为个体文化创造者自身立场的表述，生活的表述，也是以民间文化的立场表述。文化馆在这个时期农民画创作中同样起到了重要作用，他们对于民间文化的热情促使他们在组织管理中尊重民间文化立场和发挥其艺术魅力。

面对新的制度与文化语境，国家通过文化政策的调适，实现了文化表述的侧重点从强调作者身份到强调文化身份的变化，农民画向民间文化的回归，试图还原为某一地域人群的地方性文化特征，镶嵌进民间风俗之中，突出农民自己生活的叙述。正值乡村社会改革开放，物质生活丰富所带来的喜悦之情，借由民间形式唤起了对近代以来久违了的传统农耕文化的怀念与记忆。主流文化精英担负起引导文化回归乡土的职责，如此，便有了文化寻根热的蜂起。不管地方还是个人，文化的地方性特色受到了普遍重视，农民画创作也在极力挖掘地方文化的形式语言元素。从农民画作品风格来看，农民画创作对地方民间文化特色的表达成为这时期的主要任务，也留下了许多有艺术感染力的经典之作。

在全国农民画中，上海金山农民画起步较晚。1974年陕西户县农民画到上海办展览，上海文化部门非常重视。之后又发文要求上海各县市学习户县经验，开展农民画创作活动。如今，我们从金山农民画的风格来看，最初的那些创作明显吸收了传统民间艺术的元素。第一批农民画家大都是当地民间艺术的能手，当时的辅导员通过对民间艺术理论的总结，提炼出一些基本元素，用于充实指导农民画家的创作实践，这样逐渐形成了金山农民画的独特风格。在造型方面，农民画家不用写生的方法，而是以目识心记的方法来表现对象，通过平面距离表达空间。物体的颜色表现也是出自内心感受，不受自然的限制。①

---

① 唐葆祥：《吴彤章口述历史》，上海书店出版社，2016年，第102—103页。

金山农民画题材丰富、主题多样，但最主要内容仍然是描绘江南水乡纯净、清新、质朴的农村生活风貌，多表现鸭子、鱼塘、织布纺纱等日常劳作的场景，展示果园、菜田的丰收景象，描绘群众喜闻乐见的民间趣事和丰富多彩的民俗风情。①从艺术形式上看，上海金山农民画在色彩的表现上已形成了较为鲜明的特色，对色彩的自由运用成为他们表达感情的重要语言。农民画家偏爱对比明快的色调，把民间艺术中色彩的装饰性特色发挥出来，在强烈的对比中追求和谐。

农民画的第二个高峰在20世纪90年代中后期。当时市场经济发展进入了快车道，关于"文化搭台，经济唱戏"的观点被人普遍接受。随着非遗文化热潮的勃兴，地方政府积极开展各种有关农民画的学术研讨会、作品展览。作为地方社会文化自觉的一种表现，在许多地方以政府主导的农民画活动风生水起。农民画创作活动由集体化时代国家层面主导的政治仪式变为地方政府主导的文化仪式。

2000年伊始，国际社会关于非物质文化遗产中对民间文化的保护观念传播，促使中国社会将农民画提高到民间文化遗产的高度来认识，在许多场合还纳入到民族文化体系中来。因此，农民画一下跃升到更大的文化表述体系中，与民族国家相联系，代表国族进入国际视野。农民画也似乎一夜之间成为地方可挖掘的宝库，跨省区展览，甚至出国展览，活动频繁举行。2014年，名为"世界情·中国梦"的中国农民画在联合国总部展出，向世界展示了中国乡村文化建设的成就。农民画的地方性、民族性也似乎成了它具有超越性的身份。

近年来，各级政府大力推动农民画的发展，农民画作为一个公共文化领域继续拓展，各方参与其中，互动的网络更为复杂。画乡主动将农民画纳入民间文化体系中来加以改造，把它作为地方文化标志性符号精心建构，寻找可资利

---

① 郑土有：《金山农民画的审美启示》，《杭州师范学院学报(社会科学版)》，2006年第11期。

用的文化身份资源。这是一种地方利益追求过程中的策略性体现，也可算作地方对国家文化建设的积极回应。一部分在集体时代头顶农民画家光环的农民画家积累了丰富的个人资本，在这种背景下都有所作为。回归民间，回归艺术技术与审美本体，农民画在一些地方得到了很大发展。

技术语言的相对成熟，创作方式的相对模式化，外部环境对民间文化艺术的关注与尊重，对乡土文化身份的尊重，强化了农民画作为地方文化标志的符号化特色，也强化了农民画作为旅游、地方化标志的特色。就农民画艺术本体而言，地方文化馆、站在这一时期是将农民画作为一种艺术现象来组织管理。因此，此时的农民画最为纯粹，为艺术而创作。全国也掀起了农民画创作高潮，极大地提高了农民画家对自己文化形式的热情和社会对于农民文化的关注度。

四、农民画六十年：关于文化的互动与对话

1940年，毛泽东在《新民主主义论》中说："中国的革命实质上是农民革命……新民主主义的政治，实质上是授权给农民……大众文化，实质上就是提高农民文化……农民的问题就成了中国革命的基本问题。"[1]农民是国家建构中重要的组成部分，与工人一起成为新型国家的主人，因此，以阶级类型为划分标准的艺术形式使它具有天然的政治身份。新生的社会主义政权国家，农民占主体，它的确需要作为农村主体也是国家主人的农民积极参与。那时，农民与国家之间一直保持着较好的互动关系。

农民画是20世纪50年代农村社会主义改造和文化建设的区域性探索。作为一种脱胎于农村壁画运动的政治宣传方式，它不能简单称为民间艺术，而应该

---

[1] 毛泽东：《毛泽东选集》第二卷，人民出版社，1991年版，第692页。

算作新生社会主义中国在社会建设、文化建设领域里的一个极富实验性的社会活动。以农民画为线索所展开的一系列国家政治运动，以及与之相关的地方组织结构、文化制度等构成了六十年关于农民画丰富的意义空间和复杂的结构关系。六十年的农民画运动过程显然不只是文化学者或者艺术史家才能解读的一个文化事件，而是艺术作为政治文化现象的诗学展示。在这史诗般的展开过程中，农民画已然成为了国家、地方和个人在经济文化与社会制度变迁背景下，关于文化表述时得以沟通的话语途径，并通过这一途径建构了互动关系。

互动即对话，对话就有话语途径，农民画的组织与创作就是这种途径。农民画是乡村社会变迁背景下国家、地方及个人在不同时期的特殊话语媒介。与其他话语不同的是，这套话语是以群众文化、民间文化为中心展开的。在对话中，它使用了一种来自原生性、民间性的，最为传统的文化符号去助力社会制度建设，继而达到国家现代化目的。当然，对于组织者来说，这之间的紧迫任务不是对传统形式简单的改造和嫁接，而是传统国家展开的关于文化制度建设的一种尝试。其真正价值存在于与之相关的制度与社会运作之间，同时在这些制度与文化机制的基础上，国家、地方和个人才有关于文化表达的可能。

在一定制度和文化背景下，特定文化群体为达到某种流畅的交流目的，需要同在一个文化表述体系之中。这个经过约束性规定的表述体系在农民画第一时期可称为国家话语体系，即关于社会制度、社会运动、新时代的日常生活等综合性表述。中国农民画创作活动以改革开放为分界点分为两个时期。两个时期中，国家、地方和农民个人三方在运动结构中的关系不一样，目标也不一样。但是从经由农民画建构起来的这一文化与社会运动机制的连接点来看，三者都统一于文化表达这个基点上。1965年春节前夕，陕西户县文化馆对当时的农民画创作曾专门发出通知，要求配合"破四旧、立新风，过一个革命化的春节"。通知要求农民画创作必须坚持"十画十不画"的原则。[①]户县的农民绘

① 王圣华：《新中国农民画的传播——以户县农民画为研究案例》，光明日报出版社，2015年9月，第92页。

画活动通过乡村社会运动开展起来，又在新的社会体制中得到保障和约束。如此，个人与国家的联系在运动和机制的运作中就建立起来。正因为六十年来中国农民画丰富的含义才使得各方在这个表述和被表述过程中建构了一个复杂的互动关系。

从社会互动角度探讨国家、地方、民众的互动关系与社会变迁的关系，就要求人们不只是从国家对于地方、民众的正向关系看待历史问题，还要从地方、民众与国家的反向关系来观察社会历史现象，从中找出更加全面符合客观历史的真实规律来。[①]中国农民画的创作过程不只是历史的简单叙述，而是不同历史时期各自文化立场的叙述。因而它的历史价值建立在活动多方关系的建构之中，这为我们对于制度与文化关系的考察又提供了一个极好的观测角度。六十年的农民画其实就是围绕为什么创作、为谁创作、以什么身份创作这三个核心问题展开的。

集体化运动时期农民画主题是社会改造和农民教育。这个时期农民画的文化表达内涵是什么？一句话，内涵集中在对新生的社会制度的高度认同。农民画创作在明确的政治意识形态规约下，是关于国家政治生活日常图景的叙事，作为文化表述者，农民强调了自己作为特定社会身份的积极心态，表述的就是新生社会制度背景下的价值观，并试图回答社会改造进程中个人所面临的问题。

分析各画乡农民画作品，无论是什么题材，无论是什么样的表现形式，画面都有一股扑面而来的激情，明显地呈现出一种对新生活、新社会的向往与追求。创作活动中的参与意识与主人翁精神，对传统观念的自觉改造，成为此时农民画运动蓬勃发展的突出情景。对新的经济生活方式的高度认同，进而激发了一种对社会进步的欢欣鼓舞，这是农民画运动开展的基础。在那个"激情燃

---

① 唐力行主编《国家、地方、民众的互动与变迁》，商务印书馆，2004年，第3页。

烧的岁月"里，被挑选上来的农民画作者以饱满的创作热情，投入到农民画创作中。在他们的观念里，画画已经不是一种自我消遣的艺术活动，而是等同于其他公社社员所参与的那种轰轰烈烈的社会主义改造运动。如果说这个时期农民画的创作有什么艺术上的纯粹因素的话，那就是农民作者对于艺术原初性语言形式的自然表现。

国家与民众产生良性互动，上下形成合力，人们思想进路趋于同一方向，才能有效地、最大程度地推进社会改造。从近代走出的中国大众，其实不约而同地自觉背负起民族国家现代化的任务。从民族国家建构过程中的历史叙事来看，建国初的农民画运动就是一个继土地革命之后农村现代化的局部性活动。此时的农村社会主义改造中农民画运动应该看做是兴起于20世纪初的民族国家对现代性追求的一部分。对农民画创作现象的考察，必然要联系到近代以来中国作为一个民族国家现代化过程中政治和文化精英的努力和目标。国家、地方和个人是统一在社会主义革命总体目标之下，三者最大限度实现了行动的一致性，目标的统一性。只不过艺术的技术属性、专业属性使得这种文化形式的现代化模式不能在全国全面铺开，而是在一些有条件的地区尝试着进行罢了。

中国农民画文化现象的主体是一种关系性的整体，通过活动的执行实现农民、辅导者、管理者三者间的关系建构。在集体化运动中，为了达成农村社会主义改造任务，国家通过艺术创作权力的分享与下放，凸显农民画创作者在场的特殊身份，实现了国家与个人间的关系建立，为农民当家作主提供注解，也是农民当家作主的实现方式。一方面，农民作为新中国的主人，掌握文化的权力；另一方面，以严格的城乡户籍制度，以及农村集体化的经济制度为基础的农业生产组织模式，为农民画创作活动的发动与组织提供了强有力的制度保障。

国家对运动主导的本质就是一种社会运动，针对于农村社会整合与改造的运动，农民画成为这种社会整合力的助推器。农民画与民间艺术相比，具

有很强的权力特征。农民参与创作，绘画技术没有成为他们表现自己的生产生活、所见所闻的障碍，这其实就说明这种表达媒介所具有的强制性。强制来源于权力，用于社会整合目的的权力是国家授予的，因而农民画创作成为权力运作的媒介。国家对于权力的这种让渡加强了地方社会组织过程中整合的力度，也通过这种媒介实现了社会改造的目的。农民画作为一种视觉表达方式，是思想与理念最为便捷的传播方式，特别是对于缺乏文字阅读能力和阅读时间的社会基层而言，农民画的开展与社会改造相结合显得十分便利。

春米（苗东花）

　　自农民画肇始，它的创作活动一直是新生中国许多地区农村公共领域里的重要活动，在各个时期都体现了这些地方关于区域文化表达的策略。往往这些地方的农民画兴起，在它的早期主要依赖文化干部的对政治文化的敏锐和组织能力。他们无一例外都是当地县一级文化馆从事了多年群众文化艺术管理与创作的骨干力量。而他们对于农民画的兴趣和激情，则主要来自多年工作中积累起来的对民间文化深厚感情。这份感情是真挚可佩的，也是不可以替代和超越的。

20世纪80年代以后，农民画创作的个体性增强，从创作内容上来看属于私人日常生活领域里的文化活动。作为文化策略，地方文化精英们将民间文化经过改造，以地方的身份主动融入国家文化战略中来，寻找可资利用的社会资源。这是地方以民间文化传统回应国家新时期的文化建设，回应文化全球化的便利之举。他们将农民画第一时期对意识形态的敏感转变到对民间文化形式的审美上来，开掘农民画的社会和商业空间，并且基于市场消费的逻辑运作模式，展开农民画创作活动。这是一种地方利益追求过程中的地方文化自觉和策略性体现。

　　国家与社会的退场，使得作为个体生计方式，或者作为精神需要的文化艺术又在开始松散的群体边际生长并慢慢走向中心。地方通过农民画创作活动文化策略在市场和社会双重场域中申索地方的话语权益，农民个人则在地方政府的运作下，充分利用这一平台实现创作者个体在文化和经济上的利益。农民画创作成为了非农经济生产方式的一种补充途径，由先前集体创作模式转移为个体方式。伴随着城镇和非农就业的扩张，农村社会发生了历史性变迁。农业就业人口显著递减，大量束缚在土地上的农民开始大规模离开土地，构成了世纪之交前后几十年中出现的一个迁移在城市和农村之间的巨大农民工群体。农民画创作队伍也发生了变化。

五、结　语

　　以国家话语建构起来的场域向心力越大，对于民间文化自主性生长的影响力就越强。中国农民画的出现及其概念的产生从来就不是一个单纯的艺术学现象。从农民画的出现来讲，我们可以找到它明确的起止时间，明确的创作群体，明确的地方性空间关联，也能清晰梳理出时代制度背景。农民画现象的清晰过程，揭示了一个政治意识形态统领之下的文化实践性事件。在国家、地方社会

和个人多种力量的合力作用下，六十年的变迁过程已经形成了一个丰富的社会学文本。从历程与事件、共时性与历时性等角度留给我们足够的解释空间。

文化是人们在生活中为自己建构的符号，它的目的是用来解决人的问题，一旦这种符号被移作他用，离开人对文化最本真的需要，那么这个文化样式可能就会慢慢退化。在中国农民画短短六十年的变化历程中，可以看到文化、个人、社会、国家如此复杂地交织在一起。这就说明文化对社会改造的作用来自于人对文化的依赖。国家对基础权力网络的建构是通过给地方社会的事物授权，地方又在具体实施与操作中体现这种权力关系。那么，个人就是这些具体活动的关节点，此时文化似乎就成为三者在社会场域中相互交合的一种粘接剂。在这种情境中，文化本身的价值其实已经不重要了，国家、地方和个人的多向互动与对话关系顺利展开才是主要的。逐渐地，文化就会因为偏离了文化产生的原生动力场而失去其应有的活力，迫使它回归或者衰落。

作为社会活动的农民画是社会结构系统的一部分。我们对它的考察也可以从社会结构要素中的时空交汇特性来解释：时间被解释为与特定的制度背景相关的过程节点，空间可被解释为特定地方性文化传统情景。在文化实践中，时空的交汇是一对不可分割的要素，彼此相互关联。这种时空交汇的特性成就了农民画创作现象在中国几个地区首先迅猛发展起来。以区域为组织单位的农民画创作如果脱离了特定时代需求，没有制度性助推力，那么它的空间特性就变得清晰起来。改革开放之后，农民画遍地开花，全国有几十上百个展开创作活动的地区。这是对农民画从共时性特点方面的考察。当然，农民画的历时性特色需从主体身份入手，然而这又是一个话题。

第五节
"跃进农民画"：社会运动中被异化的诗性

中国农民画是伴随着20世纪50年代农业合作化、农村人民公社化这两个前后相继的集体化运动而迅速兴起的群众性艺术形式。在1958年"高歌猛进，乘风破浪"的"大跃进"运动中，作为农村社会政治宣传动员的重要方式，农民画得到了迅猛发展，[①]涌现出了以江苏邳县、河北束鹿等为代表的农民画典型地区。在中国农村社会主义改造那史诗般的恢宏背景下，农民画的演进贯穿了这场运动的全过程，并以风格的演变线索勾画出其与乡村社会制度变迁之间的清晰理路。中国农民画是在农村政治运动中激荡起来的艺术形式，因而，它不是真正意义上的民间艺术。如果单纯从艺术特征上对它展开分析，远不能揭示这个在特定制度背景中产生的艺术现象。鉴于此，本文以1958年"大跃进"前后的农民画运动为对象，从艺术本体出发，结合社会制度与建国后文艺思潮的变迁，把它还原到那个热烈的政治语境中，试图分析它与新民歌运动之间铺张在"诗画满墙"中的呼应关系，解读那份异化了的诗性表达。

一、画配诗：与新民歌相呼应的"跃进农民画"

20世纪50年代中后期，农村合作化运动迅猛发展，国家开始酝酿逐步向社会主义过渡的制度设计，加快了向社会主义过渡的步伐。在短短的时间里，

---

① 《生产大跃进，文化艺术紧紧跟——记全国农村群众文化艺术工作会议》，《美术》1958年05期。

谁也不愿当"小脚女人"，[①]人民公社"一下子就轰上去了"，[②]基本完成了传统农耕组织模式在制度上的改造，由此一场轰轰烈烈的农村社会主义改造与宣传教育运动全面展开。而顺利地开展社会运动的关键就是要采用合适的方式，以达成社会动员最佳的效果。在当时，中国文盲人口数量占到全国人口的八成，其中农村文盲人口率更是高达95%以上。[③]"共产党政权怀着创建一个新世界、建立一套共产主义思想体系的宏大理想，而面对的却是一个数量极其庞大的目不识丁的农民群体，要让他们具备接受一整套思想体系和革命话语体系的能力，将是一项浩大的工程。"[④]面对一个文字阅读成为障碍的受教育群体，针对基层的宣传教育与改造将如何开展，这是运动的发动者和组织者们不得不面对的问题。

（一）"跃进歌谣"声中的"跃进农民画"高潮

新民歌是"大跃进"形势下的产物，郭沫若称其为"跃进歌谣"。[⑤]作为与"大跃进"潮流相伴出现的农村教育形式，为了讨论的方便，本文也将这一时期全国各地创作的农民画称为"跃进农民画"，以揭示二者在时代关联中的历史记忆。郭沫若先生在他和周扬选编的《红旗歌谱》序言中为这个运动提供了注解：跃进歌谣唾弃了一切妨碍他们前进的旧传统、旧习惯，表达了劳动人民的雄心壮志，是欢乐之歌，勇敢之歌。[⑥]就在1958年成都会议召开之后的

---

① 毛泽东批评当时的农村工作部部长邓子恢语。转自杜润生《杜润生自述：中国农村体制变革重大决策纪实》，人民出版社，2005年，第56页。
② 时任中央农村工作部部长邓子恢语。转自陈大斌《从合作化到公社化：中国农村的集体化时代》，新华出版社，2011年，第157页。
③ 国家统计局发布《中华人民共和国国家统计局关于第一次全国人口调查登记结果的公报》。高书国：《中国扫盲工作的成就与经验》，《基础教育参考》2014年第7期 总第175期。
④ 郭于华：《民间社会与仪式国家：一种权力实践的解释》，载郭于华主编《仪式与社会变迁》，社会科学出版社，2002年，第366页。
⑤ 郭沫若、周扬：《红旗歌谱》，红旗杂志社，1960年，第3页。
⑥ 郭沫若、周扬，《红旗歌谱》，红旗杂志社，1960年，第2—3页。

几个月里，中国成了诗的国家，诗的海洋。"几乎每一个县，从县委书记到群众，全都动手写诗，全都举办民歌展览会。"①

诗画结合本是中国古代文化史中最经典的一种文化形式，不想在20世纪"大跃进"运动中演奏了一段别样的插曲。"大跃进"中的农民画创作与民间歌谣运动是诞生在那个特别岁月里的一对孪生姊妹。它们在当时的农村各种空间中有着形影不离的亲密关系。同为政治宣传工具，往往在村社的标语、宣传栏、墙报、黑板报、连环画、壁画、招贴画中一起出现。遗憾的是，以前的农民画研究者较少关注二者之间的关系。

面对建国初中国农村人口的文化状况，作为简洁明快的视觉宣传方式，农民画以线条造型为主的方法很快被没有美术基础的农民所接受。同样的道理，朗朗上口的民间歌谣、快板诗是农民喜闻乐见的形式，复杂而深奥的政治宣传内容在听闻之间皆可成诵。结合了视觉图像与文字语言这两种最简洁的方式，"大跃进"期间的社会动员成就了一种最有针对性、最有效的宣传媒介——农民画。农民画与"新民歌运动"相互呼应，相得益彰，在全民的呼喊中迅速掀起了声势浩大的创作高潮。许多地方"举目可看画，抬头可吟诗""村村有壁画，处处墙头诗"。②这一时期江苏的邳县、河北的束鹿成为了全国其他地区开展农民壁画运动的学习榜样。据统计，到1958年8月，邳县共画出了十万五千幅壁画，百分之五十以上的乡社做到了户户有壁画。张贴画也是遍地开花。③河北束鹿也报道，仅一个多月的时间，就绘制了近五万幅壁画，创作了八万多首街头诗。在村口与街头几乎没有空白墙壁，四月间即已实现"家家

---

① 徐迟：《一九五八年诗选》，《诗刊》1959年第4期。
② 姜维朴：《诗画上街，大放光彩》，《美术·农民壁画专号》1958年第9期。
③ 江苏省群艺馆、人民美术出版社合编《江苏邳县农民壁画选集》、《江苏邳县农民张贴画选集》，人民美术出版社，1958年9月。

诗歌户户画"的大跃进目标。① "大跃进"民歌反映了当时劳动群众不断高涨的革命干劲和生产热情,农民画的创作也大大地鼓舞了这种干劲和热情。激情饱满的跃进诗画成了广大农民在田间地头的政治鼓动便捷形式。

有了农村社会主义改造需要的明确动机,经由国家动员起来的农民画运动、新诗歌运动蓬勃地开展起来。在这个运动的各级组织机构中,人们的情绪相互感染,火热的社会气氛与上下一致的社会动机之间互相满足,互相补充,如此就将一个以农民、农村为主要教育改造对象的运动演绎成一个恢宏的仪式。

(二)画与诗结合的宣传形式

在中国古代绘画中,诗书画印的结合是艺术形式与审美意境双重的结合。一方面,诗文的书写作为书法艺术在绘画平面上的位置经营、风格选择、形式构成是艺术家在创作中十分讲究的问题,书法往往会起到画龙点睛的效果,两种艺术形式相互辉映,从而形成一个艺术整体。另一方面,诗词的内容与绘画形象之间互相衬托,画是诗意的视觉营造,诗是画的意境阐发,二者在形式和内容上珠联璧合。这和新诗歌与农民画因为政治宣传而结合的形式有很大的不同。

也许参与绘画创作的农民可能还是身怀某种技艺的民间手艺人,然而在这场艺术的普及运动中,政治对艺术与技术的征用仅仅是用来表达和激发一个新生社会的高昂情绪。作为宣传工具的农民画,图像和文字主要服从于宣传目的。诗的文字形象与画的视觉形象是两个独立的表意符号,如前述,在独幅农民画的结构中,二者的关系不是艺术的整体关系。例如,1958年邳县八集乡文化站集体创作了农民招贴画《收玉米》,画上题诗:"社员力量高过天,不信

---

① 时任河北省束鹿县县长石熠明撰文介绍大跃进期间束鹿壁画运动。《河北画报·束鹿壁画专号》1958年第11期。

你来看一看，种的玉米没法收，攀高登梯用斧砍，两人抬着扁担弯。"画面表现的是三个人正在收割玉米，一人站在梯子上用斧头砍伐玉米穗子，另外两个人在高大的玉米秸秆下用扁担抬着一个巨大的玉米棒子。形象表现单线平涂，用笔简单，人和玉米的造型夸张。这是那个时代的典型创作模式，与传统精英书画题咏形式相比，歌颂农业高产的民歌在画中的书写不是以审美的方式出现的，诗歌书写的文字形式与玉米在平面上负空间没有形成有机的视觉统一。还有很多作品上的诗歌书写采用了标语制作中常用的美术字体，而非传统的书法。所以，文字和画面没有形式上的呼应关系，图文只是内容上的相互说明。从这一点上说，此时的很多农民画还算不上完整和独立意义上的绘画。

1958年底，随着"大跃进"在社会制度与社会情绪的波动中逐渐降温，毛泽东开始批评那些把一切都诗化的宣传方式。由他亲自发动的新民歌运动也逐步退潮。有意思的是，自1959年之后，农民画上的标语，还有口号式的宣传题画诗也大大减少了，画面上的文字很少，只作为画题或者款识出现。

政治意识形态属性是"文革"及之前的中国农民画的第一属性。它要跟着时代的巨潮而生长演进，成为"教养大众、宣传大众、组织大众"的工具。[1]英国艺术史家苏利文说："中国农民画运动是共产党的文化权力有意识地创造出来的。"[2]中国共产党人在长期的斗争中积累了丰富的政治宣传经验。毛泽东就一直十分重视图画在发动群众开展革命斗争中的重要性，他一再强调民间歌谣和口号在政治宣传中的作用。[3]简洁的图式化符号是视觉传播中最有力的形式，在信息传递中它可以让人一目了然，而以朴实通俗的民间诗歌来表达政

---

① 江丰：《解放区的美术工作》，参见孔令伟、吕澎主编《中国现当代美术史文献》，中国青年出版社，2013年12月，第357页。
② 〔英〕迈克尔·苏立文：《20世纪中国艺术与艺术家》，陈卫和、钱岗南译，上海人民出版社，2013年4月，第252页。
③ 毛泽东：《红军宣传工作问题》，参见《中国现当代美术史文献》，孔令伟、吕澎主编，中国青年出版社，2013年12月，第123页。

治理想与认同，易于记忆，也易于深入人心。照这样理解，农民画和诗歌在"大跃进"运动中的不期而遇可算作那个政治气氛下的自然演绎了。

二、现实与浪漫："跃进农民画"稚拙漫画风格中的诗性

"革命现实主义"和"革命浪漫主义"相结合的文艺创作观是中国共产党在社会主义革命和建设初期有关文艺理论的重要论域。周扬认为，作为一种表现手法，革命的浪漫主义包含在革命的现实主义之中。而且就其精神而言，革命的浪漫主义就是革命的理想主义。通过毛泽东在其诗文创作中身体力行的实践与倡导，这一创作手法已然"身价不同"。[①]浪漫主义文艺手法是表达政治热情、政治理想、宣扬革命干劲的有效工具。"大跃进"中的组织者已经把它当作激发人们在社会主义建设中敢想敢干的理想主义，甚至是幻想主义抒发激情的重要途径。1958年，华夏先生发文总结当时农民画的创作规律时说："农民画家创作有着明确的政治目的性，农民画家本着革命的现实主义与革命的浪漫主义结合的创作方法，无拘无束。尽管技术不行，他们先天就有政治这个'灵魂'。"[②]

在"大跃进"前后的中国，社会政治精英们都有一种不约而同的心理期待：靠革命打下的江山，就要带领整个民族趁热打铁走社会主义道路。[③]这也是共产党作为执政党在那个时期的挥之不去的情结。1957年，第一个五年计划超额完成，进入1958年夏季，"农业生产的高潮一浪高过一浪"，这更加激发了他们心中想要加快社会主义建设步伐的热望。积贫积弱的中国，太需要来自各行各业振奋人心的丰收和胜利，因而高昂的社会情绪很快就转化为社会运

---

① 周扬：《谈革命现实主义和革命浪漫主义的结合问题》，《周扬文论》，人民文学出版社，2009年9月，第58页。
② 华夏：《共产主义劳动带来一切》，《美术》农民画专号1958年第9期。
③ 马社香：《中国农业合作化口述史》，中央文献出版社，2012年9月，第340页。

动。为了推动这种积极的社会情绪，1958年8月，中共中央发出了在农村中普遍开展社会主义和共产主义教育运动的指示。指示要求"广泛宣传大跃进、大丰收、大胜利，群情兴奋，干劲冲天的局面"。[①]于是，"壁画、张贴画，像一面战鼓，激动着人心，像一只号角，鼓舞着斗志，很多地方的农民画家，挑灯夜战，配合生产中心工作，通宵画画"。[②]在诗画结合中酝酿的浪漫情怀正好为亢奋的社会情绪加注了一份浓烈的"兴奋剂"。

（一）"跃进农民画"的漫画风格

近些年来，介绍和研究农民画的文字总会在艺术形式和文化传统上攀附它与民间美术之间的关系，认为几乎所有地区的农民画都是利用本地民间美术的传统基础开展起来的农民美术活动。[③]其实，集体化运动高潮中的中国农民在制度变迁的社会漩涡中不知不觉地放弃了自己原有意蕴深厚的民间艺术表达方式。"大跃进"前后各地的农民画与民间美术之间没有太多关联。就农民画的语言风格而言，线绘平涂的表现手法，"枝高叶大"的视觉形式，不追求完整合逻辑的空间表达，没有类型化的民间艺术创作套路，这些均来自农民内心那种质朴的、具有生命原初性的形式冲动，是一种轻松活泼的诗性表达，而不是民间艺术那种具有传承性的形式语言。

在"大跃进"农民画运动中，虔敬诚朴的中国农民是如何放弃其原已十分成熟的文化体系，而进入一套与其日常生活似乎不相关的国家政治话语的结构之中呢？显然，国家在这一过程中采用的方式不是意识形态和重大理论的直接解释与宣讲，而是通过自上而下和自下而上双向互动的过程，建构一个类似

---

① 中华人民共和国国家农委办公厅编《农业集体化重要文件汇编》，(1949—1957)，中共中央党校出版社，1981年，第74页。
② 中共邳县县委宣传部，《邳县的群众美术》，《美术》1958年9月。
③ 左汉中、李小山：《中国农民画论》，《中国现代美术全集·农民画》，湖南美术出版社，1998年3月，第9页。

竞技游戏般的活动场域，并借助艺术之名，让所有参与者在这里随心所欲，享受着一场无拘无束的全民大狂欢，以实现有效的社会政治动员。应该说，各级党报党刊等主流媒体以及精英画家们助推了这场运动。1958年8月30日，《人民日报》特设了"诗情画意"栏目，刊登了六幅邳县农民画。这些出自农民之手的稚拙绘画都是宣传"大跃进"农业丰产主题。"一幅丰收图，跃进农民画。"[①]值得注意的是，作为这一时期农民画的代表，六幅画都采用了诗配画的方式，且都采用了漫画手法的宣传画风格。

随着各地壁画运动的深入，到1958年的夏秋之际，北京的画家们被要求下乡学习、辅导各地农民画创作。从现有的资料看，当时有很多全国知名的艺术家直接参与了农民画的运动宣传与辅导。他们中有漫画家、油画家和版画家等。应该说，此时正当农民画兴起并向全国普及之时，漫画家们对农民画的创作影响最大。因为，漫画艺术那简洁的视觉图式和相对单纯的表现技法作为农民创作的风格引导，解决了"群众创作手不应心"的困惑。时任《人民日报》社美术组组长的著名漫画家华君武以及《漫画》月刊主编米谷等许多专业人士都到过江苏邳县、河北束鹿。他们与农民一起创作了许多墙面漫画，在江苏邳县还和农民合作出版了漫画集《合璧集》。这些地方的农民画在专业漫画家的指导下有了更加明确的漫画风格，有的也达到一定的艺术水准。

翻阅1958年全国各地关于农民画作品的出版物，我们会发现，从农事中抽出时间拿起画笔的农民们在作品中表现得最多的还是稻谷、玉米、高粱、山芋、花生、大豆等农作物的高产主题。在简朴的画风中，农民作者们着力渲染的是农业生产中多、快、好、省的"总路线"精神。总结这些农民画，我们可以把它们的创作手法大致分为四种类型：

其一，夸张型。这个类型的农民画最多。多数作品通过奇特和夸张的造

---

① 阳雨:《大跃进运动纪实》，东方出版社，2014年5月，第218页。

型表达虚高的农业产出。江苏邳县车夫乡农民梁传魁是那时农民画运动中表现突出的一位，曾受到过周恩来总理的接见。他的代表作《飞机碰断玉米秆》在多处发表，这件作品也是这一时期邳县的榜样，表现了高大的玉米秆被飞机撞断了枝叶的情景。画中线条生拙，飞机和云彩画得很小，不成比例，除了玉米的细节画得很充分以外，其他表现如稚拙的儿童画一般。后经漫画家华君武辅导，他重新创作了同题漫画。被重画的玉米"枝高叶大"，叶片用笔提按顿挫有致，俨然一派传统书画用笔的韵味。改后的画面还去掉了昂头张望天空的小人，而借用云纹来表现玉米秆直插云霄的情景。画旁还题写打油诗一首。类似的夸张型创作还有农民朱会然创作的《大豆过江》。画面表现豆叶作帆，豆荚作船，豆船载人迎风航行的夸张情景。根据这个创作思路，漫画家华君武也创作了同题漫画，画面配有邓拓先生的题诗。

其二，神话型。为了表达跃进时代斗志昂扬、人定胜天的主题，歌颂社会主义建设的大好时代，一些农民画作者通过神话人物来增加艺术效果。他们的画中反复出现如孙悟空、海龙王、嫦娥、王母娘、玉皇大帝等神话人物。这些漫画宣传画借助神话的叙事手法把农业生产表现得如同魔幻世界一般。后因这种创作模式过于泛滥，1959年，华君武还专门画了一幅《疲劳过度》的漫画，委婉地提出了这类农民画构思雷同的画风问题。

其三，卡通拟人型。此类农民画多把农业生产果实等对象拟人化，突出画面中卡通形象的角色表演性质，像当下流行的儿童绘本一样，配有对话文字。这些漫画卡通形象都与农业生产有关，述说着"高产作物比跃进"的社会气氛。如江苏邳县官湖镇新华一社集体创作的农民壁画，画中的山芋、萝卜体型硕大，正在与比自己矮小的粮食仓库对话。画面采用卡通形象的对话文字配合物体的夸张比例来凸显作物高产，意图浅显直白。

其四，宣传标语图解型。这类农民画也比较多，画面大多配有标语或口号文字，创作目的直接明了。其创作目的不外乎这样几种，宣传时事政策，表彰

先进人物，歌颂社会制度的优越性，图解某种生产技术与过程，也有少数绘画用于批评社会现象。与前面三种类型相比，这些草草涂抹的稚拙宣传画并不追求精致的审美品质，只满足于生产生活知识的图解和狂热社会情绪的渲染。

（二）"跃进农民画"中诗性的异化

对于没有经过美术造型专门训练的人来说，成人与儿童在绘画表现上同处一个水平。二者的区别在于他们的画作中所体现出的知识性因素以及情感意志，而非技术水平。[①]从这个角度上说，"大跃进"时期的农民画与儿童画在形式上有着某种相关性，他们笔下的视觉形式体现了"观物取像"的原始性形象思维特点，是一派无拘无束的"童年气派"。[②]然而，有些让人始料不及的是，在那个狂热的社会气氛下，农民画的这种诗性智慧被社会运动所俘获。尽管违背了常识，农民在参与到政治动员的视觉叙事中却显得那般殷勤与投入。

人的诗性品格是无功利的心性反映，是童心与纯真的自然流露。然而，当人的诗性被廉价放大后超越了审美范畴，那么也就是它的异化之时。"六亿人民仿佛都是诗人，创造力的大解放就像火山爆发一样，气势磅礴，空前未有。"[③]一时间中国真是诗歌的汪洋大海，诗歌的新宇宙。与之相对跃进农民画的气象是："火光焰焰的铁水，从排列得望不到边际的冶炼炉口奔流出来，汇合成汹涌的浪潮，将帝国主义者席卷而去；苗壮的玉米高过泰山，撞着了飞机，戳破了太阳；豆角皮、花生壳可以张帆划船；采葡萄需搭高架，孙悟空把烧肥厂误认为火焰山。"[④]急功近利与好大喜功，把"只怕想不到，不怕做不

---

① 〔英〕贡布里希：《艺术与错觉——图画再现心理学研究》，湖南科技出版社，2002年，第62页。

② 〔美〕罗樾：《中国画的阶段与内容》，参见方闻《心印》陕西人民美术出版社，2004年版，第10页。

③ 郭沫若：《大跃进之歌序》，《读书》1959年12期。

④ 蔼路：《一峰高一峰——群众美术创作的回顾与展望》，《美术》1959年第10期。

到"的诗性思维推向了功利的极致。农民个体诗性的发挥与政党意志、国家意志联系在一起，并全部投射到社会主义改造运动中去。1958年的农民画运动已经远逝六十年了。当我们再次回想这段历史时，中国农民那份淳朴和天真的诗性有如一枚青涩的山楂，不免让人咀嚼出许多复杂和无奈。

其实，农民画的历史性酸涩感来自农民淳朴诗性与社会政治之间的错位对应关系。伴随建国以后集体化运动和深入的土地改革，农民的日常生活空间、时间、信仰、生活节奏全部在集体化操作之中。国家权力与个人之间其实已经没有迂回的空间存在。广播、报纸、会议作为农民个人与国家的交流平台，是不可置疑的自上而下的单向关系。如果以国家话语为中心而建构起来的场域向心力越大，那么，对于个体文化自主性生长的压制力就越强。农民画中昂扬的诗意没有投向个体生命的情感关怀，也没有投向农民日常生活况味的书写，却成为了社会急剧变革中被激荡起来的乌托邦式幻影。当时代远去，当人们的政治热情趋于冷静之后，我们在留存下来的"文革"前后的最上乘农民画作品中，实际上依然会读解出中国农民关于富裕生活的幻想，而他们的梦在当时与"大跃进"的生产情况以及政治期望不成正比。因而，被运动激起的诗意与情怀在遭到异化之后如泡影般旋即破灭。

三、政治宣传画："跃进农民画"向年画风格的转变

在"人人会写诗，人人会画画"的突击式群众文艺创作运动之后，"跃进农民画"随大跃进在"混乱和沮丧的情绪中收场"，[1]涂写在墙壁上的狂热

---

① 〔英〕迈克尔·苏立文：《20世纪中国艺术与艺术家》，陈卫和、钱岗南译，上海人民出版社，2013年4月，第252页。

诗情也很快消失了。随着农村社会主义教育运动宣传攻势逐步扩大，①也伴随我国县级文化艺术馆专业组织能力逐步提高，专业绘画辅导开始对农民画创作全面介入。经过了一段时期的沉寂之后，作为社会教育的农民画创作便慢慢进入了表现技术的提高阶段，具有专业品质追求的农民画风格逐步代替了业余漫画风格的"跃进农民画"形式。值得注意的是，在随后的"文化大革命"中，"农民画站到了阶级斗争的最前列"。②作为农村阶级斗争的工具，为了满足极左政治宣传的需要，农民画在创作手法上被植入了"新年画运动"以来的语言范式。③此后全国许多地方的农民画无论是在造型表现、空间处理，还是在色彩运用上，总体上都体现出较明显的年画风格。农民画创作引入"新年画"的语言范式是在新中国社会主义政治意识形态统摄下又一个独特艺术现象，它被包孕在那个时代整体性的风格和审美趣味之中。关于这个问题本文不做深入展开，另用专文讨论。

"跃进农民画"已经过去了六十年，其实，它留给我们需要思考的不是关于农民画艺术的本体问题。我们也很难把它当做美术史上的一次艺术运动，沉淀在那些发黄的农民画出版物上的也不是关于绘画自律性发展史上的实践性记忆，倒是农民画创作者的身份与社会制度之间的强烈张力关系为农民画的阐释留下了基本取向。沿着这样一思路，也许值得进一步思考的应该是这样两个问题：在农民画运动作为社会改造运作机制中，国家、地方与个人之间的关系究竟是一种自上而下的单向关系还是双向的互动关系？我们是否能够透过农民

---

① 1961年11月13日，中共中央发布了《关于在农村进行社会主义教育的指示》。1963年5月10日，中共中央再次发布了《关于抓紧进行农村社会主义教育的批示》，批示提倡通过讲"社史、村史、家史"的教育方式，启发群众的阶级觉悟和社会主义觉悟。中华人民共和国国家农委办公厅编《农业集体化重要文件汇编》，(1949—1957)，中共中央党校出版社，1981年，第528、670页。
② 段景礼：《户县农民画研究》，西安出版社，2010年，第109页。
③ 沈雁冰：《关于开展新年画工作的指示》，《人民日报》1949年11月27日。王先岳：《新中国初期新年画创作的历史与范式意义》，《文艺研究》2009年第7期。

采菱角（谢宝华）

画创作行为以及社会文化组织机制来理解国家、地方和农民个体之间的互动关系，并由此评价在这场运动中农民的文化创造力？

农民画运动是一个复杂的艺术社会学文本的诗学展示。在它史诗般的展开过程中，农民画成为了国家、地方和个人在经济、文化与社会制度变迁背景下关于文化表述时的话语途径。循着这个理路追寻，农民作为一个文化形式的创造者的主体身份便得到彰显，而这对于今天我们实施乡村文化振兴战略，尊重农民作为文化创造主体的价值具有重要启发意义。

第四章

仪式

在信仰和娱乐之间

第一节

叠加与转换：唐家渡"五龙奉圣"舞龙灯节的仪式结构

——以2015、2016年的考察为中心

在至今仍然保留的舞龙民俗娱乐中，像黄州唐家渡村这样，一个村拥有五条龙同时玩耍的村落并不多见。作为湖北省非物质文化遗产项目，唐家渡的舞龙无论是规模还是活动的组织模式都显示出鲜明的特色。唐家渡舞龙活动是由正月十五元宵灯节演变而来的，在前后近一个月的玩灯过程中，整个活动都是在严密筹划和精心组织中展开的。从舞龙活动圣俗两界仪式的设计，到龙灯形式与内涵的转换，再从舞龙空间的编排与腾挪，到各种民俗文化资源的调度与运用都显得得心应手、恰如其分。整整近一个月的舞龙仪式活动让人充分领略了唐氏村民的文化创造智慧，灵活运用文化象征资源的强大组合能力，信手拈来、贴切自然、叹为观止。

据唐氏家族宗谱记载，唐家渡"五龙奉圣"舞龙灯节至今有230多年的历史了。通过几代人的不断创造，将春节期间原本用于娱乐的民俗活动构建出了一个结构精致、内容丰富的农耕文化综合象征体。老人讲，每次直接参加舞龙活动的村民会有100多人，几乎村子里的每一个家庭都参加了历年的活动。在这个集体的大仪式中，唐家渡人把历史与现实、圣灵与凡俗、集体与个人都编织在一起，构成了一个整合的文化记忆，于岁暮年初的农闲时节徐徐展开。

笔者从2014年起，连续四年对唐家渡舞龙灯节进行了田野调查。下文分别摘取2015、2016年部分调查资料，按照舞龙灯节在时间中展开的顺序，叙述舞龙灯节在二十多天中的图景，藉此分析唐家渡"五龙奉圣"舞龙盛会组织机制背后的逻辑与结构。

一、长江边的古村

长江东去，在它过了武汉向黄冈团风县堵城奔来的时候，在这里拐了一个大弯儿，流向由正北转向正南。大江横流中方向的改动，只要河床空间足够的宽阔，由于水流力量的反弹力，在它的下游一定会形成巨大的冲积扇，并随着丰水年、枯水年的变化，随意改变河道，留下许多沙洲。武汉市新洲区的阳逻和黄冈团风县的堵城自宋代之后，依次形成了两个巨大的沙洲——罗霍洲和叶绿洲。叶绿洲的下游，历史上称为三江口，从地名中足可证明长江在这里曾经存在过多个水道。

南宋乾道六年（1170），诗人陆游在入川途中游历了黄州。他在《入蜀记》中写道："八月二十日晓，离开黄州。江面无风，挽船（纤夫拉纤船行），正自赤壁矶下过……挽行十四五里，江面始稍狭，隔江岗阜延袤，竹树葱倩，渔家相映，幽邃可爱。复入大江，达三江口，极望无际。"从他的描述中可以看出，顺着今天龙王山山脚往北，到禹王白衣村就是沙洲的内江，沙洲之外有一个更宽阔的大江。江水改道，沙洲地势抬高，不断有人迁来拓荒耕种。沙洲变成了耕地，江面变窄了，这里就成了人们里西去武昌（今鄂州）的过江码头。据《黄冈县志》（清光绪八年）可知，唐家渡村的名称来源于此地曾设有官渡——社树唐家渡。"县西北十五里，系齐安驿至华容驿要津。"清乾隆二十九年，湖北巡抚常钧奏准，将西去武汉的黄州齐安驿向北移十几里，改由社树唐家渡过江，西去六十里与武昌县华容镇驿站相接，再西去六十里，接江夏县土桥驿站，最后到达省府武昌。今天的武冈城际高铁线就是这一线路。唐家渡村社临江，就处在这个三江口的东岸，自北向南长达10余华里。我们要考察的村子，就是在这样的一个自然地理环境中发育起来的传统村落。

坐高铁从武汉到黄州，一过黄冈长江大桥，就进入了唐家渡的地界了。耸立在桥梁上的铁路线从唐家渡的村庄、耕地上画出了一根巨大的弧线，不时有

高速列车从上面飞速划过。被俯视村庄的民房看起来倒也整齐，一排一排，坐东朝西，面对着长江。坐在高铁里，俯看阡陌纵横的洲地，大致可以想到这里以前的地理环境。从赤壁龙王山往西，一直到江边，老人们都习惯称这里"洲上"。那是指长江在没有修建大堤的时候，一到涨水的日子，赤壁山的山脚就是长江的边儿了，这里就是一片汪洋。当年苏轼站在赤壁矶头，俯看一泻千里的大江，举目瞭望龙王山西面、北面的长江水域，怎不引发那豪迈的诗情。年复一年，江水带着泥沙，把这里堆积成了土层深厚的沙洲。明末清初，唐家渡移民建村，唐氏家族祖先从山里迁到这里开垦耕种，繁衍生息。据家谱记载，到了乾嘉时期，昔日芦荻萧瑟的沙洲形成数个聚族而居的血缘群体。同光时期，经过几百年的农业定居，人口进一步增长，发展成为宗法自治的宗族社会。近代以来，唐家渡乡村基层社会经历一系列组织形式的变迁。民国中后期实行保甲制，建国后，先后历经了互助组、初级合作社、高级合作社、人民公社、行政村等组织形式。[①]

二、接龙神

2014年正月十五，午后的天气很好，暖冬的太阳照在经过冬霜的草地，一片黄澄澄的感觉。黄州江堤外的树梢与天空相接，只是灰蒙蒙。防护林中有几处烧野火的烟雾徐徐地在林子里绕着，更加模糊了远处天际与近处树林的边界。这种日子里，人们一定都聚集在自己的社区里，享受着节日的各种娱乐活动。早就听说从赤壁往北有个江村，每年元宵节会举行很有意思的"五龙奉圣"舞龙灯节，远近闻名，便萌发了要去唐家渡舞龙灯节上去看看的想法。

吃过午饭，从黄州启黄中学出发，骑自行车沿长江大堤，一直往北。看

---

① 唐启平：《村治与宗族——黄冈市唐家渡的个案研究》，硕士学位论文，华中科技大学，2004年。

了沿江戏台、大堤外的小庙、新建的武汉码头。江堤外一片安静，水泥预制厂、码头以及长江黄沙公司都显得十分安静。几个村民十分遗憾地讲，今年没有舞龙表演，倒是去年在黄州遗爱湖公园举行过盛大的舞龙比赛，唐家渡的五条龙都参加了。

在继续阅读了唐家渡的舞龙资料之后，更增加了对这个民俗节日的兴趣。为了深入了解唐家渡的舞龙习俗，2014年5月，我骑车考察了唐家渡的寺庙三官殿。这是一座由当地人出资修建的小庙，现已初具规模，山门、山门殿、大雄宝殿一应俱全，后殿和两厢的配殿正在完善之中。朴素的环境显示着这里还在陆续地修缮。其实，对于唐家渡人讲，这个寄托着美好祈愿的仪式场所，足够把平凡的村社耕作空间拓展开来。通过在三官殿举行的舞龙开光法事活动，人们一次次顺利地完成了连接圣俗两界的重要仪式。从此神龙有灵，敬龙有礼。

2014年3月，唐家渡村进行了村委会换届选举，老支书多年培养的接班人，果然不负众望，在这轮的选举中没有悬念地高票胜出，接掌了唐家渡行政事务。舞龙的活动是他彰显自己领导力，也是村委会组织动员和团结全村人的一次绝好机会。从暑期开始，2015年的舞龙活动就通过了村委会的决定，正式提到了村委会的议事日程中来了。立秋前后，村委会全体成员以及唐家渡舞龙灯会各方头人，一共60多人在黄州青云宾馆召开了第一次筹备会。会期一天，会议由往届灯会会长和新任村主任共同主持。大家一起确定了这次舞龙的规格，逐一商定了资金筹措、任务分工和戏班子延请等事宜。

2014年农历腊月二十，这是由道士掐算过的好日子，被定为唐家渡人新一年舞龙活动正式开始的第一天。这天有一系列较大的接龙仪式活动，要把龙从扎彩艺人的家里请回来。这天黄州最低温度零下七度，多数水域都结了冰。六点多的时候，太阳出来了，在天边薄薄的云层里格外的红。初生的阳光映衬着路边衰草上的白霜，水塘冰面上的白光使这深冬的早晨愈发寒冷。早起的人

们，都呵着手，懒得做更多的动作。我们早早赶到了唐家渡舞龙人接龙的地方，黄州扎彩师傅李秋波老人的家。

李秋波老人80多岁了，和老伴儿徐凤英一起，做了一辈子的扎彩。两位老人身体很好，体格富态，面容慈善。徐凤英老人满头白发，虽然年满八十了，行动没有丝毫的老态，一头白发，梳得整齐，协助李秋波老人安排仪式，利索而不慌乱，一面还客气地招待我们茶水。当我赶到他家的时候，老人已经准备接龙仪式的香案，唐家渡五条龙的龙头、龙尾分别立起来整齐地排在香案之前。一同搬出来摆在香案之前的还有龙珠，以及写有"国泰民安、五谷丰登"字样的灯牌和四季鱼。全套舞龙扎彩几十件，列阵摆放在一起，五彩斑斓，很有架势。

上午八点，唐家渡接龙灯的人准时赶来。村委会主任、龙灯会会长、五条龙各分灯会头人，老中青三代一行20多人。当队伍接近龙灯的列阵，各位头人在会长的带领下燃放鞭炮，上香施礼，一时间锣鼓喧天。来接龙的所有人，自觉上前燃点黄表纸，在自己的周身熏一遍，算作驱邪洁身。各灯会按照黄龙、白龙、金红龙、红龙、青龙的顺序接走了龙灯、龙珠和牌饰。返回唐家渡之前，会长特地告诫各位头人，特别是开小车、骑摩托的同行者，一定不要走在装载有彩龙的卡车之前，否则就是对龙神的不敬。

三、敬　龙

龙神被隆重地请回来了。在村里最宽阔的场子上，早早等候在那里的乡亲已经摆好了香案，鞭炮、香火是必不可少的仪式内容。这是唐家渡人这个春节中头等的大事情，几乎所有上了年纪的人都在关注、谈论，都在不同程度地参与着。年岁稍长一点的村民伏地叩首，以示对龙神的虔诚，祈求来年人寿年丰，平安永寿。之后，各队头人领着受了香火的龙头龙尾，在长江大堤将各自

的龙衣穿上。

此时的龙实现了第一次转型。穿上龙衣的各色龙有的有十七节，有的十九节，还有的二十一节，二十多米长的彩龙被举在长江的大堤上，五条龙一起出窝，英姿飒爽，颇有阵势。声势浩大的活动形式，有规律、有节奏的空间转换，成为唐家渡人舞龙灯节仪式的重要特征，也是仪式神圣内涵不断扩大的外在表现。唐家渡人在舞龙灯节的活动中建构起繁复而完整的仪式结构。他们充分认识到越是严格，越是周密的空间设计与形式安排，舞龙仪式的神秘特征就越强烈，人们在这个仪式活动中得到的精神享受就越多。每一个层次的仪式安排，每一个形式的转换针对着不同人群不同的心理需求。超过二十天的舞龙灯节，唐家渡人把敬神娱人、生产生活、护佑村社、交流沟通有机地结合起来。本来年节是人们喜庆丰收，祈望幸福的周期性节日，总会伴随着与各方圣神交流沟通的机会，向祖先神禀报一年的收成，祈求来年继续护佑家运；向其他各方神灵祈求平安康顺。龙神的到来，更添加了这个节日丰富的内容。各种祈愿、祷告，或许还有压在心底一年未解的心结儿，在这个象征含义叠加的仪式活动上得到了表达、寄托与宣泄。因而，关于龙神的每个环节都显得十分隆重。

从扎彩艺人那里请回来的彩龙，按照扎彩师傅的说法，那还只是工艺品，还只是个物件儿。隆重的接龙仪式为后来神龙开光，也是为人们在这个环节上实现彩龙由俗向圣的转变铺垫了心理基础。随着整个舞龙活动第一次空间的转换——扎彩空间到村落祭祀空间，这些五彩斑斓的彩龙就具有圣灵的心理期待。

2014年腊月二十六，天气晴好，唐家渡的五条龙在本村三官殿寺庙举行开光仪式。上午八点，五条龙陆续聚集在三官殿大殿前面，灯会的头人们早早来到，已经布置好了所有仪式所用的场景和法器。五条龙自北向南，依祖宗传下的老规矩，按顺序排列。不大的广场前挤满了来参加开光仪式的人们。老会

上图：喝彩
下图：开咽喉仪式三官殿

长唐超群主持开光仪式，村主任唐启斌喝彩。开光仪式是舞龙灯节中重要的一环，唐家渡人习惯叫它开咽喉。扎彩龙在离开扎彩师傅之前，龙的喉部没有通气口，在开光仪式上，寺庙里几位本籍出家的僧人念诵经文，在神龛前祷告祝福。一个小时法事完毕之后，本届龙灯会会长燃香，在彩龙喉部刺眼。此时，在唐家渡人心中彩龙实现了第二次形式上的转换，龙由此被赋予了神性。各头人暗示自己队伍的人把彩龙动起来，龙神要附体了。顿时寺庙前的五条龙竞相腾跃，一展龙神武矫健的身姿，其实这也是各组舞龙人之间的竞赛，大家都在暗中较劲。于是，敬神与娱乐在此合二为一。

自古以来，寺庙是中国人日常生活场景里常设性的信仰空间，那里一直被精心地布置与营造，成熟而人尽皆知的宗教仪轨在日复一日地重复着。特别是对于乡村地区的许多人来说，这似乎已经成为人们日常知识的一部分。在这个人们习惯的空间里，他们得到了安静的心理满足，也得到了被呵护和被保佑的心理暗示。因而，人们对于神的敬仰心情也在此升华。显然，社区性寺庙，来去三五里，接近社区人们的生产生活空间，贴近人们的心理需求。这个空间的存在，对于他们有举足轻重的地位，要在那里办的事情也一定是最重要的。唐家渡人把一个地方性舞龙活动的敬神仪式安排在村落寺庙里，一方面，增加舞龙祭祀的神圣意味；另一方面，也借助寺庙这个日常的宗教空间为季节性舞龙祭祀扩大社区的认同感和参与度。

在三官殿舞龙开光仪式的鞭炮声中，龙神就被正式带进了所有唐家渡人2015年新春欢闹气氛之中。于是，五条龙被分别请回各自头人准备好的房屋歇窝，一直到正月十五化龙之前，享受着不间断的香火和祭拜。

2015年正月初六，早八点，天有些阴沉，气温很低。尽管如此，唐家渡人认为今天是个好日子，五条龙该出窝了，要去本村所有村民门前拜门，是为游本坛。春节期间，乡里乡亲，左邻右舍，互相走动，互相拜年，这是人们在一年劳作闲暇之时修睦友情的重要时机。借着龙神的所负载的"法

力"，五条龙所组成的浩大祝福队伍将一般拜年的闲散方式转换为情感张力强烈的运动形式。鞭炮、喝彩，拥挤的人群，把唐家渡所有小区联络起来。火炮的硝烟，欢闹的回响，让唐家渡的村舍空间从自然宁静的田野中勾画出来。唐家渡人在舞龙的节奏中，与龙神相伴，显得无比尽兴和满足。然而，人们在现场的气氛中似乎都能接受这样一个事实，那些舞龙小伙子手中的龙已不再是安静排列在香案前的神物，它们暂时脱去了神性光环，成为人们娱乐的道具，人们成了这场表演的主角。在唐家渡人舞龙灯节的活动中，人与神的位置关系被有节奏地安排在整个过程中，显得如此精巧自然。

四、正月十五的仪式

自舞龙拜门，游本坛之后，这样的安排一直会持续到正月十五元宵节那天。元宵节是传统年节的最后一天，迎接新春到来的狂欢仪式在这一天必定要迎接高潮的到来。这一天是唐家渡人舞龙的重要节日。在早已透着春意的阳光里唐家渡人的神龙祭祀仪式又使彩龙变得神秘而安详。自上午开始一直到

出门拜本坛

下午太阳下山之前，舞龙的活动被安排得满满的。

农历乙未年（2015）正月十五，早上8时许，五条龙相约出窝，按照既定的先后顺序，来到江边码头表演。码头是一家小型民营企业，老板就是唐家渡人，早年就弃农经商，干起了黄沙运输和长江中游民用货物运输的生意。今天的安排意味着神龙今天出窝将由码头献祭第一炉香火。其实，这种安排是要提前预约的。在最重要的日子，为神龙敬上第一炉香，祈求神龙保佑财源广进，事业发达，也在舞龙仪式上讨得好的彩头，借助舞龙那红红火火的场面为一年的经营宣示一个好的兆头。接龙仪式上，企业的老板们悉数到场，香案早早就摆在宽阔的场地上，酬谢舞龙队伍的礼品也高高地码在一旁。几十人的锣鼓队披红挂彩，十几个小伙子也把各色鞭炮、礼花搬到了广场上。简短仪式结束之后，舞龙开始。顿时场面上五龙翻滚，令人眼花缭乱，鞭炮声锣鼓声震耳欲聋。

从鞭炮的烟雾中，人们还是清晰地看出，敬龙神的香案上除了蜡烛香火之外，还摆放着数额可观的现钞，与那些礼品一起构成这个企业给龙神的献祭。出于经济目的，这也是唐家渡人在舞龙中特别的安排，并以此来支持、筹备和维持舞龙活动的顺利开展。有些年份，唐家渡舞龙自正月初几出窝以后，一直在黄州周边公私单位挨家拜贺，各接龙单位总会给一些多寡不等的礼品或酬劳。整个行程走下来，收入着实可观。但是，这样的表演在正月十五只有一个上午的时间，下午五条龙一定要返回本村举行灿龙仪式，为今年舞龙灯会做好结束仪式的准备。

2015年的"灿龙"安排在宽阔的马路边举行。那天天气晴好，正午的阳光饱满充足，暖洋洋的气息弥漫着整个仪式的场院。五条龙被整齐安排在场院正中间。龙首高高昂起，项下挂着的白色胡须随着风轻微地摆动，怡然而满足的样子。在这舞龙即将结束的时候，龙神似乎表现得像是对唐家渡人今年的安排很满意，也像是在盘算着今年一定要给这里虔诚辛劳的人们带来好运。

在龙的前面早早备好了道士唱经做法事的法器，锣鼓、檀板、水陆画，供台上的香烛也堆得很高。熙熙攘攘的人群挤在有利的位置，人们或站着，或搬来椅子坐着。整整一个晌午的时间，黑压压的人群把沿江公路的往来车辆给堵了回去。吃过午饭，五条龙在沿江路自北向南一字排开，这是各队龙灯之间的较量。五队龙之间相互比武，视为"灿龙"。对于唐家渡人来说，这个灿龙的环节有着非常丰富的意味，大家似乎心照不宣，认为一年的希望就要看这一刻里的付出和表现。各队舞龙的人彼此都卯足了劲，比武的结果会在这一年中不时地被提及，影响着一年的心情，象征着一年的运气。

两点钟的光景，两道士穿上法衣上场了。唱经，焚香，烧纸，众乡民跪拜。三个小时过去了，不知唱完了多少部经，也不知烧了多少黄表纸。时间虽长，可大家注意力一直集中，一气呵成。道士的唱诵，清脆悠扬。唱腔是夹杂着鄂东地方民歌韵味的楚剧曲调。洪亮的声音借助麦克风一直主宰着这个仪式的整个气氛，成为引导众人的行动与情绪的主要因素。其实，在这个人群中，祭祀与跪拜的老人和妇女居多，青壮年小伙子则站在外围，他们是舞龙的健将。唐家渡五条龙每一年舞龙的青壮年要在100至150人之间，这是一支大队伍，是唐家渡家庭与社会的主心骨。在这一刻，村社日常生活中的角色分工也显现出来了。

近下午5时许，唱经仪式结束。舞龙队飞奔到江边。脱龙衣，道士唱经，化龙，整个仪式结束。

五、请戏班子

在唐家渡人心目中，如果舞龙灯节有了戏班子的加入，那么这一年的灯节才算是完美的。然而，春节期间请戏班子不仅需要一笔不小的经费，还要提前半年与戏班子预订，否则春节之后的农闲时节是请不到戏班子的。在鄂东很多

乡村社会中，春节期间请戏班子到社区唱戏很普遍。一般地方戏班子在春季期间的演出任务很重，一个村社往往会连续三五天，唱完几个折子戏，经济条件比较好的地方要唱上十天半月才肯罢休。

仪式是连接舞龙系列活动的关键节点。按照唐家渡人的逻辑，它将一些相互相干或不相干的活动连缀在一起，串成层次变化丰富而意义集中的整体。人们的娱乐、休闲、祈愿便被包含在这系列仪式的有序展开之中。人神共乐，大家尽得欢愉。这也就是为什么唐家渡人在长达二十几天舞龙活动中始终能保持高昂激情的重要原因。

与2015年不同的是，唐家渡新上任的村主任通过一年的积累和打拼，有了人脉，有了积蓄，可以请戏班子唱大戏了。2016年的舞龙有大戏。大戏开锣定在正月十二，请的是武汉青年楚剧团。

下午两点演戏正式开始。先是由灯会头人"牛爹"唐应牛主持，村主任唐启斌代表村里讲话。讲话结束，剧团丑角出来拜台、上香、燃蜡烛、烧黄表，拜五方，之后大戏才算正式开始。

开场戏演的是《大登殿》中的第一曲，出来五位黄色、红色、金黄色、白色、青色的皇帝打扮的演员逐一与五条龙"交流"。之后由唐启斌喝彩，台下呼应，台上台下一气呵成，很是热闹。

2016年正月十五，上午五条龙照例到周边地区舞龙送福，只是城区禁止燃放鞭炮，接龙的单位少了，与去年相比稍稍有些冷清，大家便早早回村引龙看戏。安排神龙看戏是唐家渡人特别的设计，在娱乐嬉闹的活动中引入庄重的仪式要素，注定会使一个平凡的活动增加神秘感。更重要的是，这种安排把每个人由自娱自乐的角色身份转换为为神龙献祭的执行者，从而增加了每个舞龙参加者对于工作责任的分量感。

为龙安排的戏是《敬香茶》。大约半个小时看完一曲，五条龙要在开阔

地带举行打龙神醮的仪式。那里早已摆好了香案、蜡烛，五条龙又按照顺序在香案之前，两个道士早已摆好了仪式所需的道具、神像，写好了文书。道士一一念诵了需要祈福人的名单，每唱完一曲，就有一大片人跪拜在地上。大约有两个小时，醮仪结束。五条龙又分散开来，各自找一个开阔地开始劲舞，是为灿龙、灿窠。

之后五条龙像比赛一样，一起奔向江边，脱去龙衣，准备化龙。

在龙神醮会上设计有活鱼放生的环节。五点多的时候，江边聚齐了人，大家围在上面铺满了黄表纸、下面垫满了棉花秸秆的柴堆旁边。各队舞龙的头人们组织大家迅速脱去龙衣，卷叠整齐，收拾起来。而龙头、龙尾、鱼牌、灯珠这些每年新作新换的部件就堆放在这个柴堆上，准备焚烧。道士们早早在火堆旁拉开了架势，唱经半个小时。人们分别站在火堆的两边，两边的人把五条龙的龙衣在火堆上对抛三遍。人们也许不完全清楚把龙衣从火堆上抛来抛去的意义，但是大家一定相信这种设计背后有着唐家渡人趋吉向善的心理追求。放鞭炮，燃香，会长和道士们示意站在火堆沿江边的人群让开一条道，说是要送龙神上天，不能挡道。

干燥的柴火在江风的吹拂下，发出猎猎的燃烧声，把所有人的脸庞映得通红。头龙龙尾在熊熊大火中逐渐化掉"升天了"。

除了十五元宵节当晚戏台上还有咿咿呀呀唱戏的娱乐之外，这一年的舞龙灯节至此已经全部结束了，只有化灯中燃烧棉花秸秆的烟火气味还在唐家渡村落的上空弥漫着，呼应着江滩上看热闹的人群慢慢散去。不远处竣工不久的黄冈公路铁路两用大桥劲挺有力直插天空，往来的车辆预示着春节已过，忙碌紧张的一年又要开始了。二十多天尽情投入的舞龙活动，把过去一年疲惫与不快统统抛向了脑后，唐家渡人正用一种轻松的和满怀希望的心情投入新的一年。

六、 灯节的交流

唐家渡周边有很多像它们一样从江滩上成长起来的江村。这些沿着江堤一字排开的村子平日里有着密切联系，大家都保持着对龙神崇拜的习俗。只是，唐家渡同时拥有五条龙，并且通过系列仪式的叠加与转换，把整个活动设计得比一般地方更加复杂神秘。每到春节，相邻的村社历来就有接送龙灯彼此交流送福的习惯。

2016年正月十一，笔者吃过午饭，坐18路转19路到唐家渡。在蔡吴廖村村委会门口见有龙灯香案，香案上铺盖着橙黄和鲜红相间的台布。这些鲜亮的陈设在午后的阳光中显得格外耀眼。唐家渡"五龙奉圣"灯会的黄龙、白龙、红龙、金红龙、乌龙"走村串门"了，此刻整齐地摆放在蔡吴廖村村委会门前小广场上。五条龙按照从右至左的先后顺序在香案前接受香火，每一条龙前都设有香案，摆满了柱香、蜡烛和黄表纸，不时有蔡吴廖的村民上前烧纸敬香。唐家渡十多个老人也跟随龙灯来到蔡吴廖村，坐在这冬日暖阳下的广场上。一旁的小卖部里二十几个红衣彩妆的中年女子正在按锣鼓点子操练着。她们是今年蔡吴廖村同时请来助兴的腰鼓队。

笔者与新任村主任的叔叔进行了很长时间的交谈。在同他们的交谈中得知，唐家渡人对于村社拥有五条龙的大型灯会十分自豪。他们认为在全国其他地方并没有像这样拥有五条龙的规模。唐应牛老人反复强调，唐家渡"五龙奉圣"舞龙灯会是有讲究的，颜色、方位、象征都是很有意义的。[①] 的确，在方

---

① 他们也谈到舞龙发展到现在，灯会至今还没有一个歇寨的地方。其实，在八十年代，龙灯会有赚钱的机会。而老会长和以前的灯会头人没有考虑这个问题，但是其他灯会，如宝塔灯会、新桥灯会都盖起了舞龙歇寨的平房。他们认为，现在难了，资金匮乏，年轻人也不愿意参与这些活动中来。这些老人一起回顾了文革之后刚刚开始兴起舞龙时的盛大场面，老人们脸上洋溢着无限自豪的神情。那个时候，舞龙每到一个地方人山人海。改革初期，地委行署还派人到唐家渡请了龙灯到院子里玩耍。炮竹多，时间长，盛况空前。政府也有香案、也有黄表纸，只是不由地委的工作人员来做这些事情罢了。

圆几十里范围内，唐家渡的舞龙是远近闻名，自然唐家渡被人邀约聘请的机会更多一些。作为邻村，只要是唐家渡人组织了灯会蔡吴廖村必定要请的。

今年的队伍特别庞大。这个中午，唐家渡五条龙所有的舞龙人，各灯会头人、组织者300多人，加上蔡吴廖本村参加者，村里安排了60多桌的招待午宴。老人说，按照过去组织的习惯，所有人员由灯会总头人协同蔡吴廖村村委会，一起将大家分派在蔡吴廖六十多个村民的家里，由唐家渡、蔡吴廖两个村灯会总事平均支付给每个承担接待的家庭200元人民币。在席间，人们也会悄悄地评价各家招待之间的区别。好客的人家招待会丰盛一些，当然也有的节俭一些。其中还有一些人没有被安排到位，没找着自己接待的家庭。这些都会一一通过村委会、灯会头人解决、协调。其实，从蔡吴廖村回唐家渡骑自行车也只有二十分钟的路程，但在这个时候人们不会放弃与大家一起热闹的机会。

乌龙歇窝处

一点半的时候，大家吃饱喝足，午宴结束。领事儿的老人敲响了锣鼓，舞龙开始。五条龙分别安排在蔡吴廖村委会门前的公路和场院上，长江大堤的草坡上蔡吴廖人搬来了十几箱鞭炮，三四个年轻小伙子把一饼一饼的爆竹轮流燃放。五条龙的舞龙人很卖力，彼此竞赛，大家齐声吆喝，气氛劲爆热闹。蔡吴廖村口的这条公路本是黄州19路车的线路，可今天道路因舞龙不通，有几趟车在此打转，一些车辆还改了线路。50分钟鞭炮过后，彼此尽兴了，舞龙结束，各自回村到平房歇窝了。

下午笔者在红龙、乌龙歇寨的地方分别与村民交流，见证了乌龙当天参加蔡吴廖舞龙送福所得的收入。乌龙共19节，每一节龙参加人数三四人不等，都平均分得200元钱，红金龙牌香烟4包。红龙共17节，每一节舞龙的任务由三四人承担，也就是一个家庭或者几个家庭不等。据红龙小灯会头人讲，在五条灯中，他们是外姓人最少的一条灯。整个红龙的灯会组成家庭只有外姓人4人，分别是叶姓、陈姓。采访中，各小灯头人讲得最多的是这些规矩都是老祖宗传下来的，既然是祖先传承下来的，他们愿意传递下去。舞龙是一项意义丰富的活动，村民们的这些感受也许来自对整个活动给他们带来多角度的利益的认可。

显然，唐家渡舞龙持续时间之长，涉及人数和安排的活动之多，是别的舞龙灯会所无法比拟的。维持这个庞大活动的有序开展，背后需要一笔不小的资金支出。除了舞龙活动筹划之初动员社会资源捐献以外，在舞龙交流中收礼金和物资是必须的。这是一个复杂的经济生产运作模式。在敬神与娱乐中，唐家渡人周密的经济安排，同姓家族，相同和不相同社区，商业社会中的各种关系在这里交织，把一个巨大的民俗文化活动演变为整合乡村各方力量的社会实践活动。作为舞龙组织号召的机制也显示了这种交互的特性。这是民俗文化发生基础面上的原发性、灵活性决定的。一方面代表家族力量的头人是民间社会的代表，另一方面村委会的出面则是国家权力在乡村基层社会的显现。对于舞龙

活动中的许多人来说一个身份出场往往代表了两种角色，因而赋予在舞龙组织机制中的两种力量相得益彰，协同指挥一个春节周期中舞龙灯节的全部事务。

毫无疑问，唐家渡乡村社会的精英们灵活变换他们在基层社会中的身份，为其日常工作的开展带来了便利。在舞龙交流中，由于不同群体的禁忌和心理期待的差异，外出拜门送福时有与人争夺场地，抢占先来后到等情况发生，灯会成员之间也时有矛盾发生，甚至打架斗殴。村主任的身份是社会公权的代表，在老百姓眼里有时甚至是法的体现，出面调节矛盾更有说服力。

作为家族的长者，唐家渡的老人们对于舞龙仪式安排的权威性是不容置疑的。在仪式规范性的操作中，他们拥有实际的控制权和解释力。退休老书记是唐氏家族的长者，也是2015、2016年两届龙灯会的会长。笔者在舞龙歇窠的屋子里与老人做了深入的访谈。唐家渡人对于龙神虔诚的信仰，祖先对于后人的恩赐和护佑是他谈话的中心主题。[①]这些记忆会随着人们不断地讲述流传下去，成为唐家渡村落社区集体的文化记忆，也是维系"五龙奉圣"灯会一年一年传递下去的核心文化驱动力。

七、 黄州其他灯会

2016年2月24日，正月十七。笔者考察了黄州建新村的龙灯会，在龙皇寺采访了许师傅，一位五十多岁女性居士。[②]她介绍了建新村龙灯会的复兴过

① 这次访谈中，唐超群老人讲述了几则关于龙神信仰被印验的例子：第一例，有户人家笃信龙神，一次供奉祖人的香案与敬龙神的摆放在一起，结果敬龙神的黄表与木质椿台烧穿了，而祖人排位和彩龙却一点也没有动，家里的堆满的各色礼物商品安好无损。他还讲，2016年初六，一个杨姓老板不敬龙神，下午赌博输了几十万，情急之下初八接龙神，之后的博彩中他又赢了二十多万。
② 期间，黄州禹王社区白衣村的书记开车来接建新龙灯会的几位老人前去看戏，顺便简单采访了一位82岁的老人。在他的宿舍里还挂着2013、2014年建新村参加黄州遗爱湖公园新春龙灯会的照片。

程，在管理机制上，如今寺庙与龙灯会二者合一。建新村的龙灯会只有一条龙，自改革开放后已经玩了22年，今年的龙已经在昨天化掉了，化龙仪式举行了盛大的法会。村里请了八个道士，用三层桌子搭建起高大的祭龙神醮台，一共唱经三天。许师傅介绍说，这里是刘家湾的龙灯传下来的，每三年为一届，现在的会长、头人是刘四爹，与村里的书记关系好，有威望，有能力，负责灯会的还有一个龙皇寺的余堂主。①在这一点上，建新村与唐家渡一样，敬龙神与敬菩萨的空间合一，相得益彰。

同日，笔者还采访了宝塔社区龙灯会王师傅。王师傅自称解放人，大概是1949年生人，今年也68岁了。据他说，隔壁黄州宝塔社区也要玩龙灯，龙灯在正月十五就化掉了。老黄州城有四个门，分别是一字门、汉川门、清源门、东门。每一个门都有一条龙，再加上城区中间的，一共五条龙。如今黄州这些玩灯的习俗是以前老黄州街上的传统。那么这些城门区域的舞龙传统是被后来几个区域的后人继承了下来还是消失了，不得而知。

2月25日晚上六点钟，宝塔社区龙灯会的戏开锣了。傍晚六点时分，阳光还很足，青云塔的身影还看得很清楚，腰鼓队在卖力地打击着威风锣鼓的鼓点。舞台台口上拉着横幅，上面写着：黄州宝塔社区龙灯会迎春文艺晚会。台口两边的立杆头上分别绑着两把竹枝，大家解释说寓意和唐家渡的一样，是取竹报平安的吉利之意。此时人还不多，演员忙着化妆。上午接受采访的王师傅正在临时搭建的戏台前忙着摆香案。他介绍说，今年请的是团风县楚剧团。六点半，天也慢慢黑下来了。现场大概到了近300人，都是六七十岁的老人，小孩儿在场外，妈妈们带着玩气球、吃甘蔗、围着等糖画儿，再外围是些年轻的小伙子，在闲散地张望，并没有打算看戏的样子，倒是有些像看热闹的样子。

---

① 寺庙2012年修建，原是佛堂，后地方宗教部门取名为龙皇寺。有简易的山门殿、大雄宝殿、龙王殿、土地菩萨殿。寺庙没有常驻的和尚或者尼姑，由村里十几位老人轮流值班，二十四小时两人一轮班。早晚开门。每逢宗教节日、初一十五开门。

大戏开锣了，丑角拜台，东南西北中五方，台下王师傅他们几个头人呼应台上，烧着黄表纸。相比较，唐家渡今年请的戏班子水平要高些，村主任的喝彩也比这边要精彩，更能博得全场的热闹掌声。腰鼓队一名队员主持了大戏开锣前的仪式。腰鼓队员发表了书面讲话，大致的意思是介绍龙文化与中国传统吉祥文化的关系，说明继承龙文化对建设和谐社会的意义。宝塔社区的书记、剧团主演也分别讲了祝福的话。今晚的戏是《罗通挂帅》，照例开场的仪式戏是《大登殿》。戏中的唐皇李世民带群臣上场，恭贺宝塔社区人丁兴旺、吉祥富贵。台上台下一片喝彩，高昂的气氛达到了极致，为演员今晚情绪饱满的演完大戏提供绝佳的情景保证。

　　天色完全暗了下来，灯光集中在舞台上，周围的一切喧闹都被统一到了演员清脆靓丽的唱腔中，铿锵的锣鼓声调度着场上人们的情绪。宝塔社区周边街区的人陆续挤满宝塔广场，但多数人并不十分聚焦于台上的演出，也许此刻的情景只是人们休闲的背景。为了一个欢快、热烈、和谐的气氛，这种状态也许是最惬意，最舒适的了。戏还在唱着，斜挂宝塔的月亮周边有些蒙蒙的云，时时从月的边上拂过，给月亮抹上了淡淡黄色。天空有了初春的潮气，一年的好景就要开张了。这也许就是人们从腊月就开始着手经营舞龙灯节的真实内涵吧。

第二节

"五龙奉圣"：民间信仰与乡村娱乐

　　黄州唐家渡村每年正月的舞龙灯会是唐氏家族共同的信仰习俗。灯会由祭龙仪式、舞龙表演和唱大戏三个部分组成，这些活动让村民在祈福禳灾、庆贺新春之时，尽情地享受着仪式和表演所带来的欢愉。可以说，在农事节律与农耕休闲的时间配置中，舞龙活动实现了人神交往与人伦要求的融通，成为了当地人岁末年初的重要娱乐休闲方式。

　　在当代中国的学术话语中，民间信仰是一个在村落和社区空间中寄寓或创生，兼具宗教性和民俗性的混合型信仰形态。作为研究对象，它的内容与民间宗教、民俗信仰以及早前意识形态话语中的民间迷信等范畴存在着高度的关联性。通过梳理既有的研究我们发现，民间信仰的概念随着东西方学术交流的深入和中国社会政策环境的变迁而不断变化着。近几十年来，民俗学、宗教学、历史学、社会学等学科的学者纷纷涉足民间信仰这个学术田野，关注民间文化领域里的这个核心问题，从而彰显了各自学科背景下的学术取向和研究路径。[①]不过，相对于民间信仰概念变化的动态性特征，上述学科中的民间信仰研究却有着约定俗成的研究范畴：一方面，将民间信仰与社会研究勾连起来，在国家与地方的二元研究框架下解释民间信仰中国家权力对地方社会的控制与形塑的关系，梳理民间信仰与地方社会的互构过程；另一方面，以国家主流意识形态为参照，从信仰的角度关照中国民间社会的日常生活与文化特征。这些范式都是把民间信仰的研究作为一种观照中国基层社会的方法论，本着"小地

---

① 吴真：《民间信仰研究三十年》，《民俗研究》2008年第4期。

五龙奉圣灯会

方，大论题"的思路，从而使之成为解读民间社会深层秩序的工具。

　　中国民间信仰"是普通百姓所具有的神灵信仰，包括围绕这些信仰而建立的各种仪式活动。它们往往没有组织系统、教义和特定戒律，既是一种集体的心理活动和外在行为表现，也是人们日常生活的一个部分"。①既然是生活的一部分，那么在一般生活中的信仰与精神诉求更应该成为理解人们普通生活的一种途径，使研究回到草根文化创造的第一现场，凸显文化创造者作为主体的声音。实际上当笔者徜徉在本文所关注的唐家渡村舞龙队伍中时，更多领略到

---

① 赵世瑜：《狂欢与日常：明清以来的庙会与民间社会》，三联书店，2002年，第13页。

的是老百姓自己创造文化并享用文化的快乐与激情。本文以湖北黄州唐家渡村"五龙奉圣"灯会中的龙神信仰及其舞龙习俗的调查为例，[①]考察唐家渡人在精神文化空间里是如何通过"圣俗"两界的转换来实现人神交往与人伦要求的融通，达到祈福禳灾与休闲娱乐的目的的。

一、唐家渡村舞龙习俗的兴盛

黄州至今仍有很多地方保留了年节舞龙灯的传统习俗，每年春节有二十多条龙灯活跃在村社与街巷，唐家渡村有五条，是黄州春节期间民俗文化活动的重头戏。2009年，唐家渡舞龙入选湖北省第二批非物质文化遗产保护项目，引起了社会各界的重视。这一民俗活动至今还没有受到旅游开发等外在因素的影响，仍保持着乡土的原汁原味。本研究之所以要选择唐家渡的舞龙作为观察对象，是因为与该村唐氏家族发展史紧密相连的龙神信仰成为当地舞龙仪式的核心主题，并为活动中的一系列行为提供了象征资源，可以作为考察民间信仰与休闲娱乐之关系的典型范本。

唐家渡村北距黄州东坡赤壁10公里，是一个随着长江河道的地理变迁而逐渐发育成长起来的临江古村。一直到清朝中叶，这里还是芦荻萧萧、东西两边夹江的河州环境。如今已是连片的长江冲积平原。建国后逐渐加高的长江防洪大堤把村舍、农田与宽阔的江滩分割开来，现今的长江已经在村落的一公里之外了。大堤之内，村民的房舍屋宇相连，顺着沿江公路的东侧依南北方向次第展开，居住十分集中，而在房舍的东边便是成片的耕地。唐家渡村现有人口3149人，其中唐姓村民1700人，占到全村总人口约60%。据唐氏宗谱记载，居住在唐家渡村的祖先是康熙年间从外地迁入，乾隆、嘉庆时期家族人口发展较

---

① 本文的调查资料来自笔者2013年、2014年、2015年的调查，部分参考了杨明教授2012年采访的资料，在此表示感谢。

快。嘉庆初年，唐氏的当家辈份为七世"士"字辈，而"士"字辈男丁就有167人，总人口接近800人。[①]唐家渡的舞龙就兴盛于这一时期。

据《唐氏家谱·士传公夜梦五龙奉圣赐雨降福记》记载：清嘉庆八年（1803），唐家渡一带民间流传一首民谣：[②]

> 癸亥猪年闰二月，农人有苦无处说，瘟疫流行旱魔凶，尸横遍野天地黑。

《家谱》明确记载，唐家渡舞龙仪轨为唐氏祖先唐士传夜梦神龙所得。当年"瘟疫""旱魃"两魔在唐家渡恣肆妄为，夺走了许多生命，望重乡里的唐氏祖先唐士传看到这种情况十分痛心，于是：

> 遂聚众议，延僧设醮，祈雨禳灾，超度亡灵。醮毕，是夜，士传公梦五色龙，足踏祥云，直奔唐家渡，其旁有鹤发童颜仙翁，手捧黄色圣旨，自称太白金星奉玉帝圣旨，护五龙降临唐家渡，降雨收疫，祛灾赐福。次晨，风雷大作，喜雨连续降了两天，旱魃遂遁，瘟疫渐绝。族人遂从士传公复议，唐家渡人依梦中五龙色彩置五龙奉圣灯，按五行排列，各支自行筹办，取九九之数，于次年春正月（即公元1804年）舞灯谢龙神。自此五龙奉圣灯会遂为我唐家渡人之圣事。[③]

据本村唐姓老人回顾，唐家渡舞龙历史随着社会的变迁时兴时衰，在家族兴盛的清朝后期，舞龙作为实现家族认同的重要方式成为宗族事务管理中的

---

① 唐启平：《村治与宗族——黄冈市唐家渡村个案分析》，硕士学位论文，华中师范大学，2004年。
② 《唐氏宗谱》，1911年（宣统三年）编撰，唐启斌藏。
③ 唐氏家谱的记载在当地县志中得到印证，《黄冈县志·祥异》记载，黄州"嘉庆七年夏旱"，即1802年大旱，1803年饥荒，于是唐氏祖先夜梦五龙，便有1804年春节"五龙奉圣"习俗兴起。《黄冈县志》，清·道光二十八年刻本。

中心工作，大多数年份都会如期举行。1949年之前的几十年，战争频仍，社会动荡，舞龙活动几近萧条。1949年后，社会安定，舞龙活动又慢慢兴盛起来。20世纪50年代中后期，被认为带有迷信色彩的舞龙习俗一度销声匿迹。改革开放之后，唐家渡人继承和发展了家族的传统，舞龙活动渐渐苏醒过来。从1804年到如今，唐家渡人舞龙习俗整整沿袭了210年，作为唐氏家族内部的文化传统，它不仅表达了唐姓家族的信仰与追求，还成为该区域的标志性文化事件。

二、舞龙灯会中的信仰与仪式：

龙在中国上古祭祀仪式中主要作为实现人神交流、往来于天地的媒介，是帝王与神仙的座驾，而作为后世"小传统"中的民间舞龙习俗则被普遍认为与古代"雩礼求雨"的仪式有关。在靠天吃饭的时代里，能够呼风唤雨的信使，自是人们心中崇拜的神灵和祈求的对象。于是，龙不仅成为了精英文化中的象征物，对龙神的崇拜还成为中国古代民间社会中的重要信仰，各地历代相延成习的年节舞龙习俗便是这种信仰的表现形式。

长江流域是元宵舞龙习俗分布最集中的地区，这里自古就有元宵节张灯火照田以驱虫避害的习俗，江南地区称为"照田蚕"，[1]鄂东地方志中也有类似的记载，《黄冈县志·风俗志》记载：

十三日试灯，元夕张灯，是日粉米为团，曰元宵。张灯火，农人以火炬照田，儿童击鼓锣巡园圃，逐诸害虫。[2]

民间也有"正月十二搭灯棚"的习俗，意思是元宵节将近，村庄中的管

---

① 周晴：《岁时习俗的生态民俗学考察》，《民俗研究》2013年第2期。
② 《黄冈县志·风俗志》，乾隆五十四年刻本。

事人从这一天开始就要召集能工巧匠和青壮年准备花灯，做元宵赏灯的各种准备工作。有童谣云："十一嚷喳喳，十二搭灯棚，十三人开灯，十四灯正明，十五行月半，十六人完灯。"舞龙本是有着独立信仰核心的民俗事项，将舞龙与元宵灯火的结合却是在水稻种植区域生态条件下的文化创造，它成就了一项敬神保民、祈福禳灾的复合性民俗信仰，仪式的结构与再造凝聚了许多地方性的智慧。唐家渡唐氏祖先们用"夜梦神龙"的故事作为引子，将中国古代的五行观念借用到龙神祭仪中来，为本地元宵灯节中的驱虫避害、祈福禳灾习俗拉上了一个神秘的背景。唐家渡舞龙习俗结构有三个层次：神龙信仰、祭龙仪式、舞龙表演。其中信仰是看不见的内核，而仪式是信仰的物化过程，表演则是仪式的拓展与泛化。唐家渡人的舞龙仪式独具特色，这里结合2015年的考察试做描述。

（一）腊月请龙神

唐家渡的请龙仪式一般定在头一年的腊月底进行。2015年的仪式定在2014年的腊月20日。[①]当天一大清早，本届唐家渡龙灯会会长唐启超带领龙灯总会头人、锣鼓手，一行十几人到临近村丰衣李家咀请回扎彩艺人扎的龙头、龙尾。返程时，一路锣鼓声喧。村民认为龙头、龙尾进村就是龙神进村，早已等候在村口的村民开始燃放鞭炮，摆香案、焚香、烧黄表纸，村中老者还对请回的龙神行跪拜之礼。

穿龙衣标志着神龙现身。唐家渡村的龙衣分为内、外两层，内衣也称托衣，为白色棉布制成，外衣为彩色绸缎，精致的龙鳞花纹是由剪贴的各色彩绸缀绣而成。穿龙衣由各分灯会年岁长者和舞龙头、龙尾的村民共同完成。穿好龙衣之后，需要燃放鞭炮给神龙助威，并选定空置的平房处歇窝。歇窝也有仪

---

① 唐家渡请龙神的日子每年都不一样，是每年根据农历推算出的黄道吉日。2013年为腊月二十。

式，放鞭炮、摆香案、上香、烧黄表纸，如数依礼而行。①据村里老人说，这些程序和禁忌从舞龙习俗形成之始一直沿袭至今。

（二）"开咽喉"与"游本坛"

腊月二十三是五条龙开光的日子，开光也叫开咽喉。这天早晨七点半，五条龙相约在村头集合，按黄龙、白龙、红龙、金红龙、乌龙的先后顺序排好队，各位头人带领老者上香烧纸。祭拜之后，五条龙依次从双人举的龙门旗亭下穿过，这叫穿越龙门，标志本届舞龙正式出行。于是，五条龙浩浩荡荡来到本村寺庙三官寺的前广场。八点整，开咽喉仪式开始，五条龙面对着香案，香案上五对香烛同时燃起。烧过黄表后，本届龙灯会主持人及灯会唐副会长宣布开光仪式正式开始。

在炮竹的喧闹声中主持人念诵请龙神的词文：

龙恩浩荡万物升，新春佳节舞龙灯，三官寺前摆香案，唐渡村民接龙神，恭请玉帝颁圣旨，五色龙神下凡尘，五龙今日奉圣者，太白金星伴驾行，请到龙神临我村，赐福消灾为黎民。

接着，庙里僧人击法鼓三通，寺庙住持洒完酒和净水之后念请龙神的佛经。之后，主持人宣布五色龙神开咽喉仪式开始。各条龙的头人上香、烧黄表，迎龙头的小伙子跪下，龙灯会会长逐一用各灯前的香火将龙的喉部点一个洞，于是龙头开始摇摆，象征龙神苏醒下凡。这时由道人唱经，奏大乐鸣炮。仪式在紧凑而热烈的气氛中进行。

---

① 唐家渡人认为楼房楼上有人居住，对神龙不敬，因有龙神不歇楼房之说。若有"红""白"喜事者，或家有猪、狗、猫下仔者也不得接近神龙。各类仪式不要女性参加，如谁家男丁不够就出钱请外村男性参与。

龙灯会唐副会长的开光贺词:

一柱清香叩上苍,奉请天师张大王,天师施法颂法旨,亲临法坛显灵昌。五龙奉圣集庙堂,斋戒沐浴请开光,自从今日开光后,神灵附体显真祥。挥动真香开喉光,喉光一亮玉律响,铁板铜琶传天下,上传下达尽佛光。烧香礼拜开头光,头顶日月放光芒,保佑一方多清泰,降福人间福寿长。挥动灵佛开眼光,画龙点睛看八荒,眉开眼笑神欢畅,惠农田里稻花香。叩首焚香开耳光,顺风聪慧听五方,上听佛祖讲经典,下听众生乐而康。重挥佛咒开鼻光,常悉人间五味香,激浊扬清别善恶,吐故纳新正气扬。敬请灵佛开身光,黄鳞闪闪现琳琅。龙腾霄汉翔万里,五湖四海是龙乡,灵香启动开藏光,一身灵活老龙王。龙吟霄汉浩天地,天长地久百世昌,释加牟尼心常念,壬辰圣诞好时光。风调雨顺民安泰,再送龙神回水乡。

开咽喉后龙头开始摇摆,各灯会头人在龙头上搭上红布,挂上色线。奏大乐鸣炮。只见道人唱经,鞭炮、鼓乐齐鸣,热闹非凡。主持人继续念祈祷词:

三官殿前,香烟渺渺,三叩九拜,阿弥陀佛,大慈大悲,观音菩萨,有求必应,佛光普照。风调雨顺,五谷丰登,和谐社会,幸福家庭,妇女老幼,健康长寿。无病无忧,快乐长久。

开光礼毕,五条龙围绕三官寺大雄宝殿前广场中的高大香炉开始舞龙。顿时只见五龙齐舞,鞭炮阵阵,锣鼓震天。主持人继续念祈祷词:

国运国兴迎国策,春回大地五龙飞,旗开得胜举旗手,头头得胜迎头人,年老迎灯得健康,年青人迎灯家庭兴,学生迎灯学业有成步步升,各行各业老板支援灯,日进黄金用秤称,全民迎了灯,赐福消灾得太平。

舞了一阵子后，喝彩的人登场。喝彩是唐家渡舞龙中的特色项目，一般由口才较好并有较高文化水平的人担任，此人站在舞龙队伍的前面最显眼的位置，高声吟诵即兴创作的表达颂扬与祝福的诗文。

今年的喝彩由副会长唐启斌担任，[①]他喝彩能随机应变，文词流畅。

锣鼓声声振天庭，五龙奉圣下凡尘，腾云驾雾福来临，来到人间保太平；借得佛门一炉香，五龙奉圣开了光，黄龙一出闪金光，风调雨顺粮满仓；白龙一出遍是银，昨天落雨今天晴，今年又是好年成，家家户户有钱存；红龙一出大地红，勤劳致富是最光荣；金龙一出遍地晴，万紫千红大地春，乌龙一出天地新，读书的学生个个是精英，唐渡家家出名牌大学生；龙神送福好喜欢，好人一生得平安，佛堂菩萨观世音，救苦救难慈善心，保佑老年人越活越年轻，青年人春风得意步步升。得意菩萨如来佛，善哉善哉阿弥陀，三官寺里三官升，个个荣华保太平，龙神今天出了行，家家户户得太平。

开光仪式结束后便是游本坛。在总会长的带领下五条龙在唐家渡村村民居住地巡游一遍，借此将福祉带给村子里的每一个人。游完本坛后各条龙回到原先的平房处歇窝，从腊月二十二至正月初一，神龙歇窝时有专人守候，香火不断，在唐家渡人心里，神龙丝毫不得怠慢。

（三）初六"出窝"拜门

正月初六，"五龙奉圣"龙灯开始出窝玩耍。五条龙为一个整体，各队舞龙者团结协作，配合默契。舞龙队伍出行时要从龙门旗亭下穿过，前有锣鼓开道，接着是灯会旗十二面，再有四季鱼牌，即莲鱼、鲶鱼、青鱼、鳜鱼，象征

---

① 唐启斌告诉笔者，自己初中文化程度，从小喜欢听故事，也会讲故事，说过相声、鼓书，还编演过文艺节目。

着四季平安、年年有余之意，鱼牌之后是八个人举着写有"国泰民安""和谐社会"等内容的牌灯。走在每条龙灯前面的是由童子伢举着的滚珠、线叉，也称避邪叉。

舞龙表演是技术活，也是力气活。他们按照"八字花型"舞动，动作分为舞、游、穿腾、翻、滚、戏等套式，以展现龙的精、气、神、韵等品格。从初六开始接下来的几天都有舞龙活动的安排，先给本村村民拜年，之后到附近村镇机关单位贺拜，有时还前往新洲、鄂州、大冶等地。就这样一直到正月十四，均为早出晚归，不在外面过夜。

在舞龙的过程中，除了舞姿的各种样式变化带来的热闹气氛外，喝彩也是春节舞龙带给所到之处的一个亮点。舞龙将结束时，由总灯头人根据接龙灯对象现场作词，即兴发挥喝彩，舞龙之人"和"，接龙灯的主家人就是为图个好彩头。唐家渡喝彩最圆满的要数唐副会长，笔者也领略了他的风采。2016年正月十五在供电公司的即兴现场喝彩词：

五龙奉圣下凡尘，腾云驾雾福来临，来到电力保太平，电力领导个个是能人，住在微波楼，名声是一流，工作服务好，吃喝不用愁。鞭炮声声震天响，感谢中国共产党，华中电网并了网，修了大桥修新港，黄冈百姓有福享，神龙送福好喜欢，好人幸福保平安，供电领导不简单，用电效益翻两番，五星红旗迎风飘，供电领导素质高，党的重任一肩挑，为民送福把心操，情系百姓服务好，龙神送福好喜欢，来到供电保平安，长江后浪推前浪，领导家属人兴财也旺，龙神今天送吉祥，步步高升事业强。

喝彩人见机行事，结合实际现场编词，在武商量贩店喝彩词是：

盛世太平好时光，龙神一出震四方，风调雨顺浪满仓，黄冈自古好地方，人民幸福又安康，武商地处黄金段，老板天天有钱赚，商场领导不简单，赚了

钱就往屋里搬，放了大鞭香一上，老板员工家家人兴财旺，神龙送福好喜欢，好人一生得平安。

在某校的喝彩词：

锣鼓声声震天庭，五龙奉圣下凡尘，腾云驾雾福来临，来到贵校保太平，领导个个是能人，安邦治国有才能，五星红旗迎风飘，领导个个素质高，党的重任是一肩挑，民生问题把心操，领导真的不简单，他们个个是清官，长江后浪推前浪，家属个个人兴财旺，神龙送福好喜欢，好人一生得平安，还有机会再升官。

在农家的喝彩词：

锣鼓喧天鞭炮鸣，贵府接灯心意诚，摆起香案接龙神，龙神今天来保佑，保佑老者多福寿，保佑幼者得安宁，龙神今天来送福，保佑全家得太平。龙神今天进了垮，家家户户得平安。

还有：

盛世太平好时光，群龙一出振四方，正月十五龙灯会，日新月异新黄冈。黄冈自古好地方，浓浓乡音是家乡，红色土地添秀色，人民幸福又安康。自古黄冈出精英，出了元帅出将军。物华天宝多人杰，科学泰斗定乾坤。遗爱湖水荡清波，当今黄冈人才多，文化古城遗风在，黄州成就苏东坡。五星红旗迎风飘，黄冈领导素质高，党的重任肩上挑，民生问题把心操。红色黄冈春雷响，感谢中国共产党，修了大桥修新港，黄冈人民有福享。群龙送福福来了，今年春天来得早，城乡环境治理了，黄冈明天更美好。

(四)元宵节"化灯"

唐家渡的"五龙奉圣"舞龙活动在元宵节这天达到高潮，神秘的仪式与欢快的表演相互交叠，神圣而热闹，扣人心弦。按照祖先传下来的习俗从上午到下午分别要举行玩灯、敬灯、灿灯、送灯、化灯等五项仪式活动。

玩灯就是沿袭前几天舞龙表演的活动。这天上午五条龙一起到周边村镇参加当地的元宵节庆。相比其他地方的龙灯队伍，唐家渡有五条龙，声势浩大，每到一处人气最旺，所得到的爆竹也是最多的，有时候还会有丰厚的礼品和礼金。敬灯是元宵灯节中最有意思的一个仪式活动。唐家渡每年从正月初五六开始，要请戏班子来村唱戏，轮番上演的大戏一直要持续到正月十五元宵节。元宵节中午时分，从周边村镇返回的五条龙灯必定来到大堤外的江滩上，歇窝在临时搭建的大戏台前看戏。这一天的戏必定有关于皇帝戏份的"仪式戏"，2015年元宵节唱的是《大登殿》。[①] 在开戏前，五位饰演大臣的演员分别穿上与五条龙的颜色相对应的戏服，站在台上为对应的龙神唱祝词，祝词多是感谢神龙降临人间为百姓赐福消灾的内容。程序是先由扮皇帝的演员走向舞台口先握着总会旗杆唱谢词：

正月十五元宵庆，来了五龙朝圣灯，五龙出自唐家渡，五龙奉圣无数秋，五龙休息把灯看，家家户户都平安。打锣是鸣锣开了道，子子孙孙头戴乌纱帽，打鼓的把锣鼓打了一通，你家儿子媳妇少儿展雄风，迎旗子的开路先锋，时来运转好运逢，迎头的头头胜，迎尾的尾尾到，吉星高照唐家渡，唐家渡所有的老少爷们福大寿又高。迎中间的忠心保帅，子孙世代是忠心，唐氏宗族枝繁叶又茂，一代更比一代强，年纪大的来看灯，保您越老越仙健，中年的哥哥姐姐把灯看，子子孙孙把大学上啊，各位先生把灯看，发财发富代代强，世世

---

① 《大登殿》是传统戏剧《红鬃烈马》中的最后一折，在化龙仪式前演出，称为"仪式戏"。2013年演出的其他剧目有：《四下河南》《群英会》《孟姜女》《吴天寿观书》等。

代代永远太平。

穿黄袍的演员手握黄龙会旗，唱道：

黄龙一出遍地金，有金子到处是光明，这里人才代代出，家家出了大学生，读了大学还不算，还要出个留洋生。

穿白袍的演员手握白龙会旗唱谢词：

白龙一出遍地银，保佑此地得太平，龙神保佑风雨顺，逢凶化吉无灾星。

穿红袍的演员手握红龙会旗唱谢词：

红龙一出放光芒，风调雨顺粮满仓，手中有粮心不慌，一片光阴射四方。

穿金红袍的演员手握金红龙会旗唱谢词：

金红龙一出是金钱，保佑大家得平安，出的都是大学生，儿子儿孙都做官。

穿青袍的演员手握乌龙会旗唱谢词：

乌龙一出振天庭，保佑所有的人都大平，保佑家家都富贵，保佑发子又发孙，一送老者多福寿，二送家族多子孙，三送人间多庆吉，四送六畜都太平，五送五谷仓仓满，六送鹅鸭满池溏，七送七子连着中，八送八子状元郎，九送九子招附马，十全十美满堂红。

后由龙灯会副会长唐启斌喝彩：

盛世太平好时光，五龙一出振四方，唐家渡自古好地方，他是五龙奉圣的故乡。人民幸福又安康，好地方来好风光，黄龙一出闪金光，风调雨顺粮满仓，白龙一出遍地银，晚上落雨白天晴，今年又是好收成，家家户户有钱存，红龙一出大地红，和谐社会乐融融，金龙一出天地新，万紫千红大地春，乌龙一出显光明，读书的学生个个是精英，唐家渡家家出了大学生，还出了两个大将军，唐家渡此地有人气，今天龙神来拜台，看戏的老百姓都要发大财，龙神今天进了湾，家家户户得平安。①

仪式之后，当天的戏正式拉开大幕，五条龙安静地停歇在戏台前，至少看完1—2本戏，接着举行化灯仪式。化灯仪式包括灿灯和送灯两个环节，整个过程严谨有序。首先，五条龙灯按序排列在香案前，香案上除蜡烛、燃香、黄表外，还陈列着三茶、五酒、三牲。三牲分别是：一条贴有黄表纸的活喜头鱼；一块神脯肉，有"神抚"之意；一块豆腐，是"渡富"的谐音。

接下来的程序就是两位道士的打醮仪式，打醮有一套规范的程序。首先是两位道士诵经，经文主要有《灵宝金书》《三仙王姥太阳经》《太阴经》《龙王土地观音讖》《正司命讖》《诸神讖》《杨泗讖》《灵宝清开启醮科》《南无观音大士法》和《太阳真经》等。诵经之后是唱诵本次灯会的参与者、捐资人以及在本届灯会上需要解灾的人名单，并现场制作了向神灵祈祷的文书。此时人们不停地跪拜，有求神龙解灾的人则心更诚，甚至长跪不起。

醮毕，舞龙队伍就到江边找个开阔平坦的地方灿窝。灿窝是唐家渡舞龙表演中的高潮，每到这个时候所有舞龙的人都卯足了劲儿，各自拿出自己的绝活

---

① 本调查资料中关于喝彩部分采用了杨明教授、唐启斌主任提供的资料，在此表示感谢。

儿。顿时，五条龙应和着鞭炮声、锣鼓声、呐喊声、欢呼声，在烟雾中一起上下翻滚，昔日安静的江滩此刻变成了一片欢闹的海洋。大约一刻钟之后灿窝结束，舞龙队伍飞跑到水边的火堆旁，迅速脱去两层龙衣，将龙首、龙尾连接在一起，按五条龙固有的顺序放在事先准备好的柴火堆上。两个道士口念文书，并将鱼牌、灯牌等物也一起焚化，贴了黄表纸的鱼此时还是活的，也送到水里放生。道士念送灯经，上香烧纸，恭送神龙复旨归位，到场的全体村民伏地叩拜，齐呼："龙神归天，保佑平安！"到此化龙程序结束，[①]同时也标志着这一年的龙灯会所有仪式活动全部结束。

三、信仰活动中的乡村娱乐

唐家渡村舞龙灯节巧妙地将神圣的仪式、欢快的表演编织在一起，让所有村民在农历年节表达祈福禳灾、庆贺新春的心愿之时，也尽情地享受着节俗活动所带来的欢愉和喜庆。"百日之劳，一日之乐"，在农事节律与农耕休闲的时间配置中，舞龙表演成为了唐家渡人的重要娱乐项目，这一点在整个仪式与表演活动中都能感受得到。

（一）体验：家族与社区里的集体仪式

宗教信仰具有异化世俗物品或现实空间的力量，并在相伴的宗教性仪式中显示这种力量，而被异化的物质或空间反过来又强化了这种信仰。2015年唐家渡的送灯戏场照例设在大堤外开阔的滩地上，这里西边面邻着长江的内江，东面就是江堤，而翻过江堤就是村民聚居的地方。对于唐家渡人来说，平日这里

---

① 舞龙结束后，总灯会头人把龙衣、龙架分给各分会保管，到每一年的五月二十"龙晒衣"那天拿出来翻晒。

是耕种、放牧的江滩，是他们再熟悉不过的生产场所。祭龙仪式的介入，使河滩与广场成了村民共同的祭坛，日常空间成了他们共同的戏台。仪式的力量使一个熟知的生活环境充满了神圣的气氛，并激发这样一种感觉，即神、祖先和参与者一起建构了现有的生活方式，从而满足了所有人关于族群、社区的认同感。实际上，在唐家渡村落的历史变迁中，作为龙神信仰的共同体在祭龙仪式的活动中已经由血缘群体扩展到了地缘群体，实现了信仰与仪式从血缘共享到村落地缘共享的变迁。

宗教仪式的发生源于具有共同精神体验的人们为着某种共同目的所产生的行为，它的一个"重要因素在于它的集体性"，①而集体的宗教仪式必定存在一系列行为过程，并以空间作为载体，让抽象的信仰内涵在操作中得以体现。唐家渡的舞龙机构由龙灯总会和5个分会组成，总会配有5至10个头人，设会长一人，副会长若干，这些人指挥和管理整个活动。龙灯总会下面的分会，分别对应黄龙、白龙、红龙、金红龙、乌龙等五条龙灯，各分灯会的负责人称为小灯头人，他们向总灯头人负责。唐家渡所有住户分别编入五个灯会组织，并按村民住房的南北次序，依次从北向南按人口多少平均分为五块，迎请神龙时，各分灯会头人用筷子在瓦罐里夹纸团抓阄来定对应到哪一种颜色的龙灯，而且这一块的住户还要具体对应到龙灯的哪一节。唐家渡的五条龙一共有81节，取九九八十一之意。也就是说每次直接参与舞龙者就有81人之多，如果加上各层次的头人、举牌手、旗手、锣鼓手等等各种角色，每一年灯会参与者多达200余人。要是到了举行开光仪式、出窝拜门、化灯仪式等环节时，更是全村空巷。这是一场地道的集体性仪式，对神龙的献祭变成了全体村民的节日狂欢。

仪式是心理和思维活动的结果，其表现形式则是通过物质和空间的象征

①〔英〕简·艾伦·哈里森：《古代艺术与仪式》，刘宗迪译，三联书店，2008年，第19页。

媒介，并围绕仪式程序来对位虚拟和现实的各种角色与身份关系。唐家渡人对龙神的献祭过程中有祖先、龙神、沟通人神的道士、舞龙仪式参与者、到场的村民五种角色身份。需要指出的是，这些角色以仪式为中介实现神灵与村民的对话与交流。由于仪式中的一方是超验的神圣存在，参与者需暂时抽离世俗身份，他们也因此得到一种自我圣化的情感体验。对于参加表演的村民来说，无论是采用哪种方式被选进舞龙队伍都是一种荣耀，都会被大家羡慕，他们带着一种责任和荣誉，全身心地投入。接龙、开光和化龙等仪式中他们专注而虔诚，在拜门与出窝等舞龙表演中热烈而奔放，他们的情绪经历着一张一弛的变化，极富张力。而对于没有亲身参与舞龙的村民来说，在仪式与表演的两个不同场合，他们的身份是在参与者和旁观者二者之间转换的。就祭龙仪式而言，村民虔诚地参与并信仰着；就舞龙活动来说村民在观看、欣赏，同样经历了不同情感的体验。

(二)娱乐：乡土社会中的艺术表演

在民俗学和人类学的领域中，关于文化表演有两种主要观点：第一种，是作为特殊的、艺术的交流方式；第二种，被看成一种特殊的、显著的事件。[1]唐家渡"五龙奉圣"灯会是节日的特殊仪式，显然是后一种，这种仪式表演在历法的恒常周期中重复上演，并以仪式的持久魅力伴随着人们的节日生活。不过，这个"文化表演"的过程经历了从仪式向展演的过渡，在原本平常化的环境中实现了娱神与娱人的转换。舞龙是中国古老的民俗表演艺术，而唐家渡的龙神信仰把这场人神同乐的民俗艺术装点得意义丰满。信仰作为心灵的寄托，表演成为了身心愉悦的载体。"在传统的乡村社会中，乡民在农闲时节进行

---

① 〔美〕理查德·鲍曼：《作为表演的口头艺术》，杨丽慧等译，广西师范大学出版社，2008年第197页。

的最重要的精神活动有两种，信仰的和艺术的，而许多乡民艺术都曾发生过类似的由信仰到艺术的内部行为的置换，或者说，它们是在某些信仰活动的艺术化过程中逐渐成型的"[1]。舞龙表演作为仪式过程它连接着功能和娱乐两端，"娱神的设想更多地转向了娱人的追求，或是自觉地以娱神的名义完成娱人的功能。"[2]劲霸的舞龙、活泼的喝彩、喧闹的锣鼓、年味十足的炮竹等文化符号都在升华和强化人们的感情，与神秘的仪式共同创造了"大乐与天地同和，大礼与天地同节"的祥和之境。

据笔者的调查，与黄州区比邻的巴河镇各个村落每年春节期间都有自己的舞龙活动。这里舞龙的组织者和参加者都是春节期间从外地打工返乡的村民，当他们从喧闹的城市返回寂静的乡村时，家乡闲散的年节生活气氛使他们自然要回到村落传统文化资源中寻找娱乐的方式，舞龙便是他们的首选。作为一种表演，舞龙的竞技性、群体性和非专业性使这项活动具有很高的趣味性和普遍的参与度，表演者与观看者通过进香、燃放爆竹、喝彩可进行现场直接互动，双方的情感可得到最大程度的释放和满足，舞龙人潮每到一处那里必定变成欢乐的海洋。实际上，在这些岁末年初的集体欢腾中，我们可以真切地感受到村民通过仪式所得到的那份娱乐与兴致。

四、结　语

黄州唐家渡村每年正月的"五龙奉圣"灯会是唐氏家族共同的信仰习俗，与唐氏家族史紧密相连的龙神信仰成为这一节俗的核心主题。舞龙灯会由神圣

---

① 刘铁梁：《村落生活与文化体系中的乡民艺术》，《民族艺术》，2006年第2期 。
② 张士闪：《当代乡村社会中民间信仰活动的艺术化趋势——以山东潍坊地区青州市井塘村为个案》，《民间文化论坛》2005年02期。

的祭龙仪式和活泼的舞龙表演穿插构成，这让村民在祈福禳灾、庆贺新春之时，也尽情地享受着舞龙所带来的欢愉和喜庆。中国是一个农业文化历史悠久的国度，传统文化里积淀着丰富的农耕民俗文化的内涵。由于日常生活文化的惯习性，对于生活态度积极而稳健的乡村人来说，民间信仰中的仪式活动与表演形式符合他们的精神需求，也带给他们心理上无限的满足感与文化上的自足性。乡民们自由地享受民俗活动所带来的欢愉，这是他们对普通生活作审美观照的自足式关怀。因此，以唐家渡舞龙活动为代表的民俗活动是一种具有明确自我适应性的休闲娱乐方式，它的价值值得我们深入研究。

后　记

　　书稿校完之时，时序已近岁末，借此机会也想记留下这个冬日的心情。

　　黄州的冬天会让人体验到与别的地方不一样的寒冷，甚至连北方来的朋友都觉得这里的冬天比他们那儿难熬。我在北方待过，深知这里的冬天与北方的区别。其实，黄州冬季的最低气温多数都在零度之上徘徊。也许是因为地处长江边的缘故，湿度较大，室内又没有暖气，在屋子里坐久了，脚底下便生出一股透心的冰凉来。遇上寒性体质的人，如果脚底出汗，再由热变冷，四肢的那种寒冷确实叫人难以忍受。这些日子在断断续续地校改着这部书稿，给出版社发送完三校稿之后，心也随之轻松了许多。

　　记得十多年前获得了省社科基金的支持，开始关注鄂东大别山地区民间艺术的问题，便陆续写了一些文字，记录了那些年对民间艺术的观察和思考。虽然它们在今天看来还有些浅薄，但确实是支持我这些年兴趣不减的原初积累。之后，又有课题获得教育部人文社科规划基金项目（编号：16CAJ760099）、湖北省哲学社会科学重大项目（编号：17ZD0028）的支持，也是沿着这一方向。不过，关注问题的兴趣点已从民间艺术的本体向艺术与社会、艺术与制度、艺术与地理变迁等角度转变。在阅读与思考的"东游西荡"之时，最大的困难一直是来自学术功力的不足。想到

大别山农耕文化博物馆

这个情景，不免觉得学术积累的薄弱与冬夜脚底下的寒冷似乎具有可相比拟的道理，都是来自于那个属于"根基"的痛苦。这些年边学边做，在社会学、历史学、人类学、民俗学等学科领域走马观花式地采撷，倒也乐此不疲。前些年得益于工作的便利，有了另一种加强学术"根基"建设的机会，经常参与单位扶贫工作点的社会服务，和团队一起投入传统村落的调查与规划设计。当我们行走在那些传统老村里展开观察访谈之时，也得了认识空间情景与文化逻辑二者关系的机缘。

传统的乡村社会是个大"田野"，当你深入其中，便会发现有很多值得去做的事情。也得益于这些年在乡村田野的行走，我和我的团队成功申报了"大别山农耕文化博物馆建设"项目，并获得了中央财政的支持。经过几年的努力，大家一起走遍了大别山20多个县市区，征集了几千件民间艺术和农耕文化器具藏品。目前，博物馆整体工程已经建设完成，正式对外开放。博物馆的建设与开放受到了校内外各

界的关注。应该说，这里呈现给大家的文字是我奔走在田野里的点滴心得，而博物馆的建成则是和大家一起探讨相关问题的有形见证。

这本小书即将出版了，再次梳理这些年的研究历程，让我感念许多提供过帮助的老师和朋友。犹记得2006年出差，在杭州三联书店偶然购得一期《民族艺术》，自此便在网上买到了所有能买到的《民族艺术》的过刊。显然那些文章给我提供了非常及时的帮助，后来成为了《民族艺术》忠实的读者。在《民族艺术》的这个平台上，我很方便地找到了这个领域的大家和新秀。如今，《民族艺术》杂志的前主编、广西民族大学民社学院廖明君先生受聘为我们学校特聘教授，使得这些年我和年轻老师们都受益良多。还记得，2008年参加了中国艺术人类学会的年会，方李莉会长接收我们一帮年轻教师为会员，在这个平台上，认识了包括李修建、孟凡行等许多青年学者，从此有机会，也很亲切地关注到他们及他们师友的学术研究。最后，本书的出版也要感谢上海文艺出版社杨婷副总编辑。她不辞辛苦，带着她的同事来到黄州，逐一落实我们这套丛书以及我这本小书的出版事宜。本书中的文字写作时间跨度较大，前后逻辑常有不妥之处，幸亏有他们团队的耐心付出，我才稍有信心出版这些文字。

写到这儿，我还是固执地想起原本我是个画画儿的，却不想这些年断断续续写下了这么些文字，心中便有一种莫名的情绪，于是将自己标注在微信中的个性签名录在这儿，以作结尾：

捧袂迎迓过，恨不饮丹青。

胡绍宗

2019年12月 于黄州

图书在版编目（CIP）数据

空间、手艺和仪式 : 农耕文化的整合记忆/胡绍宗著. -- 上海 : 上海文艺出版社, 2019.12
（2024.6重印）
（艺术与人文丛书）

ISBN 978-7-5321-7438-6

Ⅰ.①空… Ⅱ.①胡… Ⅲ.①传统农业－文化研究－中国 Ⅳ.①F329

中国版本图书馆CIP数据核字 (2019) 第265109号

发 行 人：毕　胜
策 划 人：杨　婷
责任编辑：李　平 程方洁
封面设计：姜　明
图文制作：张　峰

书　　　名：空间、手艺和仪式：农耕文化的整合记忆
作　　　者：胡绍宗
出　　　版：上海世纪出版集团　　上海文艺出版社
地　　　址：上海市闵行区号景路159弄A座2楼 201101
发　　　行：上海文艺出版社发行中心
　　　　　　上海市闵行区号景路159弄A座2楼206室 201101 www.ewen.co
印　　　刷：三河市嵩川印刷有限公司
开　　　本：787×1092 1/16
印　　　张：20.75
字　　　数：269,000
印　　　次：2019年12月第1版 2024年6月第2次印刷
I　B　N：978-7-5321-7438-6/C · 0068
定　　　价：75.00元
告 读 者：如发现本书有质量问题请与印刷厂质量科联系